财智睿读

财政部“十三五”规划教材
“十三五”应用型会计精品系列教材

基础会计（第二版）

JI CHU KUAI JI

隋 敏 王爱国 主编

中国财经出版传媒集团
经济科学出版社
Economic Science Press

图书在版编目（CIP）数据

基础会计/隋敏，王爱国主编．—2 版．—北京：
经济科学出版社，2020.6（2024.8 重印）
“十三五”应用型会计精品系列教材
ISBN 978 -7 -5218 -1561 -0

Ⅰ.①基…　Ⅱ.①隋…②王…　Ⅲ.①会计学 -
高等职业教育 - 教材　Ⅳ.①F230

中国版本图书馆 CIP 数据核字（2020）第 077023 号

责任编辑：于海汛
责任校对：靳玉环
责任印制：范　艳

基 础 会 计
（第二版）
隋　敏　王爱国　主　编
潘晓政　徐英杰　副主编
经济科学出版社出版、发行　新华书店经销
社址：北京市海淀区阜成路甲 28 号　邮编：100142
总编部电话：010 -88191217　发行部电话：010 -88191522
网址：www. esp. com. cn
电子邮件：esp@ esp. com. cn
天猫网店：经济科学出版社旗舰店
网址：http：//jjkxcbs. tmall. com
北京密兴印刷有限公司印装
787 ×1092　16 开　16. 75 印张　300000 字
2020 年 6 月第 2 版　2024 年 8 月第 3 次印刷
印数：6001—6500 册
ISBN 978 -7 -5218 -1561 -0　定价：58. 00 元
（图书出现印装问题，本社负责调换。电话：010 -88191510）

总　序

会计是一个信息系统，是一项重要的管理活动。会计随着经济社会尤其是“两权分离”和资本市场的发展而发展，随着全球经济一体化进程的深入而成为一种世界通用的商业语言。改革开放以来，中国会计改革经历了“接轨、协调、趋同、等效和调整”等不断学习、借鉴和完善的过程，财政部也于2006年发布了包括39项企业会计准则和48项注册会计师审计准则在内的中国会计准则体系，并根据市场经济发展过程中出现的新情况、新问题从2014年开始就部分准则进行了逐步修订。

教材建设是会计教育教学的基础，建立一套体系科学、内容新颖、结构合理的会计学系列教材，既是会计改革与发展的要求，也是应用型会计人才培养的需要。济南大学在20世纪80年代就设立了会计学专业，目前已经发展成为“山东省应用型名校工程”重点建设专业、“山东省普通本科高校应用型人才培养专业发展计划重点建设专业”和山东省唯一的“高水平应用型立项建设专业”，具有雄厚的师资队伍和丰富的办学经验，为山东省乃至全国培养了一大批高素质的复合型会计应用人才。

山东省是经济文化大省，国有经济成分比重较大，会计教育点多面广，特色比较突出。为了展示山东省各兄弟院校的先进会计教育教学经验，形成符合山东会计教育实际的应用型教材体系，我们组织山东省内大部分院校会计系的一线教师，根据最新会计准则及其研究成果，编撰包括《基础会计》《中级财务会计（Ⅰ）》《中级财务会计（Ⅱ）》《高级财务会计》《成本会计学》《管理会计学》《财务管理学》《高级财务管理》《会计信息系统与财务分析》等在内的应用型会计精品系列教材。

本着理论与实务并重、教学与科研结合、国内与国际相通的原则，本套教材力求突出以下特点：

第一，通俗易懂，深入浅出。既注重会计理论的介绍，又注重会计实务的操作，做到用简洁的语言，深入浅出地叙述、说明及解释会计和财务问题。

第二，结构新颖，内容丰富。针对国内外会计准则的新情况、新问题、新成果，着重准则解释，加强案例教学，既保持知识的连续性，又兼顾知识的发展性。

第三，紧扣准则，兼顾惯例。会计是技术性的，也是国家性的，学习会计的目的在于应用，所以必须讲原则和准则；会计是社会性的，也是国际性的，人类社会共性的会计规律应当把握，所以必须讲国际惯例。

第四，强化案例，突出应用。会计人才能否符合经济社会发展的需要，是否适应国家倡导创新创业的要求，培养应用型会计人才是关键。本系列教材在讲清楚会计准则和财务理论的基础上，增加教学案例，加强学生分析、解决会计和财务问题的能力。

“十三五”应用型会计精品系列教材编委会

2017 年 1 月

前　言

会计是以货币为主要计量单位，对企事业单位的经济活动进行全面、综合、连续、系统的反映和监督的一项经济管理活动。伴随着社会主义市场经济的繁荣发展，我国会计理论与实务工作取得了丰硕成果和成功经验。为了提高企业会计信息质量，推进我国会计的国际趋同，2006 年财政部发布了 39 项企业会计准则，2014 年又相继对《企业会计准则——基本准则》等会计准则进行了修订，并新增发布了《企业会计准则——公允价值计量》等具体会计准则。在会计改革的背景下，本书以现行会计准则为指导，借鉴国内外同类教材的先进经验，汲取了会计理论研究的最新成果。

会计是一个入门难的学科，基础会计作为一门专业基础课程，在会计课程群中处于极其重要的地位，直接关乎后续中高级财务会计课程的学习。本书的编写力求做到通俗易懂、深入浅出，结合常见而生动的实例进行阐述，从而帮助学生直观理解，搭建课程框架，掌握会计的基本原理、基本方法和基本技能。

本书由王爱国教授、隋敏副教授任主编，负责全书写作大纲的拟订和编写的组织工作，并总纂定稿。撰写初稿分工如下：第一章由王爱国执笔；第五章五六节，第九章由隋敏执笔；第四章，第五章一、二节由潘晓政执笔；第六章由徐英杰执笔；第三章，第五章三、四节由郑凤旺执笔；第二章，第七章由陈琳执笔；第八章，第十章由黄景执笔；第十一章由徐静执笔；第十二章由刘承伟执笔；济南大学会计学专业 17 级崔君静同学参与了书稿的修订工作。

本书系“十三五”应用型会计精品系列教材和“山东省应用型名校工程重点建设专业”“山东省普通本科高校应

用型人才培养专业发展计划重点建设专业”“山东省高水平应用型立项建设专业”规划教材，不仅可以作为普通高等院校会计学、财务管理、审计学以及其他经济类、管理类专业的在校本科和专科生的启蒙教科书，也可以供从事会计、财务管理、审计与其他经济管理岗位的实务工作者自学和培训之用。

由于时间仓促，加之我们水平所限，书中内容安排与语言表述可能存在缺点或错误，恳请读者和同行批评指正，以便再版时加以修订。

编　者

2020 年 4 月

目　录

第一章
总　论

【学习目标和要求】 通过本章的学习，了解会计的产生与发展；熟悉会计的特点与对象；掌握会计的概念与方法。

第一节　会计的产生与发展

会计是人类社会生产发展到一定历史阶段的产物。学习会计，不仅要熟知它的现状，而且要了解它的历史渊源和进化过程。正如马克思所言："历史从哪里开始，思想进程也应从哪里开始。而思想进程的进一步发展不过是历史过程在抽象的、理论上前后一贯的形式上的反映。"①

会计有着悠久的历史。会计的萌芽可以追溯到史前社会的"结绳记事""刻符记事""绘图记事""书契记录"时代。例如，东汉武梁祠浮雕上就有"伏羲仓精，初造王业，画卦结绳，以理海内"的记载，《周易正义》中则讲"事大，大结其绳；事小，小结其绳，结之多少，随物众寡"。但是，"会计"一词的出现则是在我国奴隶社会鼎盛的西周时期。《西周·天官》中记载："司会掌邦之六典、八法、八册……而听其会计。"而"司会"就是当时"掌国之官府郊野县都之百物财用"的会计机构，主要职责是"以九贡之法，致邦国之财用。以九赋之法，令田野之财用。以九功之法，令民职之财用。以九式之法，均节邦之财用"。并"以参互考日成，以月要考月成，以岁会考岁成。"战国时期《孟子·万章》中又记载："孔子尝为委吏矣，曰会计当而已矣。"东汉许慎在《说文解字》中称："会，合也。……计，会也，算也。"清代焦循在《孟子正义》中更明确地

① 《马克思恩格斯选集》第2卷，人民出版社1972年版，第122页。

指出：“会，大计也。然则零星算之为计，总合算之为会。”

随着人类社会生产的发展和需要，会计得到了进一步的发展和完善。自春秋战国到秦朝，《礼记・王制》中所讲的“量入以为出”的“上计”报告制度为统治者继承与演进，“籍书”（也称“簿书”）开始出现，“入”和“出”也被作为一种记录符号来使用。至汉代，“上计簿”已经成为核算国家财政收支的重要会计工具。与此同时，形成了以“收入”“支出”“结余”为要素的“三柱清册”结算法，到了唐朝中期逐渐发展成为以“旧管”“新收”“开除”“实在”为要素，以“旧管＋新收＝开除＋实在”为等式的“四柱清册”结算法。明末清初，山西商人广泛采用“龙门账”，把全部账目划分为“进”“缴”“存”“该”四大类，并运用“进－缴＝存－该”的平衡式检验账目、计算盈亏、编制“进缴表”和“存该表”，且两表计算得出的盈亏数应当相等，称之为“合龙门”。18 世纪中叶，在龙门账的基础上完善形成了一种比较成熟的复式簿记——“四脚账”，即一切业务都要登记“来账”和“去账”两笔，以反映来龙去脉，账簿分上下两格、垂直书写，上格为“天”，记收，下格为“地”，记付，上下两格所记金额必须相等，称之为“天地合账”。

1905 年湖北官书局出版了蔡锡勇、蔡璋编写的《连环帐谱》一书，标志着发轫并成熟于意大利地中海沿岸城市的复式簿记①正式传入中国。1918 年谢霖在北京创办了中国第一家会计师事务所——正则会计师事务所。1924 年商务印书馆出版了潘序伦用英语编写的《簿记与会计》和《公司财政》，1927 年潘序伦会计师事务所创立，1928 年更名为立信会计师事务所，并举办各种会计补习班。1937 年潘序伦正式创立立信会计专科学校，从此掀起了全面介绍、学习和应用西式会计的新高潮。

新中国成立初期，为了适应高度集中的计划经济模式的需要，我国借鉴和引进苏联的会计核算模式，后来虽有所中国化，但基本内容和结构一直沿用至 20 世纪 80 年代末。1992 年党的十二大正式确立建设社会主义市场经济体制的伟大目标，旧有会计模式已很难适应新形势的需要。为了吸引外资、进一步改革开放，实现中国会计与国际会计惯例的接轨，1992 年 11 月财政部颁布了《企业会计准则》和《企业财务通则》（简称“两则”），正式掀开了中国会计国际化的新一页。2006 年 2 月随着 1 个基本会计准则和 38 个具体会计准则的颁

---

① 复式簿记产生于 13～15 世纪意大利贸易比较发达的佛罗伦萨、热那亚、威尼斯等北方城市。1494 年 11 月 10 日，意大利数学家卢卡・帕乔利（Luca Pacioli）所著的《算术、几何、比及比例概要》（又称“数学大全”）在威尼斯出版问世，其中的《计算与记录详论》集中反映了当时威尼斯复式簿记的内容、方法和程序。德国诗人歌德（Goethe）曾赞美它是“人类智慧的绝妙创造之一，每一个精明的商人从事经营活动都必须利用它”。卢卡・帕乔利也被会计界称为“现代会计之父”。

布，2014 年又相继对《企业会计准则——基本准则》等 6 项会计准则进行修订，并新增发布《企业会计准则——公允价值计量》等 3 项具体准则，意味着一个既有中国特色又体现国际会计惯例的创新型会计模式的正式诞生，标志着我国会计制度已基本实现了与国际会计标准的趋同和等效。

第二节 会计的意义

一、会计的概念

什么是会计呢？通俗地讲，就是记账、算账和报账。在西方称之为会计确认、计量、记录和报告。显然，这样讲不够严谨、不够科学，需要下一个规范性定义，即要回答“会计是什么”和“会计是做什么”的问题。

会计是什么呢？

会计定义：管理活动论、信息系统论

在新中国发展的不同历史阶段有不同的理解。

新中国成立到 20 世纪 80 年代，我国会计界受苏联“会计核算是完成国民经济计划的各个部门中反映和监督经济活动的方法。在社会主义经济中，会计核算是对国民经济的各个环节的活动进行监督和领导的最重要工具”观点的影响，一般把社会主义会计定义为：“反映和监督生产过程的一种方法，是管理经济的一个工具。”

1978 年 12 月党的十一届三中全会的召开，确立了“以经济建设为中心”的党的工作重点，“会计是一种方法、一个工具”的观点受到学术界的质疑。1980 年杨纪琬、阎达五在《会计研究》第 1 期上撰文指出：“会计是人们管理生产过程的一种社会活动……无论从理论上还是从实践上看，会计不仅仅是管理经济的工具，它本身就具有管理的职能”，认为会计是一项管理活动，并正式提出和使用“会计管理”一词。

1980 年余绪缨在《中国经济问题》第 5 期上撰文认为：“根据当前的现实及其今后的发展，应把会计看作是一个信息系统，它主要是通过客观而科学的信息，为管理提供咨询服务。”1983 年葛家澍在《会计研究》第 4 期、第 5 期上连续发表文章认为：“由于电子计算机引进会计领域，信息论被导入会计……从这以后……把会计视为一个信息系统。”进一步地，“会计，是旨在提高企业和各单位活动的经济效益，加强经济管理而建立的一个以提供财务信息为主的经济信息系统。”

1991 年杨时展在《财会通讯》第 2 期、第 3 期上撰文指出：“从会计发展的今天已达到的水平看，与其将会计认为是信息系统，不如将它认为是一种控制系统，一种以货币量度、按规定方法和目标，来计量和调控一个实体的经济工作的经过和结果的控制系统。”1992 年又在《财会通讯》第 4 期、第 5 期、第 6 期上进一步地阐述：“现代会计是一个以认定受托责任为目的，以决策为手段，对一个实体的经济事项按货币计量及公认原则与标准，进行分类、记录、汇总、传达的控制系统。”

现在来看，会计是一个信息系统的观点较为人们所接受。所谓系统是指由两个或两个以上相互联系的元素或部分所组成的、具有特定功能和特殊目的的统一体；所谓信息是指用符号传递的、接受符号者预先未知的报道，简单来说，就是具有新内容、新知识、新用途的消息或资料。针对系统而言，信息是系统所传输和处理的对象，这些信息既可以是经济性的，也可以是非经济性的。单就经济信息来说，又有货币性和非货币性之分。会计侧重的主要是货币性经济信息，或者说是经济活动中可用货币表现的方面。因此，会计可以简单地定义为“是一个货币性经济信息系统”。

诚然，会计也是一项管理活动，是企业管理中须臾不可或缺的一项重要工作。从现代企业制度的“两权分离”“三会一层”等治理结构来看，会计也是衡量和交代企业管理当局经管受托责任的一个控制系统。但是，会计无论参与企业管理，还是交卸受托责任，主要还是依靠提供会计信息来实现，这也是现代社会，尤其是市场经济和资本市场有序、健康和可持续发展的必然要求。

会计职能：反映与监督

会计能做什么呢？

马克思曾经说过，过程越采取社会的规模，越失去纯粹个人的性质，簿记——当作生产过程的控制和观念总结——就越成为必要。所以，簿记对于资本主义生产，比它对于手工业经营及自耕农经营的分散的生产，更为必要；它对于社会共同的生产，又比它对于资本主义的生产，更为必要。这里马克思所说的簿记就是今天的会计，所讲的社会共同的生产就是指以公有制为基础的社会化大生产。不难看出，这段话至少含有两层含义：一方面，会计不仅不会消亡、不会退出历史舞台，反而会随着社会发展越来越重要。另一方面，会计具有以下基本职能：一是“对生产过程的控制”，即监督或控制；二是“对生产过程的观念总结”，即反映或核算。现在一般将会计的基本职能解释为核算和控制。

需要说明的是，会计的职能属于管理职能范畴，而不是生产职能，因此，它是与管理职能相契合的，呈现多层次、多元化特征。管理至少包括预测、决策、预算、控制、指挥和考评等职能，会计也应该有这些方面的职能，只不过在会计发展的不同阶段各有侧重而已。也就是说，会计职能会随着人类社会的发展和人们认知水平的提高而不断地充实与丰富。但是，会计的基本职能是不变的，因为它是会计内在所固有的矛盾关系的本质体现，是会计这一事物区别于其他事物的重要特质。

综上所述，我们给会计下一个定义，即会计，特别是现代会计，是一个经济信息系统，一个旨在为企业管理当局和其他利益相关者提供决策有用的会计信息和其他经济信息的系统。它是企业管理系统中的一个重要子系统，或者说是企业管理的重要组成部分，其基本职能是核算和控制。

二、会计的特点

会计有别于企业管理的其他系统或活动，除了具有一般系统或管理活动的特点外，还有自身的特殊性。概括起来主要有：

（一）以货币为主要计量单位进行会计核算与控制

会计作为一个经济信息系统，虽然需要对其核算和控制的内容进行定性，但是如果只有定性而没有定量，那就不能称其为会计。可以说，定量是会计的基本特征。现实生活中，定量单位主要有实物量单位，如重量、体积、长度等，劳动量单位，如小时、日、月、年等，以及货币量单位如人民币、美元、欧元等。实物量单位比较直观，但是只能计量某一种或同一类财产物资，而不能提供综合性的会计信息；劳动量单位能够反映经济活动所消耗的劳动时间，但是再生产过程中劳动耗费的计量就比较复杂。相反，货币量单位就可以把不同种类的财产物资、不同性质的收入支出和不同内容的成本费用等综合地予以反映，以此全面、系统和总括地反映企业发生的错综复杂的各项经济活动和财务收支情况。因此，在商品或市场经济环境中，会计必须以货币为主要计量单位进行综合的核算和控制，当然，这并不排斥实物量单位和劳动量单位，必要时还要借助它们进行辅助性计量。

（二）进行连续、系统和完整的会计核算与控制

各单位发生的经济活动或财务收支活动都是不间断的、连续的，各种数据资料纷繁复杂，需要会计进行连续、系统和完整的核算与控制。所谓连续就是按照经济业务发生时间顺序地加以反映；所谓系统就是对各项经济业务或财务收支情况要进行科学分类，并进行相互联系的核算和控制，保持会计信息之间的勾稽关系；所谓完整就是对某

一单位发生的所有经济业务都有进行全面反映和控制，不得有遗漏。

（三）以实际发生的经济业务为主要依据

会计信息强调真实、客观和可靠，会计核算与控制的一切经济业务或财务收支活动必须是真实发生的、有凭有据的，不得主观臆造或弄虚作假。也就是说，有关数据、资料、信息都要有出处、有凭据，都要合理、合法，符合实际情况和国家法律、法规的相关规定。

三、会计的对象

会计对象：核算资金的财务收支情况

会计对象是指会计核算和控制的内容。我们在讨论会计职能时，曾引用马克思的论述：会计是“对生产过程的控制和观念总结”，从而可以了解，生产过程就是会计所核算和控制的内容。显然，这是对会计对象最一般、最概括的说明。具体到各个企业、非营利组织（政府和事业单位）会计对象并不完全一样。

企业一词，源于英语中的“enterprise”，即企图持续性地冒险从事某项事业，后来引申为经营组织或经营体。从本源意义上讲，企业并非严格意义上的法律概念，而是一个经济学范畴，表示一种作为客观事实的社会现象，一种相对独立且持续存在的各生产要素相结合的组织或实体。在我国，企业可以理解为依法设立的、以营利为目的的、相对独立的法律实体，主要是提供私人产品或服务，其特点是自主经营、自我发展和自负盈亏。从所有制形式看，有国有企业、民营企业、中外合资和合作企业之分；从生产经营特点看，有工业企业、商业企业、交通运输企业、建筑安装企业、餐饮服务企业等之分；从资金募集方式看，有上市公司和非上市公司之分。需要说明，公司是一种特殊的企业形式，我国《公司法》中所规范的公司主要包括股份有限公司、有限责任公司、国有独资公司和一人有限责任公司。下面以工业企业为例来说明会计对象的具体内容。

工业企业主要是指从事产品生产和销售的那部分企业。为了完成既定的生产与销售任务，企业必须拥有一定数量的资金，用于购建厂房、招募工人、采购材料和组织生产与管理，并及时将产品销售出去实现资金的回笼。从资金流程看，工业企业的资金有一个由投入、循环与周转到退出的过程；从资金形态看，工业企业资金是经由货币资金、生产资金、产品资金、增加了的货币资金而周而复始运动的；从生产经营过程看，工业企业主要经历供应、生产和销售等三个阶段。

在供应阶段，会计的对象主要是核算企业的材料采购以及所形成的与供货单位的货款结算业务；在生产阶段，会计的对象主要是核算企业的材料领取、加工生产以及产品形成与成本计算等业务；在销售阶段，会计的对象主要是核算企业的产品销售以及所形成的与销货单位或销售渠道的货款结算业务。除此以外，会计还应反映企业与职工的薪酬、税务部门的税款等方面的结算业务。凡此等等，不一而举。

现实生活中还有一类组织不以营利为目的，一般称之为非营利组织，主要包括政府部门、事业单位或各种公益性组织，主要是提供公共产品或服务。这些组织所需资金往往有其特定的来源渠道，或者由政府财政拨付，或者接受社会各界捐赠，或者根据国家政策向社会或个人募集，并且资金的使用往往有指定的用途。因此，在这类组织，会计的对象主要是核算资金的财务收支情况，控制其合理性、合法性和公益性。

第三节 会计的方法

会计的方法是用来核算和控制会计对象，达到和实现会计目的的手段。会计的方法是从实践中总结出来的，并且会随着环境和需求的不断变化而改进。广义上讲，会计的方法有会计系统方法和会计工作方法两个方面的含义。前者是会计在从事会计核算和控制时所采用的方法；后者主要是指从事会计工作的手段，即是手工操作还是计算机或网络操作。这里我们主要讲的是前者，即会计核算方法和会计控制方法。

一、会计核算方法

会计核算是会计系统的首要环节。会计核算的方法，简单地讲，就是对会计对象进行连续、系统、完整的确认、计量、记录和报告的处理程序和方法。会计核算主要包括以下七种专门方法。

（一）设置账户

设置账户是对会计对象的具体内容进行归类核算的一种专门方法。会计对象的内容是纷繁复杂的，要进行会计核算，必须对它们加以科学的分类，以便取得各种不同性质或类型、满足不同管理需要的核算资料。设置账户是保证核算资料系统性、完整性和有用性的首要条件。

（二）复式记账

复式记账是运用两个或两个以上的账户相互联系地记录每一项经

济活动或财务收支情况的一种专门方法。任何一项经济活动或财务收支都会引起至少两个方面的增减变化，这些现象又必然是相互联系的，都要在两个或两个以上的账户中进行反映。运用复式记账，才能系统反映企业或其他单位资金的来龙去脉，才能全面反映各种现象之间的相互关系，也才能便于会计控制。

（三）填制和审核凭证

填制和审核凭证是为了确认经济业务[①]是否合法合理，保证账簿记录完整、可靠而采用的一种专门方法。会计凭证是记录经济业务、明确经济责任、登记会计账簿的书面证明。任何一项经济业务都要按照实际发生或完成情况填制会计凭证，所有凭证都要经过会计部门和其他相关部门审核无误后，才能作为记账的依据。

（四）登记账簿

登记账簿是根据会计凭证，在账簿上全面、连续、系统地记录经济业务的一种专门方法。会计凭证只是分散记录了每一项经济业务，只有通过账簿把分散的经济业务集中起来，才能提供满足管理需要的各项核算资料。账簿，简单地讲，就是由具有一定格式的账页组成的，用来记载各项经济业务的簿籍。

（五）成本计算

成本计算是按照一定对象归集经营过程中各个阶段所发生的全部费用，并确定各该对象的总成本和单位成本的一种专门方法。工业企业所发生的费用，绝大多数是由于采购材料、生产和销售产品而发生的。为了考核各项成本的变化情况，就应该分别各个阶段来归集和分配采购费用、生产费用和销售费用，以便计算材料的采购成本、产品的生产成本和销售成本。同时，成本计算也是进行成本控制的基本前提和有效手段。

（六）财产清查

财产清查是通过盘点实物、核对往来款项来检查财产和资金实有数额，确定财产和资金实存数额与账存数额是否相符的一种专门方法。通过财产清查，可以发现财产和资金账实不符的情况和原因，便于弥补管理漏洞，维护财产和资金的安全与完整，保证会计信息的真实性。

---

① 经济业务也称会计事项，就是通过会计来核算和控制的经济活动或财务收支的具体事项。

（七）编制会计报表

编制会计报表是定期总括反映经济活动和财务收支情况，考核经济效益和明确受托责任的一种专门方法。会计报表主要是以账簿记录为依据，经过加工整理而形成的一套完整的指标体系。为了更集中、更概括地反映经济活动和财务收支的状况，提供更为有用的会计信息，必须编制会计报表。

上述会计核算的各种专门方法，是一个首尾一统的、完整的方法体系。为了科学地组织会计核算，对日常发生的各项经济业务，都要以合理、合法的会计凭证为依据，按照规定的账户，运用复式记账在有关账簿中进行登记；对经营过程中发生的各项费用，应当进行成本计算；在定期进行财产清查保证账实相符的基础上，依据账簿记录编制各种会计报表。

二、会计控制方法

会计控制，广义地讲，可以称为会计管理①，所以从方法论上讲，会计控制至少可以采用预测、决策、预算、控制和考评等一系列专门方法。

（一）会计预测

会计预测就是对不确定的或不知道的会计事件做出描述。多数情况下，这些事件是未来事件。可靠的会计预测既是科学，也是艺术，很难对它做出有效与合用的定义。通过会计预测掌握经济活动的内、外部的各种联系以及发展变化的趋势，探索会计管理的各种计划或方案。

（二）会计决策

会计决策就是优选目标或行动方案的判断和选择过程。会计决策的本质是人的行为规范化，即人的行为中符合事实，符合规律，经过比较、选择后，确认为合理化的行为。这种会计行为规范化的过程，就是会计决策。会计决策贯穿于会计工作的全过程，是会计管理的核心环节。可以说，没有会计决策，就不存在会计管理。

（三）会计预算

会计预算是记载计划数据的，是以货币额表述会计管理计划的一

① 会计核算也属于会计的管理范畴，因其决定着会计之所以成为会计的本质，具有明显的特殊性，所以作为一个独立问题研究与讲解。

种书面形式。简单地说，就是以金额表示的计划。会计预算的基本特征是有意识地将预期所要达到的会计管理目标货币化，有时也辅之以数量化。在整个会计管理过程中，会计预算既不具有核算的职能，也不能把它当作会计行为的限制，即控制职能，只是整个规划程序的一部分，是承前启后的一项会计管理工作。

（四）会计控制

会计控制就是为了保证会计预算（或计划）的顺利完成，对偏离预算的差异进行必要矫正的过程，即约束经济活动和财务收支不超出规定的范围。一个完整的会计控制过程至少要包括标准制定、信息回馈、责任中心和认可或矫正等四个环节。其中，标准可以是预算、计划，也可以是法律、法规和相关制度。

（五）会计考评

会计考评就是考核与评价。前者主要是通过考察核实，分析经济活动和财务收支存在的问题和取得的实效；后者主要是通过一系列指标的设计与运用，衡量经济活动和财务收支的价值或作用，以确定优劣好坏。这里并不包括对会计管理工作本身绩效的评价问题。

上述会计控制的各种方法，是前后连贯、相互照应的。会计预测、决策和预算主要发生在会计管理的上游阶段，即规划阶段。其中会计预测是会计决策的基础，正确的决策有赖于经过科学预测所提供的高质量的信息；会计预算又是会计决策的结果，决策一经确定，就应该编制相应的预算。会计控制和考评主要发生在会计管理的下游阶段，即控制阶段。有效的会计控制是会计预算实现的基本保证，及时的会计考评是发现问题、明确责任、科学激励的必要手段。

第四节　会计的学科体系

会计是专门研究会计规律和会计方法的一门科学，是社会科学的一个分支，属于管理学中的工商管理学科。会计学所研究的内容是不断丰富和发展的，因而可以把会计学划分为不同门类的学科，各门学科构成一个完整的会计知识体系，也就是会计学科体系。我国的会计学科体系，新中国成立初期是在学习苏联经验的基础上建立起来的，改革开放以后，又借鉴了英美等西方发达国家的经验。目前，会计的学科体系可以概括为以下三个方面：

一、宏观会计学和微观会计学

会计学按照所从事或服务领域的范围大小划分，可以分为宏观会计学和微观会计学。前者是研究某个国家或地区的会计规律与方法，为宏观经济管理服务的科学，如社会会计学；后者是研究企业、事业单位等某一个微观领域会计规律与方法的科学，主要包括企业会计学和预算会计学。进一步地，企业会计学主要研究从事商品生产、交换和分配或者以劳务为生产、流通和消费服务的各个以营利为目的的企业中会计规律与方法的科学，可以称为营利组织会计学；预算会计学则是主要研究从事政府管理和社会事业的各个以社会效益为目的的政府和事业单位中的预算或经费收支和执行情况如何核算与控制的科学，一般称为预算会计学或者非营利组织会计学。

二、企业会计学的学科体系

企业会计学可以从广义和狭义两个方面划分。广义地讲，企业会计学包括财务会计学、管理会计学、成本会计学、理财学和审计学。财务会计学是为企业外部管理服务的，主要满足企业外部利益相关者对会计信息的要求，又称外部会计学；管理会计学是为企业内部管理服务的，主要满足企业内部管理对会计信息的要求，又称内部会计学；成本会计学则是兼具企业外部与内部两方面对成本信息的要求，一方面要满足财务会计学中对有关存货总成本与单位成本的信息需求，另一方面要满足管理会计学中为规划、决策和控制而对相关成本的信息需求；理财学主要是研究财务活动与财务关系的科学，尽管在我国会计与财务是一项密切联系的经济管理工作，都是对经济活动价值方面的管理，但是两者的目的和所运用的方法并不一致；审计学主要是研究审计产生和发展规律的科学，是会计学中会计分析、会计检查和会计监督等内容独立分化的结果。当下，理财学和审计学都已发展成为相对独立的学科，因此，狭义的企业会计学并不包括理财学和审计学。

三、财务会计学的课程体系

财务会计学已经成为一个内容丰富、体系完整的知识体系。按照目前我国会计教育的基本理念，主要分为以下三个方面：

一是基础会计学，主要阐述会计学的基本理论、基本方法和基本技能，是会计学的专业基础课，也称会计学原理或初级会计学。

二是中级财务会计学，以企业为研究对象，主要阐述企业生产经营活动或其他会计事项的确认、计量、记录和报告，是会计学的专业骨干课程；一般而言，掌握了中级财务会计学就能胜任会计核算工作。

三是高级财务会计学，也是以企业为研究对象，主要阐述企业特殊的经济业务或会计事项的核算问题，例如企业的租赁、外币、合并和衍生金融工具等业务的会计处理问题。

第五节　会计的工作组织

会计不仅是一门科学，而且是一项综合性、政策性、严密性很强的经济管理工作。为了做好会计工作，在微观层面上，企业、事业等单位必须科学地设置会计机构和合理的配备会计人员；在宏观层面上，中央和各级地方人民政府都设立了专门负责管理全国或地方会计工作的政府机构。

一、会计机构设置

会计机构是企业、政府机关、事业单位中直接从事和组织会计工作的职能部门。科学地设置会计机构是保证会计工作顺利进行的重要条件。我国《会计法》中明确规定："各单位应当根据会计业务的需要，设置会计机构，或者在有关机构中设置会计人员并指定会计主管人员；不具备设置条件的，应当委托经批准设立从事会计代理记账业务的中介机构代理记账。"

在会计机构中，应当根据会计业务需要设置不同的会计工作岗位。一般包括会计机构负责人（或会计主管）、会计核算、出纳、稽核和会计档案保管等岗位。国有的和国有资产占控股地位或者主导地位的大、中型企业则必须设置总会计师岗位，全面负责企业的财务与会计工作。在实行会计电算化的单位，可以根据实际需要合并或缩减相应的会计工作岗位，但是出纳和核算岗位必须分别独立设置。

二、会计人员管理

会计人员是直接从事会计工作的人员。合理配备会计人员是做好各项会计工作的重要基础。我国《会计法》中明确规定："从事会计工作的人员，必须取得会计从业资格证书。担任单位会计机构负责人

(会计主管人员) 的，除取得会计从业资格证书外，还应当具备会计师以上专业技术职务资格或者从事会计工作三年以上经历。”其中，出纳人员不得兼任稽核、会计档案保管和收入、支出、费用、债权债务账目的登记工作。

会计人员应当遵守职业道德，在从事会计工作时主动实行回避制度。会计人员应当不断提高业务素质，持续接受会计人员继续教育。因发生与会计职务有关的违法行为而被依法追究刑事责任的会计人员，不得取得或者重新取得会计从业资格证书；除前款规定的人员外，因违法违纪行为被吊销会计从业资格证书的人员，自被吊销会计从业资格证书之日起5年内，不得重新取得会计从业资格证书。

为了充分调动会计人员的工作积极性，不断提高业务水平，我国规定了会计人员的技术职称。根据政治思想、学历层次、知识水平和工作经验，分别设置高级会计师、会计师、助理会计师和会计员等四个职称层次。在一些垄断性的行业或大型企业中，试点也增设了教授级高级会计师。

三、会计事务管理

为了加强对会计工作的宏观管理，国务院财政部和地方各级人民政府财政部门一般都设置了会计司、会计处、会计科或会计股等专门机构。根据我国《会计法》的规定：“国务院财政部门主管全国的会计工作。县级以上地方各级人民政府财政部门管理本行政区域内的会计工作。”其中，中央一级的会计管理机构主要负责国家统一的会计制度的制定、公布和解释，会计人员资格认定、考试、职称评定和继续教育等方面的工作以及与国际会计组织的协调，同时指导中国会计学会、中国注册会计师协会和中国资产评估协会的各项工作。

本章小结

本章主要介绍了会计的基本概念；会计的内涵和会计的目标；会计的职能和特点；会计的对象和方法；会计的学科体系和会计工作组织。

【本章重要术语】

会计　会计对象　会计职能　会计目标

【延伸阅读】

1.《四柱清册》。

“四柱结算法”的创立和运用，是我国唐宋时代在中式会计方法上的重大突破，是我国古代的会计工作者在管理社会经济实践中创造的科学结算方法，它的产生、运用和发展完善，在会计发展史上，占有重要地位和具有十分重要的意义。

2. 章文芳、张华：《成人高等教育本科专业教材·基础会计学》，江苏大学出版社2008年版。

该书不仅可以作为成人高等教育本科会计、管理类专业的基础会计学课程教材，也可以供普通高等教育本科层次学生使用。

【复习与思考】

1. 什么是会计？
2. 会计的对象是什么？
3. 会计核算方法有哪些？
4. 会计控制方法有哪些？
5. 会计机构是如何设置的？

第二章
会计概念结构

【学习目标和要求】 通过本章的学习，了解会计目标的含义和会计信息使用者，掌握会计假设、会计要素的基本含义，理解会计确认、计量和报告的基本内容以及会计信息使用者和信息的基本质量要求。

会计概念结构也称会计概念框架，是指会计基本概念的构成项目，其主要内容有财务报告的目标，会计信息的质量特征，财务报表要素，财务报表的确认与计量，这些内容相互关联，形成一个完整的体系，目的在于指导会计准则的制定与应用。

美国财务会计准则委员会（FASB）对会计概念结构做出解释：会计概念结构是相互联系的目标与基本概念协调一致的体系。这些目标和基本概念可望引出前后一贯的准则，并对财务会计和报告的性质、作用和局限性做出规定。会计概念框架应主要包括财务报表的目标、财务信息的质量特征、财务报表的要素、财务报表要素的确认与计量、财务信息的揭示等几个方面的内容。

第一节　会计目标

一、会计目标的含义

会计目标是指会计活动应达到的境地或通过会计工作要实现的目的。会计目标分为直接目标和间接目标（终极目标）。

会计的直接目标也称为会计报告目标，即为企业经营者、投资者、债权人等会计信息需求者提供在经营决策中有用的会计信息。

会计的职能与目标

会计的间接目标是提高企业的经济效益，这是由会计的本质决定的。会计在本质上是一项对企业经营活动过程的基础管理工作；企业的任何一项管理活动都必须服从于企业创造最大效益这一最终目标，会计也不例外。

会计目标的研究一直是会计理论界的一个热点问题，它对财务会计概念结构的研究起着指引方向的重要作用。关于会计目标，会计学术界形成了两个具有代表性的流派，分别是受托责任观和决策有用观。

（一）受托责任观

受托责任观认为，由于社会资源所有权和经营权的分离，资源的受托者就负有了对资源的委托者解释、说明其活动及结果的义务。因此，会计的目标就是向资源的提供者报告资源受托管理的情况。所有者将其财产委托给经营管理者，是为了财产能够保值和增值。经营管理者有义务履行责任，并且定期向所有者报告，他们可以通过定期编制反映财务状况、经营成果和现金流量的财务报告等方式，汇报所有者财产的保值增值情况以及受托责任的完成情况。

（二）决策有用观

决策有用观认为，会计的目标就是向信息使用者提供有利于其决策的会计信息，来帮助他们做出合理的决策，它强调会计信息的相关性和有用性。由于会计信息使用者需求的多样性，会计人员在会计上应全面确认实际已发生和虽然尚未发生的但对企业已有影响的经济事项，以满足信息使用者决策的需要。因此，会计是一种可以提供决策有用信息的系统。

从上述介绍可以看出，受托责任观主要是从企业内部来谈的，而决策有用观是从企业会计信息的外部使用者来谈的。实际上，两者并不是完全排斥的关系。受托责任观是从监督角度考虑，主要是为了监督受托者的受托责任；决策有用观侧重于信号角度，即会计信息能够传递信号，即向信息使用者提供决策有用的信息。两者之间相互联系、相互补充。

我国基本会计准则中明确规定：会计报告的目标是向财务报告使用者提供与企业财务状况、经营成果和现金流量等有关的会计信息，反映企业管理层受托责任履行情况，有助于财务会计报告使用者做出经济决策。

二、会计信息的使用者

在现代经济社会体系中，会计可以为企业各种利益相关者提供所需要的信息，为其进行决策服务。这些利益相关者主要包括：

（1）投资者。对投资者而言，通过对会计报表的阅读和分析，可全面了解被投资企业的经营能力、获利能力、风险控制能力，以便进行相应的投资决策。

（2）债权人。债权人是指将资金借给企业使用的机构和个人，既包括银行等专门的金融机构，也包括由于业务往来产生债务的机构和个人。对债权人而言，通过对会计报表的阅读和分析，可重点了解企业的偿债能力，了解其债权的保障和利息的获取，以及债务人是否有足够的能力按期偿付债务。

（3）政府及其机构。对政府及其机构而言，通过阅读和分析会计报表，可了解企业的经营活动，企业依法纳税的情况，社会资源的分配情况，以作为决定税收等经济政策和国民收入等统计资料的基础。

（4）经理人员。为改善财务决策而进行财务分析，涉及的内容最广泛，几乎包括外部使用人关心的所有问题。

（5）供应商。要通过分析，看企业是否能长期合作；了解销售信用水平如何；是否应对企业缩短或延长付款期。

（6）雇员和工会。要通过分析判断企业盈利与雇员收入、保险、福利之间是否相适应。

会计为上述会计信息使用者提供对其决策有用信息的主要方式是财务报告。决策者通过阅读财务报告获得相关信息以达到做出正确决策的目的。

三、会计信息质量要求

会计信息质量特征

会计信息质量要求是对企业财务报告中所提供会计信息质量的基本要求，是使财务报告中所提供会计信息对投资者等使用者决策有用应具备的基本特征，根据我国《企业会计准则——基本准则》的规定，会计信息质量要求主要包括可靠性、相关性、可理解性、可比性、实质重于形式、重要性、谨慎性和及时性等。

（一）可靠性

《企业会计准则——基本准则》第十二条规定：“企业应当以实际发生的交易或者事项为依据进行会计确认、计量和报告，如实反映符合确认和计量要求的各项会计要素及其他相关信息，保证会计信息真实可靠、内容完整。”

可靠性是对会计工作的基本要求。它要求企业应当以实际发生的交易或者事项为依据进行会计确认、计量和报告，如实反映各项会计要素及其他相关信息，保证会计信息真实可靠、内容完整。为了满足会计信息使用者的决策需要，企业提供的信息必须内容真实，数字准确，必须以实际发生的经济活动和表明经济活动发生的合法凭证为依据。

如果企业的会计核算不是以实际发生的交易或事项为依据，没有如实反映企业的财务状况、经营成果和现金流量，就会误导会计信息使用者，使其做出错误决策，会计工作也就失去了存在的意义。

（二）相关性

《企业会计准则——基本准则》第十三条规定："企业提供的会计信息应当与财务会计报告使用者的经济决策需要相关，有助于财务会计报告使用者对企业过去、现在或者未来的情况做出评价或者预测。"

相关性要求企业提供的会计信息应当与财务报告使用者的经济决策需要相关，有助于财务报告使用者对企业过去、现在或者未来的情况做出评价或者预测。会计信息是否有用、是否有价值，在于其是否与会计信息使用者的决策需要相关联，是否有助于决策者做出正确决策。具备相关性的会计信息应当在保证及时性的前提下，能够有助于财务会计报告使用者评价过去的决策，证实或修正某些预测，从而具有反馈价值；有助于财务会计报告使用者根据会计信息预测企业未来的财务状况、经营成果和现金流量，做出决策，从而具有预测价值。

通常，我国企业的会计信息必须满足三方面的需要：①符合国家宏观经济管理的要求；②满足有关各方面了解企业财务状况和经营成果的需要；③满足企业内部加强经营管理的需要。

如果会计信息提供以后，没有满足财务会计报告使用者的需要，对财务会计报告使用者的决策没有什么用，就不具有相关性。

（三）可理解性

《企业会计准则——基本准则》第十四条规定："企业提供的会计信息应当清晰明了，便于财务会计报告使用者理解和使用。"

可理解性要求会计记录和财务会计报告必须清晰明了、简明扼要，数据记录和文字说明一目了然地反映出经济活动的来龙去脉。在会计核算工作中坚持可理解性原则，会计记录应当准确、清晰，在编制财务会计报告时，内容完整、数字准确，便于信息使用者理解和使用。如果企业的会计核算和编制的财务会计报告不符合可理解性原则的要求，就不能满足财务会计报告使用者的决策需求。

（四）可比性

《企业会计准则——基本准则》第十五条规定："企业提供的会

计信息应当具有可比性。”

可比性具体包括下列两层含义：

一方面是同一企业不同时期发生的相同或者相似的交易或者事项，应当采用一致的会计政策，不得随意变更。确需变更的，应当在附注中说明。

企业发生的交易或事项具有复杂性和多样性，对于某些交易或事项可以有多种会计核算方法。例如，存货的领用和发出，可以采用先进先出法、加权平均法、个别计价法等确定其实际成本；固定资产折旧方法可以采用年限平均法、工作量法、年数总和法、双倍余额递减法等。如果企业在不同的会计期间采用不同的会计核算方法，将不利于会计信息使用者对会计信息的理解，容易使其做出错误判断。

另一方面是不同企业发生的相同或者相似的交易或者事项，应当采用规定的会计政策，确保会计信息口径一致、相互可比。不同的企业可能处于不同行业、不同地区，经济发生于不同地点，为了保证会计信息能够满足决策的需要，便于比较不同企业的财务状况、经营成果和现金流量，企业应当遵循可比性要求，只要是相同的交易或事项，就应当采用相同的会计处理方法。确保会计信息口径一致、相互可比。

（五）实质重于形式

《企业会计准则——基本准则》第十六条规定：“企业应当按照交易或者事项的经济实质进行会计确认、计量和报告，不应仅以交易或者事项的法律形式为依据。”

在具体会计实务中，交易或事项的经济实质往往存在着与其法律形式明显不一致的情形，所以会计信息要想反映其所拟反映的交易或事项，就必须根据交易或事项的经济实质，而不能仅仅根据它们的法律形式进行核算和反映。如果企业的会计核算仅仅按照交易或事项的法律形式进行，而法律形式又没有反映其经济实质，则其最终结果会误导财务会计报告使用者的决策。所以，这就要求会计信息不能仅仅根据它们的法律形式进行反映。

例如，以融资租赁方式租入的资产，虽然在租赁期内承租企业从法律形式来讲并不拥有其所有权，但是由于租赁合同中规定的租赁期相当长，接近于该资产的使用寿命；租赁期结束时承租企业有优先购买该资产的选择权；在租赁期内承租企业有权支配该资产并从中受益，所以，从其经济实质来看，企业能够控制其创造的未来经济利益，因此，在会计核算上就应将以融资租赁方式租入的资产视为企业的自有资产，列入企业资产负债表中。

（六）重要性

《企业会计准则——基本准则》第十七条规定：“企业提供的会计信息应当反映与企业财务状况、经营成果和现金流量等有关的所有重要交易或者事项。”

对重要会计事项，必须按照规定的会计方法和程序进行处理，并在财务报告中予以充分、准确的披露；对于次要的会计事项，在不影响会计信息真实性和不至于误导财务报告使用者做出正确判断的前提下，可适当简化会计核算或合并反映。例如，固定资产的价值损耗和补偿采用计提折旧的方式，而低值易耗品则采用“一次摊销法”或“五五摊销法”；用于购建固定资产而发行债券产生的费用，金额较小的可直接计入当期财务费用而不必计入固定资产成本等。

在评价某些项目的重要性时，很大程度上取决于会计人员的职业判断，从项目性质和金额大小两个方面加以判断。一般认为，在实务中如果省略或者错报会影响财务报告使用者决策的信息具有重要性。

（七）谨慎性

《企业会计准则——基本准则》第十八条规定：“企业对交易或者事项进行会计确认、计量和报告应当保持应有的谨慎，不应高估资产或者收益、低估负债或者费用。”

在市场经济条件下，企业面对的是有风险的市场，其经营活动都存在着大量的不确定因素，要求企业在面临不确定因素的情况下做出职业判断时，应当保持必要的谨慎，充分估计到各种风险和损失，既不高估资产或收益，也不低估负债或费用。如企业对可能发生的资产减值损失计提资产减值准备、对固定资产采用加速折旧法计提折旧以及对售出商品可能发生的保修义务确认预计负债等，就充分体现了谨慎性要求。

需要注意的是，谨慎性并不意味着企业可以任意设置各种秘密准备，否则，就属于滥用谨慎性，视同重大会计差错。

（八）及时性

《企业会计准则——基本准则》第十九条规定：“企业对于已经发生的交易或者事项，应当及时进行会计确认、计量和报告，不得提前或者延后。”

会计信息的价值在于帮助会计信息使用者做出经济决策，即便是可靠、相关的会计信息，如果提供得不及时，也没有任何意义，甚至会误导财务会计报告使用者，因而会计信息必须注重时效性。在会计核算过程中坚持及时性，一是要及时收集会计信息，即在经济业务发生后，及时收集整理各种原始单据；二是要及时处理会计信息，即按照会计制度统一规定的时限，及时编制出财务会计报告；三是要及时传递会计信息，即在统一规定的时限内，将编制出的财务会计报告及时传递给财务会计报告使用者。

第二节 会计假设

会计假设

会计基本假设，又称会计基本前提，是企业会计确认、计量和报告的前提，是对会计核算所处的时间、空间环境等所做的合理设定。会计面对的是一个现实的、复杂多变的社会经济环境，要使会计核算工作具有一定的稳定性和规律性，必须对会计工作提出一定的前提条件，从而使会计工作处于一个相对稳定的、比较理想的环境中。会计假设包括会计主体、持续经营、会计分期和货币计量。

一、会计主体

会计主体是指会计确认、计量和报告的空间范围。一般地，经济上独立或相对独立的企业、公司、事业单位等都是会计主体。甚至只要有必要，任何一个组织都可以成为一个会计主体，典型的会计主体是经营性企业。

会计主体的作用表现在：（1）明确了会计处理与财务报告的空间范围。有了会计主体假设，会计处理的经济业务和财务报告才可以按特定的主体来识别，会计所讲的资产、负债、所有者权益、收入、费用、利润等都是针对特定会计主体而言的，这样有助于区分企业和其他利益团体的经济业务。（2）确定了会计的独立性。会计应该站在企业的立场上，为企业全体所有者服务，而不应被企业某个所有者或企业以外的任何利益团体所操纵。

应注意，会计主体与法律主体既有区别，也有联系。作为法律主体是指在政府部门注册登记、有独立的财产、能够承担民事责任的法律实体，它强调企业与各方面的经济法律关系，而会计主体则强调企业的会计活动的空间范围。一般来说，法律主体都是会计主体，但是会计主体不一定是法律主体，如独资及合伙企业。如甲、乙、丙等人准备成立 A 公司，这家特定的 A 公司就成为一个会计核算的主体，而作为 A 公司投资者的甲、乙、丙等人的有关经济活动则不是 A 公司会计核算的内容。

二、持续经营

持续经营是假设企业正常的生产经营活动能永远地进行下去，即在可以预见的将来，不会停业，也不会大规模削减业务。如果没有这样的假定，不仅会计核算无法保持其稳定性，企业生产经营活动也无法正常进行。

例如，企业以 20 万元购进了一台生产设备，预计可用 10 年，每年可为企业带来收入 5 万元。按持续经营假设，企业正常的生产经营活动能长期进行下去，即在可以预见的 10 年内不会破产。因此，这投入的 20 万元可分 10 年收回，每年承担 2 万元，因而，该设备每年可赚 3 万元。但如果没有这样的假定，则会计核算就无法正常进行了。

持续经营前提只适用于正常状态下的会计主体，如果一旦企业宣告破产而清算，则此前提就不再适用，会计方法也要进行相应改变，按关于企业清算的规定办理。

三、会计分期

会计分期是指将一个企业持续经营的生产经营活动划分为一个个连续的、长短相同的期间。会计分期假设是以持续经营假设为前提的。为了及时提供企业生产经营信息，我们假定企业正常生产经营活动可以人为地分割为若干相等的、较短的时间段落，这就是会计期间。可见，会计期间假设是持续经营假定的一个必要补充，它同样是会计核算时间范围的规定。

会计期间可以分为年度和中期，以一年确定的会计期间称为会计年度，《企业会计准则》规定了我国以日历年度为企业会计年度，即从公历元月 1 日起到 12 月 31 日止。企业会计年度也可以采用其他期间，如一些国家采用从 4 月 1 日到次年的 3 月 31 日止划分会计期间。

中期是指短于一个会计年度的会计期间，如半年、季度和月份。按年度编制的财务报告称为年报，以中期为基础编制的财务报告称为中期报告。

四、货币计量

货币计量是指企业在会计核算中要以货币为统一的主要的计量单位，记录和反映企业生产经营过程和经营成果。会计对企业的经济活动进行定量描述时以货币作为主要计量单位，只有能用货币反映的经济活动，才能纳入会计系统中。

货币计量有两层含义：

一是会计核算要以货币作为主要的计量尺度。在会计核算中，日常登记账簿和编制会计报表用以计量的货币，也就是单位主要会计核算业务所使用的货币，称为记账本位币。

一般来说，企业经济活动的计量尺度通常有三种，即实物计量、劳动计量和货币计量。《会计法》规定会计核算以人民币为记账本位币，业务收支以人民币以外的货币为主的单位，可以选定其中一种作为记账本位币，但是编报的财务会计报表应当折算为人民币。在以货币作为主要计量单位的同时，有必要也应当以实物量度和劳动量度作为补充。

二是假定币值稳定，因为只有在币值稳定或相对稳定的情况下，不同时点上的资产的价值才有可比性，不同期间的收入和费用才能进行比较，并计算确定其经营成果，会计核算提供的会计信息才能真实反映会计主体的经济活动情况。

但在现实生活中，持续通货膨胀和币值波动是常见的事实，建立在币值不变基础上的会计信息，它的真实性和有用性必然会受到影响，因此如何解决币值变化对会计的影响，是会计界正在努力解决的一大难题。

第三节　会计要素

资产

会计要素是根据交易或者事项的经济特征所确定的会计对象基本分类。它是会计对象的具体构成内容，是会计报表的基本单位和基本构件，也称为会计报表要素。我国《企业会计准则》中将营利组织的会计要素划分为资产、负债、所有者权益、收入、费用和利润六项。前三个要素反映企业财务状况，后三个要素反映企业经营成果。

一、资产

资产是指企业过去的交易或者事项形成的、由企业拥有或者控制的、预期会给企业带来经济利益的资源。资产可以具有实物形态，如房屋、设备、运输工具、原材料、商品等，也可以不具有实物形态，如以债权形式存在的各种应收款项，以特殊权利形式出现的专利权、专有技术等无形资产。资产按其流动性，可以分为流动资产和非流动资产。流动资产是指在一年或超过一年的一个营业周期内变现或耗用的资产，包括现金、银行存款、存货等；非流动资产是指不符合流动资产定义的资产，通常包括固定资产、长期投资、无形资产和其他资产。

（一）资产的特点

1. 资产是由过去的交易或事项形成的

资产必须是现实的资产，是过去发生的交易或事项产生的结果，而不是预期的资产。未来交易或事项可能产生的结果不能作为资产确认。企业过去的交易或者事项包括购买、生产、建造行为等现实已发生的交易或者事项。

例如，企业计划在6月销售一批库存商品，5月与购买方签订了销售合同，但实际销售行为发生在6月份，那么企业在5月份不可以将该批库存商品确认为资产的减少，只有等到6月份实际销售行为发生后才能确认为企业资产的减少。

2. 资产是为企业拥有的，或者即使不为企业拥有，也是为企业所控制的

企业拥有资产就是拥有了该项资产的所有权和支配权，资产通过使用而产生的经济利益必然归属于企业；控制某项资产是指该资产的使用权归属于企业，但其所有权不一定归属于企业，例如企业加工车间有两台设备，A设备系从甲企业融资租入获得，B设备系从乙企业以经营租入方式获得。由于A设备企业拥有实际的控制权，因此可以将A设备作为企业的资产核算，而B设备只是临时使用，因此并不构成企业的资产。

3. 资产能够直接或间接地给企业带来经济利益

经济资源通过开发利用可以为使用者带来经济利益，无论这种经济利益的获取形式是直接的还是间接的。例如，企业的现金和存在银行的货币资金，直接可以用来购置各种企业生产经营中所需要的各种有形的设备、材料或无形的技术、专利，也直接可以用来支付企业的各类人员的费用开支。通过物化劳务与活劳动的结合，企业可以向社会提供各种产品与劳务，并从中获取经济利益。如果一项资产不能为企业带来经济利益，就不能作为一项资产，例如超过有效期的专利权、无法使用或使用后产生大量废品的存货等。

（二）资产的分类

资产的分类按其流动性不同，可以分为流动资产和非流动资产。

1. 流动资产

资产满足下列条件之一的，应归类为流动资产：（1）预计在一个正常营业周期中变现、出售或耗用；（2）主要为交易目的而持有；

（3）预计在资产负债表日起一年内（含一年）变现；（4）在资产负债表日起一年内，交换其他资产或清偿负债的能力不受限制的现金或现金等价物。

流动资产种类很多，主要包括货币资金、交易性金融资产、应收票据、应收账款、预付账款、应收利息、应收股利、其他应收款、存货等。

2. 非流动资产

非流动资产是指流动资产以外的资产，主要包括长期股权投资、固定资产、在建工程、工程物资、无形资产等。

长期股权投资是指通过投资取得被投资单位的股份的投资。企业对其他单位的股权投资，通常是为了长期持有，以及通过股权投资达到控制被投资单位，或对被投资单位施加重大影响，或为了与被投资单位建立密切关系，以分散经营风险。

固定资产是指同时具有以下特征的有形资产：（1）为生产商品、提供劳务、出租或经营管理而持有的；（2）使用寿命超过一个会计年度。

无形资产是指企业拥有或者控制的没有实物形态的可辨认非货币性资产，如专利权、非专利技术、商标权、著作权、土地使用权、特许权等。

二、负债

负债是指过去的交易、事项形成的现时义务，履行该义务预期会导致经济利益流出企业。

（一）负债的特征

（1）负债是企业承担的现实义务。导致负债的交易或事项必须在现实中已经发生，如购置材料会产生应付账款，接受银行贷款则会产生偿还贷款的义务。只有源于已经发生的交易或事项，会计才有可能确认为负债。未来的经济业务也可能会产生负债，但不是会计上现实的负债。

（2）负债的清偿预期会导致经济利益流出企业。负债通常是在未来某一时日通过交付资产（包括现金和其他资产）或提供劳务来清偿。例如，以现金、非现金资产、劳务偿还，或以举借新债、债转股等方式来结清一项现有的负债等，一般最终都会导致经济利益流出企业。

（3）负债是由过去的交易或事项形成的。负债是过去发生的交易或事项产生的结果，未来交易或事项可能产生的结果，例如承诺或者合同，都不能被视为负债。

（二）负债的分类

负债按其流动性不同，分为流动负债和非流动负债。

流动负债是指偿还期在一年以内或超过一年的一个营业周期内的债务，包括短期借款、应付票据、应付账款、预收账款、应付职工薪酬、应交税费、应付利息、应付股利、其他应付款等。

非流动负债是指偿还期超过一年或超过一个营业周期的债务，主要包括长期借款、应付债券和长期应付款等。

所有者权益

三、所有者权益

所有者权益是指企业资产扣除负债后由所有者享有的剩余权益。公司的所有者权益又称为股东权益，其金额为资产减去负债后的余额。

（一）所有者权益的特征

所有者权益与债权人权益通称为权益，是企业的生产经营的资金来源。所有者权益相对于负债具有以下特征：（1）除非发生减资、清算或分派现金股利，企业不需要偿还所有者权益；（2）企业清算时，只有在清偿完所有的负债后，所有者权益才能够返还给所有者；（3）所有者凭借所有者权益能够参与企业利润的分配；（4）所有者凭借所有者权益拥有企业的经营管理权。

（二）所有者权益的分类和来源

所有者权益包括实收资本（或者股本）、资本公积、盈余公积和未分配利润等。它表明企业的产权关系，即企业归谁所有，是谁投资的。

所有者权益的来源包括所有者投入的资本、直接计入所有者权益的利得和损失、留存收益等。其中所有者投入的资本，包括初始投入和后续投入，形成企业实收资本（或者股本）；资本公积包括企业收到投资者出资超过其在注册资本或股本中所占份额的部分以及直接计入所有者权益的利得和损失等；盈余公积和未分配利润合称为留存收益，来自企业经营利润中留存于企业的部分，其中盈余公积是明确留在企业内部用企业发展的部分，未分配利润是尚指未明确用途，临时留存于企业的部分。

四、收入

收入是指企业在日常活动中形成的、会导致所有者权益增加的、与所有者投入资本无关的经济利益的总流入。收入的实质是企业在会计期间内取得的经济利益，表现为资产的增加或负债的减少。

收入具有以下几个方面的特征：

（1）收入应当是企业在其日常活动中所形成的。日常活动是指企业为完成其经营目标所从事的经营性活动以及与之相关的活动。例如，工业企业采购原材料、商业企业采购商品、投资公司购买有价证券、软件企业为客户开发软件、租赁公司出租资产等，均属于企业的日常活动。企业非日常活动所形成的经济利益的流入不能确认为收入，而应当计入利得。

（2）收入应当会导致经济利益的流入，该流入不包括所有者投入的资本。收入会导致经济利益的流入，从而导致资产的增加。例如，企业对外销售商品收到货币资金或者有权利将收到货币资金，才能确定为企业的收入。而所有者投入资本也会引起经济利益流入企业，但不应当确认为收入，应将其直接确认为所有者权益。

（3）收入应当最终会导致所有者权益的增加。与收入相关的经济利益的流入最终应当会导致所有者权益的增加，不会导致所有者权益增加的经济利益的流入不符合收入的定义，不应确认为收入。

（4）收入只包括本企业经济利益的流入，不包括为第三方和客户代收的款项。

五、费用

费用是指企业在日常活动中发生的、会导致所有者权益减少的、与向所有者分配利润无关的经济利益的总流出。从本质上说，费用是一种资源的耗费，它使企业在会计期间内的经济利益减少，其表现形式分为两种：一种是费用的发生引起资产的减少；另一种是费用的发生导致负债的增加。

费用具有以下几个方面的特征：

（1）费用应当是企业在日常活动中发生的。这些日常活动的界定与收入定义中涉及的日常活动相一致。日常活动中所产生的费用通常包括销售成本、职工薪酬、固定资产折旧费、无形资产摊销费等。将费用界定为日常活动中所形成的，目的是为了将其与损失相区分，企业非日常活动所形成的经济利益的流出不能确认为费用，应当计入损失。

（2）费用应当会导致经济利益的流出，但与向投资者分配利润无关。费用应当会导致经济利益的流出从而导致资产的减少或者负债的增加（最终也会导致资产的减少）。其表现形式包括：现金或者现金等价物的流出，存货、固定资产和无形资产等的流出或者消耗等。

而企业向所有者分配利润也会导致经济利益的流出，使企业所有者权益减少，但不应确认为企业的费用。

（3）费用应当最终会导致所有者权益的减少。与费用相关的经济利益的流出最终应当会导致所有者权益的减少，不会导致所有者权益减少的经济利益的流出不符合费用的定义，不应确认为费用。企业必须正确划分费用与成本，对象化的费用计入所生产产品的成本，并非真正的费用。只有当资产在使用中发生耗费时，才由成本转为费用。因此，将费用直接计入当期损益，而将成本计入所生产的产品、劳务的成本。

六、利润

利润是指企业在一定会计期间的经营成果。利润包括收入减去费用后的净额、直接计入当期利润的利得和损失等，其中收入减去费用后的净额反映的是企业日常活动的经营业绩，直接计入当期利润的利得和损失反映的是企业非日常活动的业绩。

利润具体指营业利润、利润总额、净利润和综合收益总额。其中营业利润是营业收入减去营业成本、营业税费、期间费用（包括销售费用、管理费用和财务费用）、资产减值损失，加上公允价值变动净收益、投资净收益后的金额；利润总额是指营业利润加上营业外收入，减去营业外支出后的金额；净利润是指利润总额减去所得税费用后的金额，是企业收入和费用配比后的结果；综合收益总额是指净利润加上其他综合收益扣除所得税后净额。

利润总额是综合反映企业工作质量的一个重要指标，利润的大小还是企业缴纳所得税的计税依据，是国家财政收入的重要来源。

第四节　会计确认、计量与报告

《企业会计准则》第五条规定：“企业应当对其本身发生的交易或者事项进行会计确认、计量和报告。”因此，企业对经济业务进行处理与加工的环节包括会计确认、会计计量和会计报告。

一、会计确认

会计确认是指会计数据进入会计系统时确定如何进行记录的过程，即将某一会计事项作为资产、负债、所有者权益、收入、费用或利润等会计要素正式加以记录和列入报表的过程。会计确认要解决四个基本问题：确认什么业务应该进入会计系统；确认能够进入会计系统的业务纳入哪一期间；确认业务为什么要素；确认以多少金额进入会计系统。会计确认的内容包括会计记录的确认和编制会计报表的确认两方面，贯穿了整个会计工作的始终。

会计确认包括初始确认和再确认两个环节。初始确认是对交易或事项进行正式的会计记录的行为，确认的对象为原始凭证本身及其所记载的反映会计主体业务的原始信息，包括原始凭证的手续是否齐备，所载内容应否输入会计信息系统，何时输入及其内容的属性。再确认的主要任务是编制和分析财务报表，是确认反映经济业务的信息应否列入会计报表、列入哪种报表以及以何种口径列入会计报表。

二、会计计量

会计计量是根据一定的计量标准和计量方法，将符合确认条件的会计要素登记入账并列报于财务报表而确定其金额的过程。会计计量在会计确认和会计报告中起着十分重要的作用。没有会计计量所确定的结果，经过会计确认的经济业务就无法进入会计信息系统，账户的记录与报表的编制就无从谈起。

（一）计量属性的种类

《企业会计准则——基本准则》第四十二条规定："会计计量属性主要包括历史成本、重置成本、可变现净值、现值和公允价值。"

1. 历史成本

在历史成本计量下，资产按照购置时支付的现金或者现金等价物的金额，或者按照购置资产时所付出的对价的公允价值计量。负债按照其因承担现时义务而实际收到的款项或者资产的金额，或者承担现时义务的合同金额，或者按照日常活动中为偿还负债预期需要支付的现金或者现金等价物的金额计量。

2. 重置成本

在重置成本计量下，资产按照现在购买相同或者相似资产所需支付的现金或者现金等价物的金额计量。负债按照现在偿付该项债务所需支付的现金或者现金等价物的金额计量。

3. 可变现净值

在可变现净值计量下，资产按照其正常对外销售所能收到现金或者现金等价物的金额扣减该资产至完工时估计将要发生的成本、估计的销售费用以及相关税金后的金额计量。

4. 现值

在现值计量下，资产按照预计从其持续使用和最终处置中所产生的未来净现金流入量的折现金额计量。负债按照预计期限内需要偿还的未来净现金流出量的折现金额计量。

5. 公允价值

在公允价值计量下，资产和负债按照市场参与者在计量日发生的有序交易中，出售资产所能收到或者转移负债所需支付的价格计量。

（二）会计计量属性的选择

《企业会计准则——基本准则》第四十三条规定：“企业在对会计要素进行计量时，一般应当采用历史成本，采用重置成本、可变现净值、现值、公允价值计量的，应当保证所确定的会计要素金额能够取得并可靠计量。”一般情况下，对于会计要素的计量，应当采用历史成本计量属性。一方面在于历史成本具有客观性和真实性；另一方面在于历史成本可以易于获取。如果要用其他计量属性，必须保证根据重置成本、可变现净值、现值、公允价值所确定的会计要素金额能够取得并可靠计量。

三、会计报告

会计报告是以日常核算资料为主要依据，总括反映企业和行政、事业等单位在一定时期内的经济活动情况和经营成果的报告文件。企业必须按照国家统一会计制度的规定，定期编制财务报告。并据国家统一会计制度规定的格式和数字真实、计算准确、内容完整、说明清楚的要求编制，以满足信息使用者进行分析、预测和决策的要求。

四、会计基础

会计基础

《企业会计准则——基本准则》第一章第九条规定：企业应当以权责发生制为基础进行会计确认、计量和报告。我国现行会计模式确认基础：以权责发生制为主，辅之以收付实现制。

（一）权责发生制

权责发生制、收付实现制

权责发生制又称应收应付制，它是按照权利和责任是否转移或发生来确认收入和费用归属期间的制度。

权责发生制要求：凡属本期已经实现的收入，不论其款项是否收到，都应作为本期的收入处理；凡属本期应负担的费用，不论其款项是否付出，都应作为本期的费用处理。反之，凡不属于本期的收入，即使款项已经收到，也不作为本期的收入处理；凡不属于本期应负担的费用，即使款项已经付出，也不作为本期的费用处理。

例如，在本月某日销售库存商品一批，价值5 000元，并已办妥结算手续，但要等到下月才收到货款，5 000元货款应作为本期收入，因为它是本期获得的收入，应当作本期收入；又如在本年预订明年的报纸杂志，因为该订阅费的受益期为明年的一年时间，预付的当期并未受益，因此它应作为明年的费用，而不能当作本年的费用。

采用权责发生制，可以正确反映各个会计期间所实现的收入和为实现收入所应负担的费用，从而可以把各期的收入与其相关的费用、成本相配合，加以比较，正确确定各期的收益。权责发生制能够恰当地反映具体某一会计期间的经营成果，因而，绝大部分企业按这一基础记账。

（二）收付实现制

收付实现制又称现收现付制，它是以实际收到或支付款项为依据，进而确认收入和费用归属期间的制度。与权责发生制相反，采用收付实现制，凡是本期已收到的收入和已付出的费用，不论其是否归属本期，都作为本期的收入和费用处理；反之，凡是本期没有收到的收入和没有支付的费用，即使应归属于本期，也不作为本期的收入和费用处理。

本章小结

本章概括地介绍了会计概念结构所涉及的相关理论问题。首先，介绍了会计目标以及主要的学派，明确了会计目标对于会计理论和实践的先导性作用，并在理解会计目标的基础上介绍为了达到相应的会计目标，会计信息质量应该达到怎样的标准，即会计信息质量要求；其次，阐述了会计核算的四个理论假设，即会计主体、持续经营、会计分期、货币计量，为会计核算工作明确了相关的环境；再次，介绍了会计要素的概念、特点及内容，将会计研究对象进一步具体化和规范化；最后，简要介绍了会计工作的基本环节确认、计量和报告的概念和相关内容，并阐述了会计确认、计量和报告的理论基础：权责发生制。

【本章重要术语】

会计目标　会计假设　会计要素　会计确认　会计计量　会计报告　会计基础

【延伸阅读】

1. 葛家澍、高军：《论会计的对象、职能和目标》，载于《厦门大学学报》2013年第2期，第30～37页。

2. 郑安平：《论会计原则体系的重构》，载于《会计研究》2011年第5期，第10~17页。

3. 袁建国、栾盛元、白平：《国外会计信息质量理论研究综述与展望》，载于《国外社会科学》2011年第6期，第90~94页。

4. 赵遥遥：《权责发生制对会计信息的影响探析》，载于《中国乡镇企业会计》2016年第10期，第129页。

【复习与思考】

1. 会计信息质量要求包括哪些内容？
2. 简述会计核算的基本前提。
3. 什么是会计要素？会计要素包括哪几部分？
4. 权责发生制和收付实现制的含义和特点是什么？
5. 如何理解会计主体和法律主体的关系？

第三章
会计等式、科目与账户

【学习目标和要求】通过本章的学习，掌握会计恒等式及经济业务对会计恒等式的影响，了解设置会计科目的意义和原则，掌握会计科目的含义和分类，了解有关账户的知识。

第一节　会计等式

会计的恒等式

一、会计等式及其内涵

会计的对象主要是企业过去或已发生的经营资金运动。经营资金运动是一个总括的概念，比较抽象，也不便于记录和计量，需要进行分解，划分为若干个基本的组成部分，即会计要素。会计基本要素相互关系所呈现的数量模型就是会计恒等式，会计恒等式对于进一步探讨账户和复式记账原理是很重要的。

会计恒等式可以看成是会计记录的出发点和回归点。任何一个企业都拥有一定种类和数量的经济资源，它们能帮助劳动者在未来创造并实现新价值，企业的这些经济资源就是资产。同时，一个企业也会承担一定的义务，履行这些义务将会导致未来经济利益的资源流出企业，交付债权人，这就构成了负债。每一个企业，作为社会主义商品的生产者和经营者，必有投资者（在全民所有制企业主要指国家）把部分经济资源投入企业，供企业开展正常的、持续的经营活动，这就是代表所有者的权益。在任何一个瞬间（特定时日），比如一个会计年度的年初或年末，企业的所有者权益是资产减去负债后的余额。用公式表示就是：

$$资产 = 负债 + 所有者权益 \quad (3-1)$$

或：

$$资产 - 负债 = 所有者权益 = 净资产 \quad (3-2)$$

公式（3－1）和公式（3－2）主要从资金运动的静态表现描述了资产、负债和所有者权益三个会计基本要素之间的数量关系。进一步看，在任何一个期间（如一个会计年度），企业的资产、负债和所有者权益又是会发生变动的，影响这种变动的原因主要有：企业由于开展生产经营活动而使用资产所发生的投入；在生产和销售产（商）品时所发生的产出。由于企业在主要生产经营活动中的投入可转为费用（成本），而其产出则称为收入。把收入与费用配比，其差额反映了企业在一定期间内的生产经营成果即纯收入，称为利润，收入不足补偿费用的部分就变成亏损。这样，在收入、费用和利润三个会计基本要素之间又形成另一个具有特定数量关系的公式，即

$$收入 - 费用 = 利润（亏损） \quad (3-3)$$

公式（3－3）侧重反映了资金运动的动态表现，它能够对企业在一定期间内资金的循环与周转、耗费与收回起综合作用。当然，公式（3－3）并不是孤立的，它和公式（3－1）存在勾稽关系。这是因为通过经营，只要形成盈利，公式（3－1）就会扩展为：

$$资产 - 负债 = 所有者权益 + 利润（未分配前） \quad (3-4)$$

或：　$$资产 + 费用 = 负债 + 所有者权益 + 收入$$

公式（3－4）是公式（3－1）和公式（3－3）的综合反映。其间的会计基本要素展示了会计对象各个组成部分在企业生产经营活动中的变动及其变动的结果。由此可见，该式既勾画出资金运动的静态，又反映了资金运动的动态。在上列公式中，公式（3－1）即“资产＝负债＋所有者权益”是最基本的关系，所谓会计恒等式主要是指这一公式，由于它既是企业资金运动的起点，又是企业资金运动在一定期间的终点，因此是设置账户的依据，也是记录每一项引起会计要素变动的经济业务的出发点。

二、经济业务对会计等式的影响

1. 经济业务引起的资金运动的四种类型

（1）资金进入企业，使资产与负债或所有者权益同时增加，金额相等。

（2）资金退出企业，使资产与负债或所有者权益同时减少，金额相等。

（3）资金在企业内部循环周转，使资产内部的具体项目发生有增有减的等额变化。

（4）资金来源渠道的转化，使负债及所有者权益内部有增有减，

增减的金额相等。

2. 经济业务对会计恒等式的影响

企业在其存续期间，总会发生各种各样的经济业务，但无论什么样的经济业务，其最终都不会破坏“资产 = 负债 + 所有者权益”。

例如，企业某日资产总额为20 000 000元，负债和所有者权益总额为20 000 000元，下面验证任何经济业务的发生，都不会破坏会计平衡公式。

（1）向银行借入50 000元，期限半年，存入银行。

这笔经济业务，使资产方增加银行存款50 000元，同时使负债方短期借款增加50 000元，结果双方总额仍保持平衡。

（2）接受外商投入设备一套，价值50 000元。

这笔经济业务，使资产方增加固定资产50 000元，同时使所有者权益方实收资本增加50 000元，结果双方总额仍保持平衡。

（3）用银行存款偿还银行借款50 000元。

这笔经济业务，使资产方减少银行存款50 000元，同时使负债方短期借款减少50 000元，结果双方总额仍保持平衡。

（4）用固定资产4 000元归还给投资者。

这笔经济业务，使资产方减少固定资产4 000元，同时使所有者权益方实收资本减少4 000元，结果双方总额仍保持平衡。

（5）以银行存款购入原材料10 000元。

这笔经济业务，使资产方增加原材料10 000元，同时使资产方减少10 000元，结果双方总额仍保持平衡。

（6）向银行借款10 000元，偿还应付供货单位账款。

这笔经济业务，使负债方减少应付账款10 000元，同时使负债方短期借款增加10 000元，结果双方总额仍保持平衡。

（7）将盈余公积10 000元转为实收资本。

这笔经济业务，使所有者权益方减少盈余公积10 000元，同时使所有者权益方实收资本增加10 000元，结果双方总额仍保持平衡。

上述经济业务所引起的资产和负债及所有者权益方的变动情况如表3－1所示。

表3－1　　　　资产负债表

资产期初	20 000 000	负债＋所有者权益期初	20 000 000
（1）	＋50 000	（1）	＋50 000
（2）	＋50 000	（2）	＋50 000
（3）	－50 000	（3）	－50 000
（4）	－4 000	（4）	－4 000

续表

资产期初	20 000 000	负债+所有者权益期初	20 000 000
(5)	+10 000	(6)	+10 000
(5)	-10 000	(6)	-10 000
(7)	+10 000	(7)	-10 000
资产期末	20 046 000	负债和所有者权益期末	20 046 000

第二节　会计科目

一、会计科目的含义

会计要素是对会计对象的基本分类，而会计要素仍显得过于粗略，难以满足各有关方面对会计信息的需要。为此还需要对会计要素作进一步分类，这种对会计要素的具体内容进行分类核算的项目，称为会计科目。

会计科目按其所提供信息的详细程度和统驭关系不同，又分为总分类科目和明细分类科目。前者是对会计要素具体内容进行总括分类、提供总括信息的会计科目，如“应收账款”“应付账款”“原材料”等。后者是对总分类科目作进一步分类、提供更详细更具体会计信息的科目，如“应收账款”科目按债务人名称或姓名设置明细科目，反映应收账款的具体对象；“应付账款”科目按债权人名称或姓名设置明细科目，反映应付账款的具体对象；“原材料”科目按原料及材料的种类、规格等设置明细科目，反映各种原材料的具体构成内容。对于明细科目较多的科目，可在总分类科目与明细科目之间设置二级或多级科目。

二、会计科目的设置原则

（1）应坚持统一性和灵活性相结合的原则。

（2）会计科目的设置要保持会计指标体系的完整和统一，要在会计要素的基础上对会计对象的具体内容作进一步分类。

（3）会计科目应统一编号。

（4）会计科目名称力求简明扼要，内容确切。

三、会计科目的分类

按反映的经济内容，会计科目可分为资产类科目、负债类科目、所有者权益类科目、成本类科目、损益类科目。现将主要会计科目名称列在表3－2中。

表3－2　　会计科目表

编号	会计科目	编号	会计科目
一、资产类		2501	长期借款
1001	库存现金	2502	应付债券
1002	银行存款	2701	长期应付款
1101	交易性金融资产	2801	预计负债
1121	应收票据	三、共同类	
1122	应收账款	四、所有者权益类	
1123	预付账款	4001	实收资本
1131	应收股利	4002	资本公积
1221	其他应收款	4101	盈余公积
1231	坏账准备	4103	本年利润
1401	材料采购	4104	利润分配
1402	在途物资	五、成本类	
1403	原材料	5001	生产成本
1404	材料成本差异	5101	制造费用
1405	库存商品	六、损益类	
1411	周转材料	6001	主营业务收入
1471	存货跌价准备	6051	其他业务收入
1511	长期股权投资	6101	公允价值变动损益
1512	长期股权投资减值准备	6111	投资收益
1601	固定资产	6301	营业外收入
1602	累计折旧	6401	主营业务成本
1603	固定资产减值准备	6402	其他业务成本
1604	在建工程	6403	税金及附加
1606	固定资产清理	6601	销售费用
1701	无形资产	6602	管理费用
1702	累计摊销	6603	财务费用
1703	无形资产减值准备	6701	资产减值损失
1801	长期待摊费用	6711	营业外支出
1901	待处理财产损溢	6801	所得税费用
二、负债类			
2001	短期借款		
2201	应付票据		
2202	应付账款		
2203	预收账款		
2211	应付职工薪酬		
2221	应交税费		
2231	应付利息		
2232	应付股利		
2241	其他应付款		

1. 资产类会计科目的使用说明

库存现金：核算企业存放在财会部门的现款，包括人民币和各种外币。

银行存款：核算企业存放在银行基本账户和一般账户中，没有特定用途的货币资金。

其他货币资金：核算企业除现金、银行存款以外的其他货币资金，主要包括外埠存款、银行汇票存款、银行本票存款、信用证保证金存款、存出投资款、在途货币资金等。

交易性金融资产：核算企业为交易目的所持有的债券投资、股票投资、基金投资等交易性金融资产的公允价值。

应收票据：核算企业销货后收到购货方交来的商业汇票（包括商业承兑汇票和银行承兑汇票），因未到期，尚未收到的货款。

应收账款：核算企业因销售商品应向购货方收取的款项，包括货款、增值税和代垫的运杂费。

预付账款：核算企业按照合同规定预付给供货方的款项。

应收股利：核算企业应向被投资方收取的已宣告但尚未收到的现金股利和应收取其他单位分配的利润。

应收利息：核算企业交易性金融资产、持有至到期投资、可供出售金融资产、发放贷款、存放中央银行款项、拆出资金、买入返售金融资产等应收到的利息。

其他应收款：核算企业除应收票据、应收账款、预付账款等以外的其他各种应收、暂付款项，如应收的赔款、罚款，暂付给职工出差的借款，因借入包装物而暂付的押金等。

坏账准备：核算企业根据会计制度规定计提的各种应收款项（包括应收票据、应收账款、预付账款、其他应收款等）未来产生坏账的准备金。

材料采购：核算企业采用计划成本进行材料日常核算而购入材料的采购成本。工业企业材料采购成本包括买价、运杂费等支出。

在途物资：核算企业采用实际成本（或进价）进行材料、商品等物资的日常核算、货款已付但未验收入库存的在途物资的采购成本。

原材料：核算企业库存各种材料的成本，包括库存原材料及主要材料、辅助材料、外购半成品、修理用备件、包装材料、燃料等的成本。

材料成本差异：核算企业采用计划成本进行日常核算的材料计划成本和实际成本的差额。

库存商品：核算企业已经生产完工、检验合格、验收入库、可供销售的产品，或从外单位购入准备用于销售的商品。

存货跌价准备：核算企业根据会计制度规定计提的各种存货的跌价准备金。

长期股权投资：核算企业持有的对其子公司、合营企业及联营企业的权益性投资以及企业持有的对被投资单位不具有控制、共同控制或重大影响，并且在活跃市场中没有报价、公允价值不能可靠计量的权益性投资。

长期股权投资减值准备：核算企业根据会计制度规定计提的长期股权投资的减值准备。

固定资产：核算企业为生产商品、提供劳务、出租或经营管理而持有的，使用寿命超过一个会计年度的有形资产。包括房屋、其他建筑物、机器设备、运输设备、工具器具等。

累计折旧：核算企业现有固定资产在使用过程中由于磨损而逐渐转移的价值累计数。

固定资产减值准备：核算企业固定资产计提的减值准备金。

在建工程：核算企业进行基建工程、安装工程、更新改造工程等工发生的实际成本，包括需要安装设备的价值。

固定资产清理：核算企业因固定资产出售、报废、毁损、对外投资、非货币性资产交换、债务重组等原因转出的固定资产价值以及在清理过程中发生的费用。

无形资产：核算企业为生产商品、提供劳务、出租给他人，或为管理目的而持有的没有实物形态的非货币性资产，包括专利权、非专利技术、商标权、著作权、土地使用权等。

累计摊销：核算企业对使用寿命有限的无形资产计提的累计摊销额。

无形资产减值准备：核算企业对无形资产计提的减值准备金。

待处理财产损溢：核算企业在清查财产过程中查明的各种财产物资盘盈、盘亏和毁损等待处理的价值。

2. 负债类会计科目的使用说明

短期借款：核算企业向银行或其他金融机构等借入的期限在一年以内（含一年）的各种借款。

应付票据：核算企业购进材料或商品开给供货方的商业汇票（包括商业承兑汇票和银行承兑汇票），因未到期，尚未付出货款。

应付账款：核算企业因购买材料或商品、接受劳务而应付给供货方的款项。

预收账款：核算企业按合同规定预先向购货方收取的款项。

应付职工薪酬：核算企业应付给职工的各种形式的报酬及其他支出，包括职工在职期间和离职后提供给职工的全部货币性薪酬和非货币性福利。

应交税费：核算企业应交纳的各种税金，需要注意的是，印花税、耕地占用税不通过应交税费账户来核算。

应付利息：核算企业按照合同规定应支付的利息。

应付股利：核算企业股东大会或类似机构已决定向投资者分配而尚未支付的现金股利或利润。

其他应付款：核算企业其他应付、暂收的款项，如企业保险应缴纳的保险保障基金或暂收的押金等。

长期借款：核算企业向银行借入的期限在一年以上（不含一年）的各项借款。

应付债券：核算企业为筹集长期资金而对外发行的公司债券的本金和利息。

长期应付款：核算企业除长期借款和应付债券之外的其他各种长期应付款项。包括企业采用补偿贸易方式引进国外设备或融资租入固定资产，在尚未偿还价款或尚未支付租赁费前形成的债务，以及分期付款购买固定资产的应付款项。

预计负债：核算企业确认的对外提供担保、未决诉讼、产品质量保证、重组义务、亏损性合同等预计负债。

3. 所有者权益类会计科目的使用说明

实收资本（股本），核算企业实际收到投资者以某种财产物资的形式投入的资本。

资本公积：核算企业收到投资者出资额超出其在注册资本或股本中所占份额的部分。资本公积可用于转增资本。核算各种资产的增值。

盈余公积：核算企业从净利润中提取的盈余积累，包括法定盈余公积和任意盈余公积。盈余公积用于弥补亏损和转增资本。

本年利润：核算企业在本会计期间实现的净利润或发生的净亏损。

利润分配：核算企业对净利润的分配或对亏损的弥补和历年分配（或弥补）之后的余额。

4. 成本类会计科目的使用说明

生产成本：核算企业为生产一定种类和一定数量的产品所发生的费用，即直接材料、直接人工和制造费用的总和。其借方登记发生的生产费用，包括直接计入的直接材料费用和直接人工费用，以及分配后计入的制造费用；产品完工后于月末冲减发生的生产费用，即结转完工产品成本记贷方。如果全部完工，账户无余额；若没有全部完工，账户余额在借方，表示尚未完工的在产品成本。

制造费用：核算企业生产车间（或部门）为生产产品和提供劳务而发生的各项间接费用，包括生产车间办公费、折旧费、修理费、车间管理售货员工资和福利费、劳动保护费等。

5. 损益类会计科目的使用说明

主营业务收入：核算企业确认的销售商品、提供劳务等主营业务取得的收入。在销货发票上就是销售单价乘以销售数量求得的金额。

其他业务收入：核算企业除主营业务以外的其他经营业务取得的收入，如材料销售收入、出租包装物和出租固定资产的租金收入、无形资产的转让收入等。

公允价值变动损益：核算企业交易性金融资产、交易性金融负债，以及采用公允价值模式计量的投资性房地产、衍生工具、套期保值业务等公允价值变动形成的应计入当期损益的利得和损失。

投资收益：核算企业对外投资确认所得的收益或发生的损失。

营业外收入：核算企业与生产经营无直接关系的业务取得的收入，是一项意外的收入。例如捐赠利得、固定资产盘盈、罚款净收入等。

主营业务成本：核算企业确认销售商品、提供劳务等主要业务收入时应结转的成本，如产品销售成本。

其他业务成本：核算企业确认的除主营业务活动以外的其他经营活动发生的支出，如销售材料的成本、出租固定资产的折旧额等。

税金及附加：核算企业经营活动发生的消费税、城市维护建设税、资源税和教育费附加等相关税费。

销售费用：核算企业商品和材料销售、提供劳务过程中发生的各项费用，包括运杂费、保险费、展览费、广告费等。商品流通企业还包括购进商品时发生的进货费用。

管理费用：核算企业组织和管理企业生产经营发生的各项费用，包括企业在筹建期间发生的开办费、企业经营管理中发生的办公费、管理售货员工资及福利费、折旧费、修理费、工会经费、待业保险费、劳动保险费、董事会费、诉讼费、业务招待费、技术转让费、职工教育经费、研究与开发费、排污费、印花税、土地使用税等。

财务费用：核算企业为筹集生产经营资金发生的筹资费用，包括利息支出、汇兑损失和相关手续费等。发生利息收入、汇兑收益时冲减财务费用。

营业外支出：核算企业发生的与生产经营无直接关系的支出，是一种意外支出，如自然灾害损失、火灾损失、罚款支出、固定资产盈亏、公益性捐赠支出等。

所得税费用：核算企业确认的按规定从当期利润总额中扣除的所得税费用。

第三节 账户及其结构

一、账户的含义

会计科目只是对会计对象具体内容进行分类的项目或名称，还不能进行具体的会计核算。为了全面、及时、连续、系统地反映和监督会计要素的增加变动，还必须设置账户。账户是根据会计科目开设的，具有一定的结构，用来系统、连续地记载各项经济业务的一种手段。

会计科目和账户的关系既有联系又有区别。

两者的联系是：

（1）会计科目是设置账户的依据，账户是根据会计科目设置的。

（2）两者都是对会计对象的具体内容的分类，名称相同，规定的核算内容和口径相同。

两者的区别是：

（1）会计科目是由国家会计制度统一规定的，而账户是企业根据会计科目设置的。

（2）会计科目仅是对会计对象具体内容进行分类的标志，是各项目的名称；账户却作为一种工具，有一定结构，能对会计对象具体内容进行日常分类核算和监督，能具体反映会计要素各项目的增减变化情况和结果，提供各方面需要的会计信息。

二、账户的结构

账户的结构就是指账户的格式。一般来说，账户应包括以下内容：（1）账户的名称（即会计科目）；（2）日期和凭证号数（用以说明账户记录的日期及来源）；（3）摘要（概括说明经济业务的内容）；（4）增加和减少的金额；（5）余额。如表 3－3 所示。

表 3－3　　账户　　单位：元

年		凭证字号	摘要	借方	贷方	借或贷	余额
月	日						

从数量上看，发生经济业务所引起的会计要素变动，无非是增加和减少两个方面，因而账户也分为左方、右方两个方向，一方登记增加，另一方登记减少。至于哪一方登记增加？哪一方登记减少？取决于所记录经济业务和账户的性质。其中，登记本期增加的金额，称为本期增加发生额；登记本期减少的金额，称为本期减少发生额；增减相抵后的差额，称为余额，余额按照表示的时间不同，分为期初余额和期末余额，其基本关系如下：

期末余额 = 期初余额 + 本期增加发生额 − 本期减少发生额

上述四个部分称为账户的四个金额要素，每个账户都是如此。从账户的核心部分看，账户的基本格式如下所示：

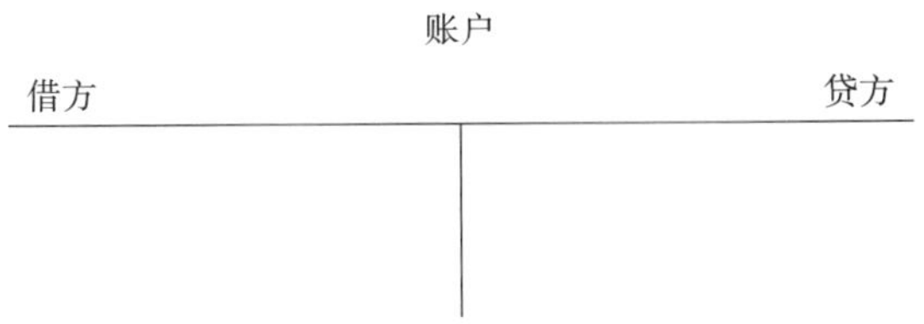

三、总分类账户和明细分类账户的平行登记

1. 总分类账户和明细分类账户的关系

账户按其所提供信息的详细程度可划分为总分类账户（或总账科目）和明细分类账户（或明细科目）。总分类账户是按资产、负债、所有者权益、收入、费用（成本）和利润等会计要素来设置，用货币作为计量单位进行核算，提供总括信息的账户；而明细分类账户则是在总分类账户的基础上为提供详细信息而设置的账户。有些明细分类账户不仅有详细的货币指标，而且还有实物指标（如件、台、千克等）。

总分类账户是明细分类账户的统驭账户，它对明细分类账起着控制作用；明细分类账则是总分类账的从属账户，对总分类账起辅助和补充作用，两者结合起来就能概括而详细地反映同一经济业务的核算内容。

2. 总分类账户和明细分类账户的平行登记

所谓平行登记，是指经济业务发生后，根据原始凭证编制记账凭证，根据记账凭证记录于总分类账户，同时，根据原始凭证或记账凭证再记入有关的明细分类账户。平行登记的要点包括：

（1）登记的期间相同。依据会计凭证登记总分类账户及其所属的明细分类账户时，必须在同一个会计期间完成。

（2）登记的方向一致。如果在总分类账户中记入借方，则在所属明细分类账户中也应记入借方；如果在总分类账户中记入贷方，则在所属明细分类账户中也应记入贷方。

（3）登记的金额相等。记入总分类账户中的金额要与记入所属几个明细分类账户的金额总和相等。

例如，原材料是总分类账户，各种原材料是明细分类账户。某工厂月初有原材料100万元，其中甲材料300千克，计60万元，乙材料100立方米，计30万元，丙材料200米，计10万元，则该工厂应该设置和登记原材料总分类账户，以金额综合反映甲、乙、丙三种原材料的期初结存、本期购入、生产领用和期末结存等总金额，同时还应分别设置和登记甲、乙、丙三种原材料的明细分类账户，具体反映各种材料的期初结存、本期购入、生产领用和期末结存等的数量和金额。这样三个明细账户的金额总和应等于原材料总分类账户的金额。如果通过核对发现总分类账户的金额与其所属三个明细账户合计数金额不等，表明总分类账或明细分类账的登记有误，可以及时查明更正。

本章小结

本章主要介绍了会计恒等式、会计科目、账户等内容。为了科学地进行会计核算，将会计业务中涉及的事项分为六大会计要素，六大要素相互之间的关系形成两个会计等式，会计要素进一步细分形成若干会计科目，在会计核算中将会计科目以一定的形式表示就是账户。

【本章重要术语】

会计恒等式　会计科目　账户

【延伸阅读】

1. 王秀丽：《财务会计概论》，北京大学出版社2009年版。

《财务会计概论》是一部兼会计基本理论、新会计准则与会计实务为一体的教材。全书共分十六章，书中既有对财务会计的基本理论、基础知识和基本方法的阐述，又有对新会计准则的介绍，同时更注重在现行的会计理论和会计政策下会计信息的处理方法和分析方法等实务的介绍。

2. 徐晓音：《会计学基础理论》，中国经济出版社2004年版。

本书虽是为非会计专业学生编写，但作者均为长期从事本课程教学、科研工作的老师，因此本书十分适用于高等院校经济学与管理学专业。

【复习与思考】

1. 会计恒等式的基本含义是什么？

2. 什么是会计科目？它与会计要素是什么关系？
3. 会计科目有哪些分类标准？可以分成几类？
4. 为什么要设置账户？
5. 账户与会计科目关系如何？

第四章

复式记账法

【学习目标和要求】 学习本章要求了解复式记账的概念和原理，理解借贷记账法的概念和原理，掌握借贷记账法的记账符号、记账规则、试算平衡等要素。

复式记账

第一节　复式记账的含义

为了反映和监督企业的经济业务，会计必须运用专门的记账方法把经济业务记录下来。所谓记账方法，是指会计人员根据一定的记账原理和记账规则，运用货币作为主要计量单位，利用文字或数字，在事先设置好的账户中将企业已经发生的经济业务记录下来的方法。目前国际上通用的记账方法是复式记账法。

复式记账法是相对于单式记账法而言的。单式记账法是一种较为古老的记账方法，这种方法相对简单，记账也不完整。单式记账对所发生的经济业务一般只在一个账户中进行单方面的登记，有时甚至不予登记。它涉及的账户通常只包括现金、银行存款、应收账款（人欠）、应付账款（欠人）等有限的几个账户。例如，以银行存款购入原材料业务，在单式记账法下通常只记录银行存款的减少，而对原材料的增加不加以记录。再如对企业销售货物，尚未收到货款的业务，单式记账法下也只登记应收款的增加，而不记录收入的增加。按照单式记账，在某些特殊情况下，也可能需要在两个账户中进行登记，但各记各的，并不追求它们内在的联系。如收到前欠的销售款，存入银行，会在银行存款和应收账款两个账户中都做登记。由此看来，单式记账只关注企业的现金和银行存款的收支以及债权债务的结算情况，在账户设置上是极不完整的，账户之间也没有直接的联系和平衡关系，不能够全面系统地反映企业经济业务的来龙去脉，也无法检查账户记录完整正确与否。因此无法适应复杂的现代经济的要求。

复式记账，是对每一笔经济业务的发生，都要依据会计等式的原理，以相等的金额，同时在两个或两个以上相互联系的账户中进行全面登记，以反映资金来龙去脉的一种记账方法。

企业发生的每一笔经济业务，必然会引起“资产 = 负债 + 所有者权益”这一等式两边会计要素的同增同减，或等式一端会计要素的一增一减的变化，涉及两个或两个以上账户的变化。如前述以银行存款购买原材料的案例，涉及银行存款和原材料的变化，就要在两个账户中等额地记录银行存款的减少和原材料的增加。这样一来，一笔经济业务的来龙去脉就非常清楚地在两个或两个以上相互联系的会计账户中反映出来，从而能够全面、系统、连续地反映企业的经济活动。

在复式记账法下，为了全面记录经济业务，需要设有完整的账户体系。因为对每一笔经济业务都要以相等的金额，在相互联系的两个或两个以上的账户中进行登记，因此账户之间具有严格的对应关系和数字的勾稽关系。这样，既可以清晰地反映各项经济业务的来龙去脉，还可以保持账户之间的平衡关系，便于检查账户记录的正确性。因此，复式记账是较之于单式记账更为科学的一种记账方法。

复式记账法根据记账符号、记账规则的不同，可以分为借贷记账法、收付记账法和增减记账法三种。我国历史上曾经采用过收付记账法和增减记账法等方法，1993 年会计制度改革后，我国将境内所有企业的记账方法统一为国际通用的借贷记账法。

第二节　借贷记账法

借贷记账法

借贷记账法是依据会计等式的原理，以“借”和“贷”为记账符号，以“有借必有贷，借贷必相等”为记账规则的一种复式记账方法，是复式记账法中应用最基本的一种方法。

一、记账符号

记账符号是记入账户方向的指示标记。记账符号和账户结构相结合，决定了记账方法的特点，因此成为记账方法的要素内容，记账方法的名称往往是以记账符号来确定的。如增减记账法就是以“增”和“减”为记账符号的，而“借”和“贷”就是借贷记账法的记账符号。

借贷记账法大约起源于十三四世纪资本主义萌芽时期的意大利。当时，它主要应用于借贷资本家的借贷业务（即经营银钱业），“借”“贷”二字也是以此角度来解释的。当时的借贷资本家在吸收存款时，记入贷主名下，表示欠人（债务），称为“贷”；在放款时，记入借主名下，表示人欠（债权），称为“借”。所以，当时的借贷二字分别表示债权、债务的变化。后来，随着商品货币经济的发展和经济活动的复杂化，经济业务由借贷资本家单纯的存款、放款业务，扩大至其所经营的商品、现金、经营损益和经营资本的变化等各种复杂的经济业务。这些非银钱业务，也需要“借”“贷”二字来记录，以保持账簿记录的统一。这样，“借”“贷”二字便逐渐失去它原来的含义，而转化为纯粹的记账符号，用于指明记账的方向、账户的对应关系以及账户余额的方向。

二、账户结构

借贷记账法下，账户基本结构中的“左方”为“借方”，“右方”为“贷方”，企业记入账户借方的经济业务或会计事项称为“借项”，记入账户贷方的经济业务或会计事项则称为“贷项”。在同一会计期间（年、月等），借方记录的合计数额称作“本期借方发生额”，贷方记录的合计数称作“本期贷方发生额”，在每一会计期间的期末将借贷方发生额相比较，其差额称作期末余额。借方、贷方反映会计要素数量变化的增减性质是不固定的，它取决于账户性质的不同，即根据账户所登记内容的不同，用于记录会计要素增加或减少的账户方向是不同的。一般来说，账户的余额应与登记增加额的方向一致。

下面按账户的性质说明各类账户的结构。

1. 资产类账户的结构

在资产类账户中，借方记录资产的增加额，贷方记录资产的减少额，其期末余额一般在账户的借方。

资产类账户的期末余额可根据下列公式计算：

期末余额（借方）= 期初余额 + 本期借方发生额 − 本期贷方发生额

资产类账户具体结构如下所示：

借方	资产类账户		贷方
期初余额	×××		
本期增加额	×××	本期减少额	×××
期末余额	×××		

2. 权益类账户的结构

权益类账户包括负债及所有者权益类账户，这类账户的结构与资产类账户正好相反，其贷方记录权益的增加额，借方记录权益的减少额，期末余额一般在账户的贷方。

权益类账户的期末余额可根据下列公式计算：

期末余额（贷方）= 期初余额 + 本期贷方发生额 − 本期借方发生额

权益类账户的具体结构如下所示：

借方	权益类账户		贷方
		期初余额	×××
本期减少额	×××	本期增加额	×××
		期末余额	×××

3. 收入类账户的结构

企业的收入在没有分配以前，具备权益的特性，因此其结构与权益类账户的结构基本相同，贷方记录收入的增加额，借方记录收入的减少额或期末的转销额。由于贷方记录的收入增加额（净增加额）一般要在期末通过借方转出，转入至利润类账户核算利润，所以此类账户通常没有期末余额。

收入类账户的具体结构如下所示：

借方	收入类账户		贷方
期初余额	0		
本期减少额（或转销额）	×××	本期增加额	×××
	0	0	

4. 费用类账户的结构

企业的各种耗费通常由资产转化而来，在没有从收入中得到补偿以前，具备资产的特性，因此费用类账户的结构与资产类账户的结构基本相同，其账户的借方记录费用的增加额，账户的贷方记录费用减少额或期末的转销额。由于借方记录的费用增加额（净增加额）一般都要通过贷方转出至利润类账户以抵销收入的数额，从而核算出企业当期的利润，所以此类账户通常也没有余额。

费用类账户具体结构如下所示：

借方	费用类账户		贷方
期初余额	0		
本期增加额	×××	本期减少额（或转销额）	×××
	0	0	

5. 利润类账户的结构

利润类账户的结构与权益类账户的结构基本相同，贷方记录利润的增加额（由收入类账户转入），借方记录利润的减少额（由费用类账户转入）。期末余额如在贷方，表示企业本期累计的利润；如在借方，表示企业本期的亏损。

利润类账户的具体结构如下所示：

借方	利润类账户		贷方
期初余额	×××		
本期减少额	×××	本期增加额	×××
期末余额（亏损）		期末余额（利润）	

综上所述，借贷记账法下各类账户的结构如表 4－1 所示。

表 4－1　借贷记账法下各类不同性质账户的结构

账户类别	借方	贷方	期末余额的方向
资产类	增加	减少	借方
负债类	减少	增加	贷方
所有者权益类	减少	增加	贷方
费用类	增加	减少（或转销）	一般无余额
收入类	减少（或转销）	增加	一般无余额
利润类	减少	增加	—

由表 4－1 可见，借贷记账法下账户的余额一般在记录增加额的一方。如果在账户的借方登记增加，则期末余额在借方，如果在账户的贷方登记增加，则期末余额在贷方。因此实践中，我们也可以通过账户期末余额的方向基本判断出账户的性质。若某个账户的期末余额在借方，就说明该账户是资产类账户；相反，若期末余额在贷方，就说明该账户是权益类账户。借贷记账法下，还有一类双重性质的账户，这类账户既可以用来核算资产和费用，也可以用来核算企业的权益和收入，如“其他往来”“投资收益”等账户。实际应用中，双重账户是把两个有关账户合并在一起，使其具有原来两个账户的功能，如“其他往来”账户就是将“其他应收款”和“其他应付款”这两个账户合并，同时核算性质相反的这两方面信息的账户。设置双重性质账户，可以简化会计核算手续。

三、记账规则

记账规则，也叫记账公式，即将登记账户的规律性用某种形式规定下来，是记账规律性的具体体现。每种记账法在具体处理经济业务时都遵循特定的规律，那借贷记账法下的记账规则又是什么呢?

在会计等式一节中，我们曾按照业务对会计等式的影响把经济业务分为四大类：

(1) 使资产和权益同时增加的经济业务；

(2) 使资产和权益同时减少的经济业务；

(3) 使资产有增有减的经济业务；

(4) 使权益有增有减的经济业务。

根据借贷记账法的账户结构特点，资产的增加和权益的减少记入账户的借方，而资产的减少和权益的增加记入账户的贷方。由此可以归纳出借贷记账法下记账具有以下规律：

(1) 对于发生的每一笔经济业务，都要在两个或两个以上相互联系的账户中进行登记；

(2) 每一笔经济业务虽然可能记录在不同性质的账户中，但一定是同时在某个账户的借方和另一个账户的贷方进行登记；

(3) 登记账户数额时，登记在借方的数额与登记在贷方的数额必须相等，体现了复式记账的特点。

概括地说，借贷记账法的记账规则就是：“有借必有贷，借贷必相等”。“有借必有贷”反映了账户之间借贷的对应关系，“借贷必相等”体现了借贷双方数字上的勾稽关系。这一记账规则适用于任何经济业务。

下面，我们分别举例说明四种经济业务对账户的影响，进一步说明借贷记账法的记账规则。

【例4-1】海星公司收到某单位投入的资本500 000元存入银行。

该项经济业务的发生，一方面会导致企业的资产（银行存款）的增加，另一方面会导致企业所有者权益（实收资本）的增加，银行存款（资产）的增加记入账户的借方，而实收资本（权益）的增加记入账户的贷方。具体登账如下：

借方	实收资本	贷方		借方	银行存款	贷方
	期初余额	500 000		期初余额	200 000	
	(1)	500 000	⟵⟶	(1)	500 000	

【例4-2】海星公司以银行存款偿还欠银行的长期借款200 000万元。

该项经济业务的发生，一方面会使企业的资产（银行存款）减少，另一方面会使企业的负债（长期借款）减少，银行存款（资产）的减少记入账户的贷方，而长期借款（权益）的减少记入账户的借方。具体登账如下：

借方	银行存款		贷方		借方	长期借款		贷方
期初余额	200 000						期初余额	300 000
(1)	500 000	(2)	200 000	⟷	(2)	200 000		

【例 4－3】海星公司购置价值 100 000 元的固定资产一项，款项以银行存款支付。

该项经济业务的发生，一方面会使企业的一项资产（银行存款）减少，另一方面会使企业的另一项资产（固定资产）的增加，银行存款（资产）的减少记入账户的贷方，而固定资产（资产）的增加记入账户的借方。具体登账如下：

借方	银行存款		贷方		借方	固定资产		贷方
期初余额	200 000				期初余额	600 000		
(1)	500 000	(2)	200 000					
		(3)	100 000	⟷	(3)	100 000		

【例 4－4】海星公司开出并承兑一张为期 2 个月、面额为 20 000 元的商业承兑汇票抵偿前欠的应付账款。

该项经济业务的发生，一方面会使企业的一项负债（应付票据）增加，另一方面会使企业的另一项负债（应付账款）的减少，应付票据（权益）的增加记入账户的贷方，而应付账款（权益）的减少记入账户的借方。具体登账如下：

借方	应付票据		贷方		借方	应付账款		贷方
		期初余额	50 000				期初余额	60 000
		(4)	20 000	⟷	(4)	20 000		

由以上案例可以看出，企业发生的经济业务都应当按照“有借必有贷，借贷必相等”的记账规则，等额地登记在两个不同账户中的相反方向。

经济业务涉及的账户也可能在两个以上，不论涉及多少账户，借方与贷方的发生额总额一定相等。

对于企业的每一笔经济业务，都应当依据记账规则按照以下步骤加以分析并登记入账：

（1）确定经济业务引起哪两个（或两个以上）账户的变动；

（2）确定账户的变动是增加还是减少；

（3）根据账户的性质确定应当记入账户的借方还是贷方。

（4）确定登记的具体金额。

四、会计分录

企业每笔经济业务的发生，必然涉及两个（或两个以上）的账户，这些账户被这项业务联系在一起，发生关系，这种关系称为账户的对应关系，具体表现为应借、应贷的关系。而通过一笔业务联系的两个或多个账户，则称为对应账户。账户的对应关系，可以清晰地反映企业资金运动的来龙去脉，帮助我们了解企业经济业务的内容。

账户的对应关系可通过会计分录表示出来。会计分录也称记账公式，是指按照借贷记账法记账规则的要求，对发生的经济业务列示出账户名称、记账方向、登记金额的一种记录。在实际工作中，会计分录工作是通过编制记账凭证或登记日记账来完成的，它是将具体经济业务登记入账前的一项重要工作，目的是为了保证账户记录的正确性。

会计分录包括三个要素：会计账户、记账符号和金额。一般格式为，借记的账户排列在上，贷记账户排列在下，且贷方的符号和科目要相比借方退后两格，数字也要错开。

例如，上述〖例4－1〗～〖例4－4〗所对应的会计分录如下：

（1）借：银行存款　　500 000
　　　　贷：实收资本　　500 000

（2）借：长期借款　　200 000
　　　　贷：银行存款　　200 000

（3）借：固定资产　　100 000
　　　　贷：银行存款　　100 000

（4）借：应付账款　　20 000
　　　　贷：应付票据　　20 000

以上的会计分录，都只涉及一借一贷两个账户，称为简单会计分录。有些经济业务会同时涉及两个以上的账户，所编制的会计分录称为复合会计分录。现举例说明。

【例4－5】海星公司购进一批价值25 000元的原材料，其中10 000元以银行存款支付，其余15 000元货款暂欠。（本例暂不考虑增值税）

该项经济业务中，涉及三个账户，其中原材料（资产）账户增加25 000元，记入借方；银行存款（资产）账户减少10 000元，记入贷方；暂欠货款引起应付账款（负债）的增加，金额为15 000元，记入贷方。应编制会计分录如下：

借：原材料　　　　　　　　　　　　　　　　25 000
　　贷：银行存款　　　　　　　　　　　　　　　10 000
　　　　应付账款　　　　　　　　　　　　　　　15 000

书写复合会计分录时，要注意：（1）记账符号借和贷只写一遍；（2）记账符号相同的账户应分行排列，并对齐，末位数字也要对齐。复合会计分录实际上由几个简单会计分录组成，因此复合会计分录可以分解为几笔简单会计分录，同样，若干简单分录也可以整合为一笔复合会计分录。如上例的复合会计分录可以分解为：

借：原材料　　　　　　　　　　　　　　　　10 000
　　贷：银行存款　　　　　　　　　　　　　　　10 000
借：原材料　　　　　　　　　　　　　　　　15 000
　　贷：应付账款　　　　　　　　　　　　　　　15 000

利用复合会计分录能够集中反映整个经济业务的全貌，简化记账工作，提高工作的效率。根据借贷记账法的记账规则，无论是简单会计分录还是复合会计分录，借贷方金额都应当相等，因此编制完会计分录后，应检查借贷方是否平衡，有无差错。需要注意的是，为了清晰地反映账户之间的对应关系，一般只编制“一借多贷”或“一贷多借”的复合会计分录，而应尽量避免编制“多借多贷”的会计分录。

五、试算平衡

为了保证账户记录的正确性，会计上通常在一定时期终了时利用试算平衡对账户记录进行检验。试算平衡是根据会计的平衡原理，把所有账户的发生额或余额汇总列表，然后根据其借方总额和贷方总额是否平衡，以验证账务处理是否正确。

根据资产和权益平衡的关系和借贷记账法下账户的结构，企业全部（资产类）账户的借方期初余额与全部（权益类）账户的贷方期初余额必然相等；而根据借贷记账法“有借必有贷，借贷必相等”记账规则，企业在处理每一笔经济业务时，借贷方的登记金额都是相等的，因而在一定时期内（如一个月或一个会计年度），所有账户的借方本期发生额合计数与贷方本期发生额的合计数必然保持平衡；同样道理，期末结账后，所有账户的借方期末余额合计数与贷方期末余额合计数也必然相等。

以上的平衡关系，可以用平衡公式表示，具体包括发生额和余额平衡公式两种：

全部账户借方本期发生额合计 = 全部账户贷方本期发生额合计

$$\frac{\text{全部账户期初（期末）}}{\text{借方余额合计}} = \frac{\text{全部账户期初（期末）}}{\text{贷方余额合计}}$$

利用这种平衡关系，企业可以通过编制总分类账试算平衡表的方法检查各账户记录是否正确。根据账户之间的平衡关系，可以编制本期发生额试算平衡表或余额试算平衡表，格式如表 4－2～表 4－3 所示。

表 4－2 **试算平衡表**

××××年××月××日 单位：元

会计科目	本期发生额	
	借方	贷方
略		
合计		

表 4－3 **试算平衡表**

××××年××月××日 单位：元

会计科目	期初（末）余额	
	借方	贷方
略		
合计		

实践中，也可以根据需要，将总分类账的发生额试算平衡表和余额试算平衡表合并，具体格式如表 4－4 所示。这样，在一张表格上既可以进行总分类账的发生额试算平衡，也可以进行余额试算平衡。

表 4－4 **试算平衡表**

××××年××月××日 单位：元

会计科目	期初余额		本期发生额		期末余额	
	借方	贷方	借方	贷方	借方	贷方
略						
合计						

期末编制试算平衡表时，首先应结算出总账各账户的本期发生额合计数和期末余额数，然后将各账户的期初余额、本期发生额和期末余额填入试算平衡表，并对各栏求和。现以上述海星公司5笔业务记入有关总分类账，并结出本期发生额和期末余额，然后编制试算平衡表（见表4－5）（为方便起见，假设企业并无其他账户和业务发生）。

银行存款

借方			贷方
期初余额	200 000		
(1)	500 000	(2)	200 000
		(3)	100 000
		(5)	10 000
本期发生额	500 000	本期发生额	310 000
期末余额	390 000		

原材料

借方			贷方
期初余额	100 000		
(5)	25 000		
本期发生额	25 000	本期发生额	0
期末余额	125 000		

固定资产

借方			贷方
期初余额	600 000		
(3)	100 000		
本期发生额	100 000	本期发生额	0
期末余额	700 000		

应付票据

借方			贷方
		期初余额	50 000
		(4)	20 000
本期发生额	0	本期发生额	20 000
		期末余额	70 000

应付账款

借方			贷方
		期初余额	50 000
(4)	20 000	(5)	15 000
本期发生额	20 000	本期发生额	15 000
		期末余额	45 000

借方	长期借款		贷方
		期初余额	300 000
(2)	200 000		
本期发生额	200 000	本期发生额	0
		期末余额	100 000

借方	实收资本		贷方
		期初余额	500 000
		(1)	500 000
本期发生额	0	本期发生额	500 000
		期末余额	1 000 000

根据账户记录编制试算平衡表，如表 4 – 5 所示。

表 4 – 5　　试算平衡表

20 ×5 年 1 月 31 日　　单位：元

会计科目	期初余额		本期发生额		期末余额	
	借方	贷方	借方	贷方	借方	贷方
银行存款	200 000		500 000	310 000	390 000	
原材料	100 000		25 000	0	125 000	
固定资产	600 000		100 000	0	700 000	
应付票据		50 000	0	20 000		70 000
应付账款		50 000	20 000	15 000		45 000
长期借款		300 000	200 000	0		100 000
实收资本		500 000	0	500 000		1 000 000
合计	900 000	900 000	845 000	845 000	1 215 000	1 215 000

如果借贷方金额不平衡，则表明企业的账户记录发生了错误；如果平衡，则表明记账基本正确。编制试算平衡表，除了可以检查账户记录的准确性外，还可以通过它初步了解企业的经营状况，为编制资产负债表提供一定的方便。

但需要特别注意的是，即使试算平衡了，也不能证明记账绝对正确，因为试算平衡并不能发现所有的记账错误，如下列错误的发生不会影响借贷双方的平衡：

（1）重记或漏记了整笔经济业务；

（2）账户使用错误，或颠倒了记录的方向；

（3）会计分录中的借方发生额和贷方发生额相等，但与实际发生额不符；

（4）虽然存在很多错误，但是能够相互抵销。

第三节　总分类账户与明细分类账户的平行登记

一、总分类账户和明细分类账户的关系

为了适应企业经营管理的不同需要，会计的核算既要提供一些总括的会计信息，又要提供一些详细的会计信息。因此，需要根据提供指标的详细程度，把账户分为总分类账户和明细分类账户，以提供不同的会计核算资料。

总分类账户简称总账账户，是对企业经济活动的具体内容进行总括核算的账户，用于提供某一具体内容的总括核算指标。总账账户是根据一级会计科目设置的，因此亦被称为一级账户。在我国，为了保证会计核算指标口径规范一致，使其具有可比性，便于会计核算资料综合汇总分析，实行统一的会计科目表，总分类账户的名称（会计科目）、核算内容及使用方法通常是统一制定的。每一个企业都要根据本企业业务的特点和统一制定的会计科目，设置若干个总分类账户。

明细分类账户简称明细账户，是对企业某一经济业务进行明细核算的账户，用于提供某一具体经济业务的明细核算指标。在实际工作中，除少数总分类账户不必设置明细分类账户外，大多数总分类账户都需设置明细分类账户。如在“应收账款”总分类账户下按照购买单位的名称设置明细分类账户，帮助企业更详细地了解企业债务人的具体信息。明细分类账户是依据企业经济业务的具体内容设置的，它所提供的明细核算资料主要是满足企业内部经营管理的需要，因此明细分类账户的名称、核算内容及使用方法也就不能统一规定，只能由各企业单位根据经营管理的实际需要和经济业务的具体内容自行规定。为了适应经营管理的需要，企业有时也会在总分类账户与明细分类账户之间设置“二级账户”，用来提供详略得当、分门别类的会计信息。例如，在“原材料”账户下，可以先按材料类别设置“主要材料”“辅助材料”“燃料”等二级账户，然后在二级账户下再按原材料的品种设置明细分类账户。二级账户设置后，可以作为中间环节对明细账户起到统驭的作用，一定程度上加强了企业的经营管理。但二级账户的存在也增加了会计核算的工作量，因此应当根据企业经营管理的需要设置二级账户，不能任意增加。

总分类账只反映价值方面的信息，只需要以货币作为计量单位，而诸如财产物资类明细分类账户如“原材料”“库存商品”等账户的明细账户，为了更具体、更详细地反映会计信息，除应用货币量度外，有时还应用实物量度。

综上所述，总分类账是所属明细分类账信息的综合，对所属明细分类账起着统驭的作用；明细分类账则是总分类账的具体化，对总分类账起着辅助和补充作用。两者是对同一经济业务内容的反映，只是详简程度不同。鉴于二者之间的关系，总分类账与明细分类账的核算，应进行平行登记。

二、总分类账户和明细分类账户的平行登记

所谓平行登记，就是指对于发生的经济业务，凡是涉及明细账的同一笔业务，都要依据相同的会计凭证，一方面登记有关的总分类账户，另一方面同时登记各总分类账户所属的有关明细分类账户。登记总分类账户和明细分类账户的原始依据（原始凭证和记账凭证）相同，但必须独立地、互不依赖地进行。平行登记的要点是：

（一）登记的期间相同

对同一笔经济业务分别登记总分类账户和明细分类账户时，必须在同一个会计期间完成。具体登记的时间可以有先有后，但必须在同一会计期间全部登记入账。

（二）登记的方向相同

同一笔经济业务登记总分类账户和明细分类账户，记账方向必须相同，即总分类账户记入借方，所属明细分类账户也应记入借方；总分类账户记入贷方，所属明细分类账户也应记入贷方。

（三）登记的金额相等

同一笔经济业务，总分类账户中登记的金额，应与记入其所属明细分类账户的金额相等，如果涉及几个明细分类账户，则应与其金额之和相等。

由此，总分类账户与其所属的明细分类账户存在以下数量关系，从而可相互核对。

总分类账期初余额＝所属各明细账期初余额合计

总分类账借方发生额＝所属各明细账借方发生额合计

总分类账贷方发生额＝所属各明细账贷方发生额合计

总分类账期末余额＝所属各明细账期末余额合计

下面以“原材料”账户为例，说明总分类账和明细分类账的平行登记方法。

【例4－6】 海星公司2019年10月31日“原材料”账户的期末借方余额100 000元，所属明细分类账户的月初余额如表4－6所示。

表4－6　　原材料明细分类账户

材料名称	数量（千克）	单价（元）	金额（元）
甲材料	5 000	10	50 000
乙材料	1 000	20	20 000
丙材料	500	60	30 000
合计	6 500	—	100 000

该企业2019年11月发生的材料收发及与供应单位的结算业务如下：

（1）11月5日，购进甲种材料5 000千克，单价10元，共计货款50 000元，材料已验收入库，货款尚未支付（暂不考虑增值税，下同）。

（2）11月6日，购进乙材料3 000千克，单价20元，共计货款60 000元，材料已验收入库，货款暂欠。

（3）11月10日，以银行存款购进丙材料1 500千克，单价60元，共计货款90 000元。

（4）11月15日，仓库发出甲材料8 000千克，单价10元，计80 000元；乙材料2 500千克，单价20元，计50 000元；丙材料1 000千克，单价60元，计60 000元，材料直接用于制造产品。

根据上述资料，采用平行登记的方法登记“原材料”总分类账户及其所属明细分类账户。

第一步，将月初余额分别记入“原材料”总分类账户及其所属明细分类账户。

第二步，根据以上经济业务编制会计分录如下：

（1）借：原材料——甲材料　　50 000
　　贷：应付账款　　50 000

（2）借：原材料——乙材料　　60 000
　　贷：应付账款　　60 000

（3）借：原材料——丙材料　　90 000
　　贷：银行存款　　90 000

（4）借：生产成本　　190 000
　　贷：原材料——甲材料　　80 000

——乙材料　　　　　　　　50 000

——丙材料　　　　　　　　60 000

第三步，根据以上会计分录，登记“原材料”及其所属各明细分类账户，并分别计算本期发生额和期末余额，如表4－7、表4－8、表4－9、表4－10所示。

表4－7　　　　总分类账户

账户名称：原材料　　　　　　　　单位：元

2019年		凭证号数	摘要	借方	贷方	借或贷	余额
月	日						
11	1	略	月初余额			借	100 000
	5		购入甲材料	50 000		借	150 000
	6		购入乙材料	60 000		借	210 000
	10		购入丙材料	90 000		借	300 000
	15		生产领用		190 000	借	110 000
	30		本月发生额及余额	200 000	190 000	借	110 000

表4－8　　　　原材料明细分类账户

账户名称：甲材料　　　　　　　　单位：元/千克，元

2019年		凭证号数	摘要	收入			发出			结余		
月	日			数量	单价	金额	数量	单价	金额	数量	单价	金额
11	1	略	月初余额							5 000	10	50 000
	5		购入	5 000	10	50 000				10 000	10	100 000
	15		生产领用				8 000	10	80 000	2 000	10	20 000
	30		本月发生额及余额	5 000	10	50 000	8 000	10	80 000	2 000	10	20 000

表4－9　　　　原材料明细分类账户

账户名称：乙材料　　　　　　　　单位：元/千克，元

2019年		凭证号数	摘要	收入			发出			结余		
月	日			数量	单价	金额	数量	单价	金额	数量	单价	金额
11	1	略	月初余额							1 000	20	20 000
	6		购入	3 000	20	60 000				4 000	20	80 000
	15		生产领用				2 500	20	50 000	1 500	20	30 000
	30		本月发生额及余额	3 000	20	60 000	2 500	20	50 000	1 500	20	30 000

表 4－10　　原材料明细分类账户

账户名称：丙材料　　单位：元/千克，元

2019 年		凭证号数	摘要	收入			发出			结余		
月	日			数量	单价	金额	数量	单价	金额	数量	单价	金额
11	1	略	月初余额							500	60	30 000
	10		购入	1 500	60	90 000				2 000	60	120 000
	15		生产领用				1 000	60	60 000	1 000	60	60 000
	30		本月发生额及余额	1 500	60	90 000	1 000	60	60 000	1 000	60	60 000

第四步，对总分类账户及其所属各明细分类账户进行平行登记之后，为了保证账户记录的正确性，应当根据二者之间的数量关系进行相互核对。核对时可编制“明细分类账户本期发生额及余额平衡表”，然后与总账金额核对。其一般格式如表 4－11 所示。

表 4－11　　原材料明细分类账户本期发生额及余额平衡表

明细账户名称	月初余额		本期发生额		月末余额	
	借方	贷方	借方	贷方	借方	贷方
甲材料	50 000		50 000	80 000	20 000	
乙材料	20 000		60 000	50 000	30 000	
丙材料	30 000		90 000	60 000	60 000	
合计	100 000		200 000	190 000	110 000	

本章小结

本章从复式记账的起源入手，对比单式记账，并结合会计恒等式的基本原理，阐述了复式记账方法的原理及必要性。复式记账是指对每一笔经济业务，都要以相等的金额，在两个或两个以上相互联系的账户中进行登记的方法。目前，我国采用的是国际上通用的复式记账法——借贷记账法，即以“借”和“贷”为记账符号来记录经济业务的发生和完成情况。在借贷记账法下，账户的基本结构分为“借方”和“贷方”，分别用来登记会计要素的增加或减少。至于用借方登记增加额，还是用贷方登记增加额，取决于账户本身的性质，也就是账户所反映的经济业务内容。根据借贷记账法的账户结构和会计恒等式的原理，可以总结出借贷记账法的记账规则是“有借必有贷，借贷必相等”。最后，本章还通过举例说明了会计分录的编制和试算平衡以及总分类账户和明细分类账户的平行登记。

【本章重要术语】

复式记账　借贷记账法　记账符号　记账规则　会计分录　试算

平衡　平行登记

【延伸阅读】

1. 彭玉书：《“复式记账”这一概念应该退出历史舞台》，载于《国际商务财会》2011 年第 5 期，第 75 页。

2. 安亚人、宋英慧：《复式记账原理新论》，载于《会计之友》2014 年第 1 期，第 120 页。

3. 王春山：《复式记账逻辑的历史探讨》，载于《财会月刊》2011 年第 35 期，第 3 页。

4. 徐文华：《“同时期说”的考证——关于复式记账起源论》，载于《财经问题研究》2001 年第 8 期，第 57 页。

【复习与思考】

1. 什么是复式记账？复式记账法的特点是什么？

2. 什么是借贷记账法？借贷记账法的特点是什么？

3. 什么是会计分录？什么是简单分录和复合分录？编制会计分录有什么要求？

4. 怎样理解试算平衡公式？如何进行试算平衡？

5. 什么是平行登记？平行登记的要点是什么？

第五章

制造企业主要经济业务的核算和成本计算

【学习目标和要求】 通过本章的学习，了解制造企业“供、产、销”各个环节的主要经济业务；理解借贷记账法在企业经济业务中的具体运用，掌握每一个环节所涉及的主要会计科目以及主要经济业务的会计处理。

第一节 制造企业主要经济业务概述

一、企业的含义和分类

（一）企业的含义

企业是独立承担民事责任的从事生产或服务性业务、自负盈亏的社会经济组织。企业是市场经济的重要组成部分，是社会生产和流通的直接承担者。它主要有以下特征：

（1）企业是一种社会组织。它通过契约关系将所有者和员工自由地组合，成为一种开放的社会组织。它不同于个人、家庭、宗族，是一种有名称、组织机构、规章制度的正式组织。

（2）企业是以盈利为目的的经济组织。有别于行政、事业、社会团体等其他组织，企业本质上是一种经济组织。它以经济活动为中心，实行全面的经济核算，追求并致力于不断提高经济效益。

（3）企业是商品经济组织。企业经济活动是面向、围绕市场进行的，这使其有别于自给自足的自然经济组织。企业是商品经济组织、商品生产者或经营者，是市场主体，是社会生产和流通的直接承担者。

（4）企业是一种独立的经济法律组织。企业依法享有独立的民事权利，独立承担民事义务和民事责任，是独立的法律主体。它拥有独立的、边界清晰的产权，具有完全独立的经济行为能力和独立的经济利益，实行独立的经济核算。

（二）企业的分类

企业按照不同的标准，可以分为不同的种类，下面介绍几种常见的分类：

1. 按照企业的资本构成、企业的责任形式划分

企业根据企业的资本构成、企业的责任形式，分为独资企业、合伙企业和公司制企业。前两类企业也统称为非公司制企业。

个人独资企业是指由一个自然人投资，财产为投资者个人所有的经济实体，这类企业一般由投资者以其个人财产对企业债务承担无限责任。

合伙企业是指由两个或两个以上的合伙人（包括自然人、法人和其他组织）设立的企业，包括普通合伙企业和有限合伙企业两种形式。其中普通合伙企业由普通合伙人出资成立，合伙人对合伙企业债务均承担无限连带责任；而有限合伙企业的合伙人还包括至少一个有限合伙人，普通合伙人对合伙企业债务承担无限连带责任，有限合伙人则以其认缴的出资额为限对合伙企业债务承担有限责任。

公司制企业是由全体股东出资成立的经济组织，股东以其出资额为限对公司负责，公司以其全部财产对外承担责任。公司制企业又分为有限责任公司和股份有限公司。

2. 按照经济类型划分

根据我国的宪法和有关法律规定，按照经济类型对企业进行分类，我国的企业目前有国有企业、集体所有制企业、私营企业、联营企业、股份制企业、中外合资及港澳台投资企业等。

国有企业是指企业的全部财产属于国家，由国家出资兴办的企业。

集体所有制企业是指由一定范围内的劳动群众出资兴办的企业，主要包括城镇集体企业和乡村集体企业两种类型。

股份制企业是指由两个或两个以上的出资者共同出资，并以股份形式组成的企业，主要包括股份有限公司和有限责任公司（包括国有独资公司）两种组织形式。

私营企业是指企业的资产属于私人所有，有法定数额以上的雇工的营利性经济组织，主要包括个人独资企业和合伙企业两种形式。

3. 按照行业类型划分

企业按照行业类型分，主要包括工业企业（制造业企业）、商业

企业和服务性行业等三大行业。具体包括：农业（农、林、牧、渔等）企业，采矿业企业，制造业企业，电力、燃气及水的生产和供应业企业，建筑业企业，交通运输、仓储及邮政业企业，信息传输、计算机服务和软件业企业，批发和零售业企业，住宿和餐饮业企业，金融业企业，房地产业企业，租赁和商务服务业企业，科学研究、技术服务和地质勘察业企业，水利环境和公共设施管理业企业，居民服务和其他服务业企业，文化体育娱乐业企业等。

另外，可以按规模将企业分为特大型企业、大型企业、中型企业、小型企业和微型企业，按组织机构可将企业分为工厂、公司等。

二、制造业企业的生产经营过程和主要业务内容

任何一个企业的开始，都必须拥有一定数量的资金，企业利用这些资金进行生产经营活动，不断将这些资金转化为不同的形式，并实现价值增值，从而获得利润。

制造业企业（也称工业企业）的基本任务是生产产品，满足社会各方的需要，并以此取得利润，为社会创造的财富。与其他行业相比，制造业的经营过程相对复杂，除了资金筹集业务以外，主要包括供应过程、生产过程和销售过程三个阶段。相应地，企业的生产经营资金一般由货币资金开始，随着生产经营的不断进行，分别转化为固定资金、储备资金、生产资金、成品资金等形态，最后回到货币资金，形成资金的循环与周转，具体过程如图 5－1 所示。

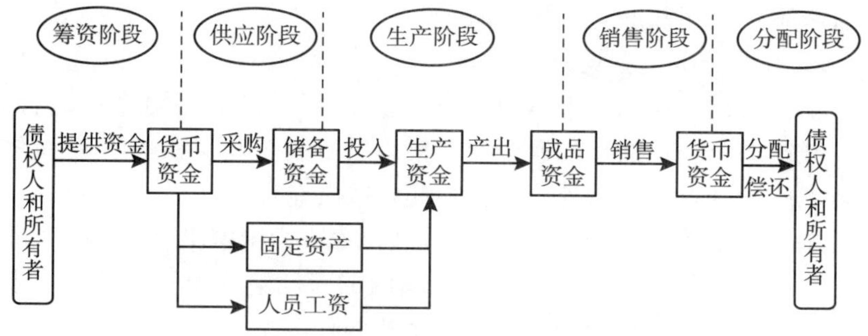

图 5－1　制造业企业的生产经营过程

企业进行生产经营活动，必须筹集到所需的资金。资金筹集的渠道主要包括所有者投入和向债权人借入两种，筹集到的资金一般表现为货币资金。资金进入企业以后，企业就可以开展正常的经营业务，即进入供、产、销过程。

供应过程是企业生产的准备过程。在这个阶段，企业一方面需要

购置厂房、设备等劳动资料，形成固定资金；另一方面需要采购生产所需的原材料等劳动对象，形成储备资金。劳动资料大多都是可以长期使用的固定资产，因此，这个阶段的主要经济活动是采购原材料等劳动对象。企业运用货币资金（或形成结算债务）购买各种原材料，形成储备供生产使用，并随着生产的消耗不断加以补充。这样，企业的生产经营资金就从货币资金转化为储备资金。

生产过程是制造业企业的中心环节。在这一过程中，企业为了制造出满足社会需要的产品，需要消耗劳动力、劳动对象和劳动资料，表现为工资的支付，原材料的投入和厂房、设备等固定资产的使用而发生的折旧费用，这些都形成了企业的成本、费用。从资金形态上看，这一阶段，资金从储备资金、固定资金转化为生产资金（在产品资金）和成品资金。

销售过程是产品价值实现的过程。企业通过销售产品，并按售价办理货款结算，最终收回货款，或通过销售直接收回货款，从而实现销售收入。在销售过程中，企业的资金形态从成品资金转化为结算资金，最终回到货币资金，完成了一次资金的循环。然后，企业又从货币资金开始进行下一个循环过程，如此连续不断、周而复始，直至企业终止运营。

企业从生产经营中获得的收入，补偿了成本、费用之后，就形成了企业的利润。根据法律规定，企业实现的利润，要按一定比例缴纳所得税，剩余部分即为税后利润。税后利润要按一定程序在有关各方面进行分配，通过分配，一部分资金退出企业，另一部分资金则以盈余公积等形式留存企业，供企业扩大生产经营规模使用。反之，如果企业发生亏损，则要按规定程序进行弥补。

综上所述，制造业企业的主要业务内容包括：（1）资金筹集业务；（2）供应过程业务；（3）生产过程业务；（4）销售过程业务；（5）利润形成与分配业务。

第二节 资金筹集业务的核算

企业要进行生产经营，必须拥有一定数量的资金，因此，必须通过一定渠道进行资金筹集。一个企业的筹资渠道一般有两种：一是投资者投入的资金及其增值，形成所有者权益；二是向债权人借入资金，形成债权人权益，即负债。相应地，会计核算主要包括投入资本业务的核算和借入资金业务的核算。

一、投入资本业务的核算

（一）投入资本概述

1. 投入资本的含义

所有者投入资本指的是投资者或股东作为资本而投入企业的各种资产的价值以及资本或股本溢价，主要包括实收资本（或股本）和资本公积。

实收资本是指企业的投资者按照企业章程或合同、协议的约定，实际投入企业的资本以及按照有关规定转为资本的资本公积和盈余公积的部分。实收资本一般是投资者投入的、为谋求价值增值的原始投资，而且属于法定资本。我国实行注册资本制度，所谓注册资本是指企业在设立时向工商行政管理部门登记的资本总额，也就是全部出资者设定的出资额之和。实收资本并不等同于注册资本，实收资本是指企业已收缴入账的股本，只有在股本缴足后，实收资本才等于注册资本。

资本公积不同于实收资本，它是受限于法律规定，无法以实收资本入账的投入资本。资本公积的主要来源是资本（或股本）溢价，其形成的原因有溢价发行股票、投资者超出注册资本的份额缴入的资本等；直接计入所有者权益的利得和损失是形成资本公积的另一主要原因。资本公积可以依法用于转增资本，但是不得作为投资利润或股利进行分配。

投资人投入企业的资本应遵循资本保全原则：投入资本在企业经营期间内除依法转让或法律、法规另有规定外，不得随意抽回；企业在经营期间内发生的收入、费用以及发生的盘盈、盘亏、毁损不得直接增减所有者投资。

2. 投入资本的分类

投入资本按投资主体的不同，可分为国家投资、法人投资、个人投资和外商投资。它们反映了不同的产权关系，表明不同所有者对企业应享有的权利和应承担的义务。

按接受投入资本所表现的资产的形式不同，还可将投入资本分为货币资金投资（包括投资人购买股票投入的货币资金）、实物资产投资（包括固定资产、存货等）和无形资产投资等。

3. 投入资本的计价

投入资本是按照投资人投入到企业中的各种资产的价值计量的，由于出资方式不同，投入资本的计价方法也有所差别。以货币方式出资的，企业可于收到货币时按实际收款额作为投入资本计价；以非货币资产出资的，包括固定资产（如房屋、建筑物、机器设备等）和存货（如原材料等）等实物资产和无形资产等，应当按照投资合同或协议约定的价值计价，但合同或协议约定价值不公允的除外。其中，企业投资者所投入的资产的价值超过其在该企业注册资本中所占份额的部分，计入资本公积。

（二）投入资本业务核算的账户设置

投资者投入企业的资本主要包括实收资本和资本溢价，为了反映企业实际收到的投入资本增减变动情况及其结果，应相应设置“实收资本”和“资本公积”账户；同时为了反映企业实际收到的投入资本所形成资产的增减变动情况及其结果，还应设置“银行存款”“固定资产”“无形资产”等账户。

筹资业务的核算

为了总括地核算和监督企业所有者实收资本的增减变化和结存情况，在会计上应设置“实收资本”账户，在股份制企业应设置“股本”账户。该账户属于所有者权益类账户，贷方登记所有者投入企业资本金的增加，借方登记所有者投入企业资本金的减少；期末余额在贷方，表示所有者投入企业的实有资本或股本数额。该账户应按投资人或投资单位名称设置明细账户进行明细分类核算。具体格式和内容如下：

借方　　　　实收资本	贷方
实收资本的减少	期初余额 实收资本的增加
	期末余额：实收资本的实有数额

为了总括地核算和监督企业资本公积的增减变化和结存情况，在会计上应设置“资本公积”账户。该账户属于所有者权益类账户，贷方登记资本公积的增加额，借方登记资本公积的减少额；期末余额在贷方，表示企业现有资本公积的余额。该账户应当按资本公积形成的来源分别设置“资本溢价”或“股本溢价”、“其他资本公积”等明细账户进行明细分类核算。具体格式和内容如下：

借方　　　　资本公积	贷方
资本公积的减少（使用）	期初余额 资本公积的增加（取得）
	期末余额：资本公积的结存数额

（三）投入资本业务核算的应用举例

【例 5－1】曙光公司收到霞光公司投入的货币资金 1 000 000 元，

收到银行的收款通知，该款项已存入企业存款户。

该项经济业务的发生，一方面使企业的银行存款增加 1 000 000 元；另一方面使所有者对企业投入资本增加 1 000 000 元，因此该项业务涉及“银行存款”和“实收资本”两个账户。“银行存款”属于资产账户，其增加记入借方；“实收资本”属于所有者权益账户，其增加记入贷方。该笔经济业务的会计处理如下：

借：银行存款　　　　　　　　　　　　1 000 000

　　贷：实收资本——霞光公司　　　　　　　　1 000 000

【例 5－2】曙光公司收到某企业投资 120 万元，其中投入设备 100 万元，专利权一项 20 万元。

该项经济业务的发生，一方面使企业的资产增加 1 200 000 元；另一方面使所有者对企业投入资本增加 1 200 000 元，增加的资产中包括设备 1 000 000 元，属于“固定资产”，记入账户的借方，专利权 200 000 元属于企业的“无形资产”，记入账户的借方；企业投入资本的增加属于所有者权益，记入“实收资本”账户的贷方。该笔经济业务的会计处理如下：

借：固定资产　　　　　　　　　　　　1 000 000

　　无形资产　　　　　　　　　　　　　200 000

　　贷：实收资本　　　　　　　　　　　　　　1 200 000

【例 5－3】神州公司发行普通股 1 000 万股，面值 1 元/股，发行价 6 元。股票全部售完，款项存入银行，公司股票的发行成本忽略不计。

该项经济业务的发生，一方面引起银行存款增加 60 000 000 元，记入“银行存款”账户借方；另一方面发行股票筹资，引起企业投入资本的增加。其中，股票面值 10 000 000 元，属于企业的“股本”，记入账户的贷方，实际收到的款项与面值的差额 50 000 000 元，即股本溢价按规定作为企业“资本公积”，记入账户的贷方。该笔经济业务的会计处理如下：

借：银行存款　　　　　　　　　　　　60 000 000

　　贷：股本　　　　　　　　　　　　　　　　10 000 000

　　　　资本公积　　　　　　　　　　　　　　50 000 000

二、借入资金业务的核算

借入资金是指企业向银行或非银行的其他金融机构等债权人借入的款项，按照偿还时间的长短，主要包括短期借款和长期借款。短期借款是指偿还期限在 1 年以内（含 1 年）而向银行或其他金融机构等借入的各种临时性借款；长期借款是企业向银行及其他金融机构借入的偿还期限在 1 年以上或超过 1 年的一个营业周期以上的各种借款。另外，企业还可以以发行债券等方式借入资金。

企业借入短期借款主要是为了满足日常生产经营活动对资金的需求，或者为了抵偿某项债务。而举借长期借款，则主要是为了满足企业进行固定资产购建的需要，如固定资产的购置和新建、改建或扩建工程等。

（一）短期借款业务的核算

短期借款的处理

1. 账户的设置

企业借入资金，必须到期偿还并支付利息，为了反映短期借款的取得、负担的利息和偿还等情况，应设置“短期借款”“财务费用”“应付利息”等账户。

为了总括地核算和监督企业短期借款的形成和偿还情况，应设置“短期借款”账户。该账户属于负债类账户，贷方登记借入的各种借款，借方登记归还的各种借款；余额在贷方，表示尚未归还的各种借款。该账户应当按照贷款单位和贷款种类设置明细账户进行明细分类核算。具体格式和内容如下：

借方　　　　短期借款	贷方
	期初余额
短期借款的减少（偿还）	短期借款的增加（取得）
	期末余额：尚未归还的短期借款

为了总括地核算和监督企业为筹集生产经营所需资金而发生的利息支出（减利息收入）、佣金，以及相关的手续费等筹资费用，在会计上应设置“财务费用”账户。该账户属于损益类账户，借方登记发生的财务费用，贷方登记应冲减的财务费用（如利息收入）以及期末转入“本年利润”账户的财务费用；结转以后，期末没有余额。该账户应当按照费用项目设置明细账户进行明细分类核算。具体格式和内容如下：

借方　　　　财务费用	贷方
发生的费用：	
利息支出	利息收入
手续费用	期末转入“本年利润”账户

为了总括地核算和监督企业按照合同约定应支付的利息，包括吸

收存款、分期付息到期还本的长期借款、企业债券等应付的利息，在会计上应设置“应付利息”账户。该账户属于负债类账户，贷方登记按确定利率计算出的应付利息，借方登记实际支付的利息；期末余额在贷方，表示企业按照合同约定应支付但尚未支付的利息。该账户应当按照债权人设置明细账户进行明细分类核算。具体格式和内容如下：

应付利息

借方	贷方
	期初余额
实际支付的利息	计算出的应付利息
	期末余额：应付未付的利息

2. 短期借款业务核算的应用举例

【例5－4】 曙光公司20×9年5月1日从银行借入期限为3个月，利率6%的借款10万元存入银行。

该项经济业务的发生，一方面引起资产类的银行存款增加100 000元，记入“银行存款”账户借方；另一方面引起负债类的短期借款增加100 000元，记入“短期借款”账户贷方。该笔经济业务的会计处理如下：

借：银行存款　　　　100 000

　　贷：短期借款　　　　100 000

【例5－5】 承〖例5－4〗，企业到期以银行存款偿还借款本金。

该项经济业务的发生，一方面引起资产类的银行存款减少100 000元，记入“银行存款”账户贷方；另一方面引起负债类的短期借款减少100 000元，记入“短期借款”账户借方。该笔经济业务的会计处理如下：

借：短期借款　　　　100 000

　　贷：银行存款　　　　100 000

企业借入的资金，除了到期偿还本金以外，还应支付一定数量的利息。企业借入的短期借款利息一般是作为财务费用计入当期损益：(1) 如果利息按月支付，直接减少“银行存款”，同时借记“财务费用”；(2) 如果短期借款的利息按期支付（按季或半年支付）或者在借款到期时连同本金一起支付的，且数额较大，可以采用预提的方法，按月预提记入“财务费用”，同时贷记“应付利息”账户。

【例5－6】 承〖例5－4〗，假设企业到期一次支付借款利息。

按照权责发生制原则，企业到期一次支付利息的，应按月提取利息，到期支付利息。计提利息业务，一方面使企业流动负债增加，应记入“应付利息”账户贷方；另一方面使企业利息费用增加，应记入“财务费用”账户借方。本案例中，20×9年5月31日应计提利息500元（100 000×6%÷12）。该笔经济业务的会计处理如下：

借：财务费用　　　　500

　　贷：应付利息　　　　500

6月、7月月末都作如上相同的会计分录。

假设公司于8月1日以银行存款偿还利息，企业的流动负债“应付利息”减少，“银行存款”也减少，应作如下会计处理：

借：应付利息　　　　1 500

　　贷：银行存款　　　　1 500

如果该笔借款是按月支付利息，则可以在每月末（偿还利息时）直接作如下会计处理：

借：财务费用　　　　500

　　贷：银行存款　　　　500

（二）长期借款的核算

长期借款的会计核算

1. 账户的设置

为了总括地核算和监督企业长期借款的形成和偿还情况，在会计上应设置“长期借款”账户。该账户属于负债类账户，贷方登记借入的长期借款和各期计算出来的应到期支付的未付利息，借方登记归还的长期借款本息额；期末余额在贷方，表示企业尚未归还的长期借款本息结余额。该账户应当按照贷款单位和贷款种类设置明细账户进行明细分类核算。具体格式和内容如下：

长期借款

借方	贷方
	期初余额
长期借款的减少（偿还）（含到期支付的利息）	长期借款的增加（取得）、计算出的应付未付利息
	期末余额：尚未归还的长期借款和应付未付的利息

2. 长期借款业务核算的应用举例

【例5－7】曙光公司于20×9年7月1日向银行借入300 000元，借款期限为2年，年利率为8%，单利计息，款项存入银行。

该项经济业务的发生，一方面引起企业的资产类银行存款增加300 000元，应记入“银行存款”账户借方；另一方面使公司的负债类长期借款增加300 000元，应记入“长期借款”账户贷方。编制的会计分录如下：

借：银行存款　　　　300 000

贷：长期借款　　　　　　　　　　　　　　　　300 000

同短期借款一样，长期借款也要支付一定数量的利息。企业举借长期借款，其目的主要是为了购置大型固定资产等，或用于日常生产经营活动。按照权责发生制原则，企业应当按月提取借款利息，并根据借入资金用途不同进行不同的会计处理：（1）如果借入的款项用于购建固定资产和无形资产，其长期借款利息在工程达到预定可使用状态之前所发生的利息支出计入有关工程成本，当工程达到预定可使用状态之后产生的利息支出应停止借款费用资本化而计入当期财务费用，具体处理将在有关课程中讲述。（2）如果借入的款项用于日常的生产经营，按期计提的利息应作为“财务费用”计入当期损益。（3）根据付息方式的不同，付息方式为分期支付的（通常短于1年），计提的应付未付利息记入“应付利息”账户；付息方式是到期一次支付的，其应付未付利息记入“长期借款”账户。

【例5－8】承〖例5－7〗，该项借款用于日常生产经营活动，假设借款的合同约定到期一次还本付息。

（1）根据权责发生制，该项借款每月应计提的借款利息为2 000元（300 000×8%÷12）。根据相关规定，每月末应作如下会计处理：

借：财务费用　　　　　　　　　　　　2 000

　　贷：长期借款　　　　　　　　　　　　2 000

（2）到期偿还本息时，共需偿还本息348 000元（300 000＋2 000×24），作会计处理如下：

借：长期借款　　　　　　　　　　　　348 000

　　贷：银行存款　　　　　　　　　　　　348 000

【例5－9】承〖例5－7〗，该项借款用于日常生产经营活动，假设借款合同约定借款利息半年支付一次、到期偿还本金。则应作如下会计处理：

（1）按月计提利息时：

借：财务费用　　　　　　　　　　　　2 000

　　贷：应付利息　　　　　　　　　　　　2 000

（2）每半年支付长期借款利息时：

借：应付利息　　　　　　　　　　　　12 000

　　贷：银行存款　　　　　　　　　　　　12 000

（3）到期偿还本金时：

借：长期借款　　　　　　　　　　　　300 000

　　贷：银行存款　　　　　　　　　　　　300 000

关于长期借款用于固定资产购置等用途时，利息的具体处理将在有关课程中讲述，在此不再举例。

第三节 供应过程业务的核算和采购成本的计算

供应过程是材料采购、储备及固定资产等生产资料的准备过程，是工业企业生产经营活动的起点。材料是生产经营中的劳动对象，是生产产品必需的物质材料；固定资产是生产经营的基础，是劳动生产资料。企业在供应过程中，应根据企业的需求和采购合同有计划地采购材料，准备各种厂房、设备；与供货方结算款项，支付运输费、装卸费等各种采购费用。运达后，企业还要进行货物的验收和储备。企业应及时采购材料和各种机械设备，以满足生产和经营的需要。

材料是以实际成本计价的，即材料的采购成本——买价和采购费用。采购费用包括采购材料发生的异地运输费、装卸费、保险费等，机械设备等固定资产的采购费还包括运到企业后的安装费。企业应设法节约采购费用，降低采购成本。

中国税法规定对销售货物要征收增值税，该税种是价外税。增值税的纳税人是销售货物的单位，赋税人是消费者。因此，企业购进材料等物资时，除了要支付货款外，还要为以后的消费者垫支增值税。增值税税率通常为13%。

一、固定资产购置业务的核算

（一）固定资产的概念及特点

1. 固定资产的概念

固定资产指同时具有以下特征的有形资产：

（1）为生产商品、提供劳务、出租或经营管理而持有的；

（2）使用年限超过一个会计年度。

2. 固定资产的特点

（1）固定资产必须是具有实物形态的资产。

（2）取得固定资产的目的是为了获得劳动资料，用于生产商品、提供劳务、出租或经营管理而持有的，其目的不是为了出售。

（3）固定资产预计使用期限较长，能够连续参加若干个生产经营周期，而且在使用过程中保持原来的实物形态基本不发生改变。

（4）固定资产的寿命是有限的，其价值逐渐地、部分地转移到费用中，应在其使用期限内分期提取折旧。

（二）固定资产购置业务核算内容

企业购置固定资产，应按取得时的实际成本入账，实际成本是指为购建某项固定资产在达到使用状态之前所发生的一切合理、必要的支出。具体包括买价、运杂费、包装费、保险费、安装费等。

上述内容构成固定资产购置业务核算的内容。

固定资产的核算

（三）固定资产购建的核算

“固定资产”是资产类账户，用以核算企业为生产商品、提供劳务、出租或经营管理而持有的，使用寿命超过一个会计年度的有形资产，包括房屋、其他建筑物、机器设备、运输设备、工具器具等。该账户应按固定资产的用途设置明细账户。具体格式和内容如下：

借方　　固定资产	贷方
增加固定资产的原值	减少固定资产的原值
期末余额：现有固定资产的原值	

“在建工程”是资产类账户，用以核算企业进行基建工程、安装工程、更新改造工程等工程发生的实际成本，包括需要安装设备的价值。具体格式和内容如下：

借方　　在建工程	贷方
归集工程发生的全部成本	完工转为固定资产的金额
期末余额：尚未完工的工程成本	

（四）固定资产成本确定原则

外购固定资产的成本包括买价、进口关税，以及为使固定资产达到可使用状态前发生的可直接归属于该资产的其他支出，如运输费、装卸费、安装费、保险费、包装费等必要的附带支出。

【例 5-10】 曙光公司购入一台不需要安装即可投入使用的设备，收到的增值税专用发票上注明的设备价款为 80 万元，增值税为 10.4 万元，发生的运杂费为 5 000 元，以银行存款支付。假定不考虑其他相关税费。

借：固定资产　　805 000

　　应交税费——应交增值税（进项税额）　　104 000

　贷：银行存款　　909 000

【例 5－11】曙光公司购入一台需安装的设备，价款 26 万元，增值税 33 800 元，支付运费 3 000 元，款项已通过银行支付。安装设备时，领用原材料一批，账面金额为 24 200 元，已知材料购进时支付增值税 4 114 元；应付安装工人工资为 4 800 元。

借：在建工程　　263 000
　　应交税费——应交增值税　　33 800
　　贷：银行存款　　296 800
借：在建工程　　29 000
　　贷：原材料　　24 200
　　　　应付职工薪酬　　4 800
借：固定资产　　292 000
　　贷：在建工程　　292 000

【例 5－12】甲公司系股份有限公司，其注册资本为 100 万元。2005 年 6 月 15 日，甲公司接受乙公司以一台设备进行投资。该台设备的原价为 560 000 元，已计提折旧 166 200 元，双方经协商确认的价值为 443 800 元，占甲公司注册资本的份额为 300 000 元。假定不考虑其他相关税费。甲公司的账务处理如下：

借：固定资产　　443 800
　　贷：股本（实收资本）——乙公司　　300 000
　　　　资本公积——股本溢价　　143 800

二、材料采购业务的核算

企业为了核算和监督材料的采购和储备的情况，应设置“在途物资”“原材料”“应付账款”“应交税费”“预付账款”等账户；为了核算固定资产的构建应设置“固定资产”“在建工程”等账户。

“在途物资”是资产类账户，用以核算企业采用实际成本（或进价）进行材料、商品等物资的日常核算、货款已付但未验收入库的在途物资的采购成本。该账户应按采购材料的品名、规格设置明细账户。具体格式和内容如下：

材料采购的核算

借方　　　　在途物资	贷方
采购材料实际成本 　买价 　采购费用	入库材料的实际成本
期末余额：在途材料的实际成本	

“原材料”是资产类账户，用以核算企业库存各种材料的成本，

包括库存原材料及主要材料、辅助材料、外购半成品、修理用备件、包装材料、燃料等的成本。该账户应按采购材料的品名、规格设置明细账户。具体格式和内容如下：

借方 原材料	贷方
入库材料的实际成本	发出材料的实际成本
期末余额：库存材料的实际成本	

“应付账款”是负债类账户，用以核算企业因购买材料或商品、接受劳务而应付给供货方的款项。该账户应按债权人设置明细账户。具体格式和内容如下：

借方 应付账款	贷方
已经归还的应付款	采购中形成的应付而未付的账款
	期末余额：尚未支付的账款

“应交税费”是负债类账户，用以核算企业应交纳的各种税金，需要注意的是，印花税、耕地占用税不通过应交税费科目来核算。该账户应按税种设置明细账户。具体格式和内容如下：

借方 应交税费	贷方
已经缴纳的税款	已经发生的税金
	期末余额：应交而未交的税金

“预付账款”是资产类账户，用以核算企业按照合同规定预付给供货方的款项。该账户应按债务人设置明细账户。具体格式和内容如下：

借方 预付账款	贷方
预付的款额	因结算而收回的款额
期末余额：尚未结算而未收回的账款	

【例 5－13】曙光公司向大华工厂购进甲材料 2 500 千克，每千克 40 元，货款 100 000 元，增值税 13 000 元。甲材料已验收入库，款项尚未支付。

该项经济业务的发生，增加了材料的采购成本和应交的增值税进项税额，同时增加了应付账款，原始凭证为：增值税专用发票一张。

该笔经济业务的会计处理如下：

借：在途物资——甲材料　　100 000

　　应交税费——应交增值税（进项税额）　　13 000

　　贷：应付账款——大华工厂　　113 000

【例 5－14】 曙光公司以银行存款支付 2 500 千克甲材料的运输费 2 000 元，装卸费 1 000 元，增值税 180 元。

该项经济业务的发生，增加了材料的采购成本和应交的增值税进项税额，同时减少了银行存款，原始凭证为：运输企业增值税专用发票和支票存根。会计分录如下：

借：在途物资——甲材料　　3 000

　　应交税费——应交增值税（进项税额）　　180

　　贷：银行存款　　3 180

【例 5－15】 曙光公司甲材料采购完毕，结转甲材料的实际采购成本。

该项经济业务的发生，增加了材料的库存，同时采购完毕要转销材料采购额，原始凭证为：材料验收入库单。该笔经济业务的会计处理如下：

借：原材料——甲材料　　103 000

　　贷：在途物资　　103 000

【例 5－16】 曙光公司向鹿为公司购进乙材料 2 000 千克，每千克 25 元，货款 50 000 元，增值税税额 6 500 元；丙材料 3 000 千克，每千克 10 元，货款 30 000 元，增值税税额 3 900 元，款项以银行存款支付。

该项经济业务的发生，增加了材料的采购成本和增值税进项税额，同时减少了银行存款，原始凭证为：增值税专用发票和支票存根。该笔经济业务的会计处理如下：

借：在途物资——乙材料　　50 000

　　　　　　——丙材料　　30 000

　　应交税费——应交增值税（进项税额）　　10 400

　　贷：银行存款　　90 400

【例 5－17】 曙光公司以银行存款支付乙、丙两种材料的运输费 1 500 元，装卸费 500 元，增值税 135 元。按材料的重量比例分配运杂费。

该项经济业务的发生，增加了材料的采购成本和增值税进项税额，同时减少了银行存款，原始凭证为：增值税专用发票和支票存根。该笔经济业务的会计处理如下：

借：在途物资——乙材料　　800

　　　　　　——丙材料　　1 200

应交税费——应交增值税（进项税额） 135

贷：银行存款 2 135

运杂费分配率 =（1 500 + 500）÷（2 000 + 3 000）= 0.4

乙材料运杂费 = 0.4 × 2 000 = 800（元）

丙材料运杂费 = 0.4 × 3 000 = 1 200（元）

【例 5-18】 曙光公司购进的乙、丙两种材料已验收入库，材料采购完毕，结转乙、丙两种材料的实际成本。

该项经济业务的发生，增加了材料的库存，同时采购完毕要转销材料采购额，原始凭证为材料验收入库单。该笔经济业务的会计处理如下：

借：原材料——乙材料 50 800

——丙材料 31 200

贷：在途物资——乙材料 50 800

——丙材料 31 200

【例 5-19】 曙光公司以银行存款预付给光华工厂订购丁材料货款 10 000 元。

该项经济业务的发生，增加了企业的预付账款，同时减少了银行存款，原始凭证为：支票存根。该笔经济业务的会计处理如下：

借：预付账款——光华工厂 10 000

贷：银行存款 10 000

【例 5-20】 曙光公司收到向光华工厂订购的丁材料 500 千克，每千克 40 元，增值税 2 600 元，丁材料运输费 200 元，装卸费 100 元。除冲销原预付款 10 000 元外，不足款项用银行存款支付。

该笔经济业务的会计处理如下：

借：在途物资——丁材料 20 300

应交税费——应交增值税（进项税额） 2 600

贷：预付账款——光华工厂 10 000

银行存款 12 900

【例 5-21】 曙光公司购进的丁材料已验收入库，结转其实际成本。

该项经济业务的发生，增加了材料的库存，同时转销采购成本，原始凭证为：材料验收入库单。该笔经济业务的会计处理如下：

借：原材料——丁材料 20 300

贷：在途物资——丁材料 20 300

三、材料采购成本的计算

由于材料的供应商不同导致产地不同，从而造成买价和采购费用差异很大。为了加强对材料的核算和监督，分析和考核材料采购成本的构成以及材料采购成本的节约和超支，需要计算各种材料的采购总成本和单位成本。

材料的采购成本由材料的买价和采购费用组成。买价是发票上列明的材料货款，可以直接计入各种材料的采购成本。材料的采购费用，如果能够分清材料品种的，可以直接计入有关材料的采购成本；如果不能分清材料品种的，通常按材料重量、体积或买价的比例分配后计入各种有关材料的采购成本。材料采购的分配公式如下：

$$\text{材料采购费用分配率}=\frac{\text{采购费用}}{\text{采购材料的总重量（或体积、买价）}}$$

$$\text{某种材料应分担的采购费用}=\text{材料采购费用分配率}\times\text{该种材料重量（或体积、买价）}$$

以上例的资料，按乙、丙两种材料的重量比例分配运输费和装卸费如下：

运输费分配率 = 1 500 ÷ (2 000 + 3 000) = 0.3（元/千克）

乙材料运输费：0.3 × 2 000 = 600（元）

丙材料运输费：0.3 × 3 000 = 900（元）

装卸费分配率 = 500 ÷ (2 000 + 3 000) = 0.1（元/千克）

乙材料装卸费：0.1 × 2 000 = 200（元）

丙材料装卸费：0.1 × 3 000 = 300（元）

企业通过在途材料明细分类账归集各种材料的采购成本，当某种材料采购完毕而入库，需要结转材料采购成本时，在途材料明细分类账户内已经归集了该种材料的实际采购成本，即该种材料的总成本（见表 5 - 1）。

表 5 - 1　　在途材料明细分类账

材料名称：甲材料　　单位：元

2××× 年		凭证号数	摘要	借方				贷方
月	日			买价	运输费	装卸费	合计	
略	略	略	购进 2 500 千克	100 000			100 000	
			支付运杂费		2 000	1 000		
			结转实际采购成本				3 000	103 000
			本月发生额	100 000	2 000	1 000	103 000	103 000

当材料采购完毕，结转材料实际成本时，要编制材料采购成本计算表，反映材料采购的总成本并计算单位成本。

现根据上例及在途材料明细分类账的资料，编制材料采购成本计算表如表 5－2 所示。

表 5－2　　材料采购成本计算表　　单位：元

成本项目	甲材料 2 500 千克		乙材料 2 000 千克		丙材料 3 000 千克		丁材料 500 千克	
	总成本	单位成本	总成本	单位成本	总成本	单位成本	总成本	单位成本
买价	100 000	40.00	50 000	25.00	30 000	10.00	20 000	40.00
运输费	2 000	0.80	600	0.30	900	0.30	200	0.40
装卸费	1 000	0.40	200	0.10	300	0.10	100	0.20
采购成本	103 000	41.20	50 800	25.40	31 200	10.40	20 300	40.60

第四节　生产过程业务的核算和产品成本的计算

一、生产过程业务的核算

生产过程
的核算

生产过程是工业企业生产经营的中心环节，是从材料投入到产成品形成的过程。

在生产过程中，因生产产品会发生生产费用。生产费用是指用于生产产品的各项费用，包括：生产产品耗用的劳动对象、劳动资料和劳动者的劳动。随着产成品的形成，生产费用逐步转化为产品的制造成本。此外，在生产过程中还会发生期间费用。期间费用是指在会计期间为企业提供一定的生产条件，以保持产品产销能力的费用，包括：销售费用、管理费用和财务费用。

成本项目是指生产费用按经济用途分类的项目。通过成本项目可以反映和监督产品成本的构成，成本项目可分为直接材料、直接人工和制造费用三类。直接材料是指企业在生产产品过程中直接用于产品生产的材料；直接人工是指企业直接从事产品生产的工人的工资薪酬；制造费用是指企业为生产产品在生产车间内发生的各项间接费用，包括：生产单位（分厂或车间）管理人员、勤杂人员、技术人员的工资薪酬、固定资产的折旧费和修理费、水电费、办公费、机物料消耗、保险费、劳动保护费等。

企业为了核算和监督生产费用和期间费用的发生情况，正确计算产品成本，应设置“生产成本”“制造费用”“应付职工薪酬”“库存商品”“管理费用”“财务费用”等账户。

“生产成本”是成本类账户，核算企业为生产一定种类和一定数量的产品所发生的费用，即直接材料、直接人工和制造费用的总和。其借方登记发生的生产费用，包括直接计入的直接材料费用和直接人工费用，以及分配后计入的制造费用；产品完工后于月末冲减发生的生产费用，即结转完工产品成本记贷方。如果全部完工，账户无余额；若没有全部完工，账户余额在借方，表示尚未完工的在产品成本。该账户应按产品品种设置明细分类账户。具体格式和内容如下：

借方　　生产成本　　贷方

生产消耗的直接材料、直接人工、制造费用	入库产成品的实际成本
期末余额：在产品的成本	

“制造费用”是成本类账户，核算企业生产车间（或部门）为生产产品和提供劳务而发生的各项间接费用，包括生产车间办公费、折旧费、修理费、车间管理售货员工资和福利费、劳动保护费等。该账户应按费用项目设置多栏式明细分类账。具体格式和内容如下：

借方　　制造费用　　贷方

生产车间内生产产品消耗的各项间接费用	月末转入“生产成本”账户借方的费用

“库存商品”是资产类账户，核算企业已经生产完工、检验合格、验收入库、可供销售的产品，或从外单位购入准备用于销售的商品。该账户应按产品品种设置明细分类账。具体格式和内容如下：

借方　　库存商品　　贷方

入库产成品的实际成本	出库产成品的实际成本
期末余额：库存产成品的实际成本	

“应付职工薪酬”是负债类账户，核算企业应付给职工的各种形式的报酬及其他支出，包括职工在职期间和离职后提供给职工的全部货币性薪酬和非货币性福利。该账户应按工资薪酬的项目设置明细分类账。具体格式和内容如下：

借方	应付职工薪酬 贷方
实际支付的工资薪酬	按工资标准和劳动量计算的企业本月应付给全体职工的工资薪酬
	期末余额：应付而未付出的工资薪酬

“管理费用”是费用类账户，核算企业组织和管理企业生产经营发生的各项费用，包括企业在筹建期间发生的开办费、企业经营管理中发生的办公费、管理售货员工资及福利费、折旧费、修理费、工会经费、待业保险费、劳动保险费、董事会费、诉讼费、业务招待费、技术转让费、职工教育经费、研究与开发费、排污费、印花税、土地使用税等。该账户应按费用项目设置多栏式明细分类账。具体格式和内容如下：

借方	管理费用 贷方
生产车间外发生的为企业生产经营的各项间接费用	月末转入“本年利润”账户借方的费用

“财务费用”是费用类账户，核算企业为筹集生产经营资金发生的筹资费用，包括利息支出、汇兑损失和相关手续费等。发生利息收入、汇兑收益时冲减财务费用。具体格式和内容如下：

借方	财务费用 贷方
为企业经营发生的各项资金费用	月末转入“本年利润”账户借方的费用

【例 5－22】 曙光公司根据部门领用材料的原始记录（领料单、限额领料单、领料登记簿），编制材料耗用汇总表如表 5－3 所示。

表 5－3　　材料耗用汇总表

项目	甲材料		乙材料		丙材料		金额合计
	数量	金额	数量	金额	数量	金额	
生产 A 产品	2 000	82 400	1 000	25 400	100	1 040	108 840
生产 B 产品	1 000	41 200	1 500	38 100			79 300
生产车间一般耗用			500	12 700			12 700
行政管理部门耗用					100	1 040	1 040
合计	3 000	123 600	3 000	76 200	200	2 080	201 880

该笔业务的发生，增加了生产成本、制造费用和管理费用，同时减少了材料，原始凭证为：材料耗用汇总表。会计处理如下：

借：生产成本——A 产品　　108 840
　　　　　　——B 产品　　79 300
　　制造费用　　12 700
　　管理费用　　1 040
　　贷：原材料——甲材料　　123 600
　　　　　　　——乙材料　　76 200
　　　　　　　——丙材料　　2 080

【例 5－23】曙光公司以现金 100 000 元发放本月职工工资。

该笔业务的发生，减少了现金资产，同时减少了应付职工薪酬的负债，原始凭证为：工资单、工资表等。会计处理如下：

借：应付职工薪酬——工资　　100 000
　　贷：库存现金　　100 000

【例 5－24】曙光公司分配本月职工工资：生产 A 产品工人工资 20 000 元，B 产品工人工资 50 000 元，车间管理人员工资 6 000 元，行政管理人员工资 24 000 元。

该笔业务的发生，增加了生产成本、制造费用和管理费用，同时也增加了应付职工薪酬，原始凭证为：工资结算汇总表。会计处理如下：

借：生产成本——A 产品　　20 000
　　　　　　——B 产品　　50 000
　　制造费用　　6 000
　　管理费用　　24 000
　　贷：应付职工薪酬——工资　　100 000

【例 5－25】曙光公司按本月职工工资总额的 14% 计提职工福利费。

该笔业务的发生，增加了生产成本、制造费用和管理费用，同时也增加了应付职工薪酬，原始凭证为：福利费计提计算表。会计处理如下：

借：生产成本——A 产品　　2 800
　　　　　　——B 产品　　7 000
　　制造费用　　840
　　管理费用　　3 360
　　贷：应付职工薪酬——福利费　　14 000

【例 5－26】曙光公司计提本月固定资产折旧费 20 000 元，其中：生产车间 12 000 元，行政管理部门 8 000 元。

该笔业务的发生，增加了制造费用和管理费用，同时也增加了累计折旧，原始凭证为：折旧计提计算表。会计处理如下：

借：制造费用——折旧费　　12 000

　　管理费用——折旧费　　8 000

　　贷：累计折旧　　20 000

【例 5－27】 曙光公司预提本月短期借款的利息 2 500 元。

该笔业务的发生，增加了财务费用，同时也增加了应付利息，原始凭证为：利息计算表。会计处理如下：

借：财务费用——利息支出　　2 500

　　贷：应付利息　　2 500

【例 5－28】 曙光公司分配本月发生的制造费用 30 000 元，A 产品的生产工时 1 000 小时，B 产品的生产工时 4 000 小时。

该笔业务的发生，增加了生产成本，同时减少了制造费用，原始凭证为：制造费用分配表。会计处理如下：

借：生产成本——A 产品　　6 000

　　　　　　——B 产品　　24 000

　　贷：制造费用　　30 000

【例 5－29】 曙光公司 A 产品 1 000 件和 B 产品 500 件已经全部完工，经验收合格入库，分别结转 A 产品和 B 产品的实际成本 137 640 元和 160 300 元。

该笔业务的发生，增加了库存商品的成本，同时减少了生产过程的生产成本，原始凭证为：产成品入库单。会计处理如下：

借：库存商品——A 产品　　137 640

　　　　　　——B 产品　　160 300

　　贷：生产成本——A 产品　　137 640

　　　　　　　　——B 产品　　160 300

二、产品成本的计算

企业生产产品会发生各种生产费用，要计算产品的生产成本，日常必须归集生产费用。生产费用按其与产品生产成本的密切程度不同，可分为直接费用和间接费用两种。直接费用是指直接为生产产品所发生的费用，包括：直接材料和直接人工。间接费用是指企业内部生产单位为组织和管理生产活动而发生的费用，包括制造费用。不同的生产费用，归集的方法是不同的。

在归集生产费用前，先要确定成本计算对象，工业企业通常以产品品种作为成本计算对象，发生直接费用时，按产品品种进行归集，借记“生产成本——××产品”账户；贷记“原材料”“应付职工薪酬”等有关账户。发生间接费用时，应先在“制造费用”账户归集，借记“制造费用”；贷记“原材料”“应付职工薪酬”“累计折旧”“银行存款”等有关账户。

期末再将“制造费用”账户归集的间接费用按照一定的标准在生产的各种产品之间进行分配，分配标准有生产工时和生产工人工资等，其计算公式如下：

制造费用

$$\text{制造费用分配率} = \text{制造费用总额} \div \text{生产工时（工人工资）总和}$$

$$\frac{\text{某种产品应负担}}{\text{的制造费用}} = \frac{\text{该种产品耗用生产}}{\text{工时（工人工资）}} \times \text{分配率}$$

编制“制造费用分配表”，以其为原始凭证借记“生产成本——××产品”，贷记“制造费用”，将制造费用转入生产成本各明细分类账，这样“生产成本”账户所属的各个明细分类账就归集了全部生产费用。如果某种产品已经全部完工、验收入库，那么该种产品的生产成本明细账中归集的生产费用就是产品的总成本，应将其转入“库存商品”账户，再将产品总成本除以完工产品的产量就是产品的单位成本。

现根据上例等资料，曙光公司归集了制造费用 30 000 元。生产车间生产 A、B 两种产品，A 产品耗用 1 000 工时，B 产品耗用 4 000 工时。按生产工时分配制造费用，以制造费用分配表为原始凭证登记生产成本明细账，月末生产的 A 产品 1 000 件，B 产品 500 件，均已完工入库，结转完工产品成本，并计算 A、B 产品的总成本和单位成本。

（1）计算制造费用分配率，编制制造费用分配表（见表 5－4）：

制造费用分配率＝30 000÷（1 000＋4 000）＝6（元/小时）

A 产品制造费用＝6×1 000＝6 000（元）

B 产品制造费用＝6×4 000＝24 000（元）

表 5－4　　制造费用分配表

产品名称	分配标准（生产工时）	分配率	分配金额
(1)	(2)	(3)	(4)＝(2)×(3)
A 产品	1 000	6	6 000
B 产品	4 000	6	24 000
合计	5 000	—	30 000

（2）登记生产成本明细分类账，如表 5－5、表 5－6 所示。

表 5－5　　　　　　　　生产成本明细账

账户名称：A 产品　　　　　　　　　　　　　　　　　　单位：元

20××年		凭证号数	摘要	借方				贷方	余额
月	日			直接材料	直接人工	制造费用	合计		
			领用材料	108 840			108 840		
			分配工资		20 000		20 000		
			计提福利费		2 800		2 800		
			分配制造费用			6 000	6 000		0
			结转完工产品成本					137 640	
			本月发生额及余额	108 840	22 800	6 000	137 640	137 640	0

表 5－6　　　　　　　　生产成本明细账

账户名称：B 产品　　　　　　　　　　　　　　　　　　单位：元

20××年		凭证号数	摘要	借方				贷方	余额
月	日			直接材料	直接人工	制造费用	合计		
			领用材料	79 300			79 300		
			分配工资		50 000		50 000		
			计提福利费		7 000		7 000		0
			分配制造费用			24 000	24 000		
			结转完工产品成本					160 300	
			本月发生额及余额	79 300	57 000	24 000	160 300	160 300	

（3）编制产品单位成本计算表，计算完工产品单位成本，如表 5－7 所示。

表 5－7　　　　　　　　产品单位成本计算表　　　　　　　　单位：元

产品名称	产量（件）	成本	直接材料	直接人工	制造费用	合计
A 产品	1 000	总成本	108 840	22 800	6 000	137 640
		单位成本	108. 84	22. 8	6	137. 64
B 产品	500	总成本	79 300	57 000	24 000	160 300
		单位成本	158. 60	114	48	320. 60

第五节 销售过程业务的核算和销售成本的计算

一、销售过程业务的核算

销售过程是企业经营过程的最后一个阶段，在这个过程中，制造业企业将生产出来的产品销售出去，按照销售价格与购货单位结算，形成产品销售收入，同时结转产品销售成本，支付运输、包装、广告等销售费用以及按照税法规定缴纳的各种销售税费。产品销售收入超过产品销售成本、销售费用以及销售税费的差额称之为销售利润；反之，就是销售亏损。

企业除了发生销售产品、自制半成品以及提供工业性劳务等主营业务外，还会发生一些其他业务，如销售材料、出租固定资产、转让无形资产、出租包装物以及提供非工业性劳务等，形成其他业务收入，同时也要结转成本、发生相应的税费等。

销售过程的核算

（一）主营业务的核算

主营业务的核算主要包括：主营业务收入的确认与计量、主营业务成本的计算与结转、销售费用的发生与归集、营业税费的计算与缴纳以及货款的收回等。

1. 主营业务收入的含义

主营业务收入是指企业由于销售产品、自制半成品、代制品以及提供工业性劳务等而实现的收入。

2. 商品销售收入的确认条件

商品销售收入是企业收入的重要组成部分，应当按照权责发生制的要求，根据收入实现原则进行确认和计量。具体而言，根据《企业会计准则第14号——收入》的规定，商品销售收入必须同时满足以下五个条件时才能予以确认：

（1）企业已将商品所有权上的主要风险和报酬转移给购买方。风险主要是指企业因为商品损坏、贬值、报废而需要承担的损失，报酬是指因为商品的价值而给企业带来的未来经济利益。一般而言，商品所有权上的主要风险和报酬伴随着实物的转移而转移，但是在一些特殊情况下并非如此，例如，企业已经将产品销售给对方企业，但是由于产品存在质量方面的问题，提供的产品不符合合同要求，在这种情况下，销售方仍然负有责任，因而不能确认收入。再比如，在交款提货的销售方式下，虽然实物并未转移，但是企业已将商品所有权上的主要风险和报酬转移给购货方。

（2）企业既没有保留通常与所有权相联系的继续管理权，也没有对已售出的商品实施有效控制。这里所说的继续管理权是与所有权相联系的，有些管理权是与所有权不相关联的，则不受该条件所限，例如房地产销售后的物业管理权。

（3）收入的金额能够可靠计量。收入能否可靠计量是收入确认的一个重要条件，企业的自创商誉就是因为其无法进行可靠的计量而不能进行会计反映。

（4）与交易相关的经济利益能够流入企业。企业销售商品后，其销售价款能否收回关系到收入是否能够确认。当确定价款收回的可能性大于不确定价款收回可能性时，即可判断销售价款能够收回。一般而言，企业销售的商品符合合同的要求，并且已将相应的发票账单提供给购买方，对方也承诺付款，据此可以判断销售价款能够收回。如果企业判断销售价款无法收回，则需要提供可靠证据。

（5）相关的已发生或将发生的成本能够可靠计量。根据配比原则，在确认收入的同时，需要对取得收入而发生的费用相配比，因此，既然收入的金额需要进行可靠计量，与取得收入相关的已发生或将发生的成本也需要进行可靠计量，否则商品销售收入无法确认，而只能将其确认为负债。

3. 主营业务核算的账户设置

为了总括地核算和监督企业销售商品和提供工业性劳务所实现的收入，在会计上应设置“主营业务收入”账户。该账户属于损益类账户中的收入类，贷方登记已销售产品、提供劳务等的收入，借方登记销售退回和销售折让时应冲减的主营业务收入数额以及期末转入“本年利润”账户的销售收入数额；结转以后，期末无余额。该账户应当按主营业务的种类设置明细账户进行明细分类核算。具体格式和内容如下：

借方　主营业务收入	贷方
销售退回等 期末转入“本年利润”账户的数额	本期实现的主营业务收入

为了总括地核算和监督企业因赊销产品、提供劳务等而发生的与购货单位、接受劳务单位之间的款项结算情况，在会计上应设置“应收账款”账户。该账户属于资产类，借方登记因销售商品、提供

劳务等应当收取的款项（即应收账款的增加），应收账款的入账金额按照实际发生额入账，一般包括货款、税款和代垫运杂费等，贷方登记已收回的款项（即应收账款的减少）；期末余额如果在借方，表示尚未收回的应收账款；如果期末余额出现在贷方，则代表预收的账款。该账户应当按照债务人名称设置明细账户进行明细分类核算。具体格式和内容如下：

借方	应收账款 贷方
发生的应收账款 （增加）	收回的应收账款 （减少）
期末余额：应收未收款	期末余额：预收款

为了总括地核算和监督企业按照合同的规定预收购货单位订货款的增减变动及其结余情况，在会计上应设置“预收账款”账户。该账户是负债类，贷方登记预收购货单位货款的增加，借方登记销售实现时冲减的预收货款。期末余额如果在贷方，表示企业预收货款的结余额；期末余额如果在借方，表示购货单位应补付的货款数。该账户应当按照购货单位名称设置明细账户进行明细分类核算。具体格式和内容如下：

借方	预收账款 贷方
预收货款的减少	预收货款的增加
期末余额：购货单位应补付的款项	期末余额：预收款结余额

商业汇票是由收款人或付款人（或承兑申请人）签发，由承兑人承兑，并于到期日向收款人或持票人无条件支付款项的票据，按照承兑人的不同可以将其分为商业承兑汇票和银行承兑汇票两种。为了总括地核算和监督企业因销售产品而收到的商业汇票的增减变动及其结余情况，在会计上应设置“应收票据”账户。该账户属于资产类，借方登记应收商业汇票的增加，贷方登记商业汇票的减少；期末余额应借方，表示尚未到期的票据应收款项的结余额。该账户不设置明细账户，但是为了详细地反映每一笔应收票据的结算情况，企业应设置“应收票据备查簿”逐笔登记每一商业汇票的种类、号数和出票日、票面金额、交易合同号和付款人、承兑人、背书人的姓名或单位名称、到期日、背书转让日、贴现日、贴现率和贴现净额以及收款日和收回金额、退票情况等资料。

该种结算方式适用于企业先发货后收款或者双方约定延期付款的具有真实交易关系或债权债务关系等款项的结算，同城结算和异地结算均可使用。商业汇票的付款期限由交易双方共同商定，但最长期限不超过6个月，如果持票人急需资金，可以持未到期的票据到银行办理贴现。

“应收票据”账户的具体格式和内容如下：

借方　　　　　　　　应收票据	贷方
本期收到的商业汇票 （增加）	到期（或提前贴现）的商业汇票 （减少）
期末余额：尚未收回的票据应收款	

为了总括地核算和监督企业销售应税货物或提供应税劳务而收取的增值税税额，应通过“应交税费——应交增值税（销项税额）”账户进行反映，该账户在前面章节已经做过说明，登记在贷方，用于抵扣其借方的增值税进项税额。其数额按照增值税专用发票列示的产品售价和税法规定的增值税税率进行计算，即：

增值税税额 = 销售货物的不含税售价 × 增值税税率

“应交税费——应交增值税”账户应当设置“进项税额”“已交税金”“销项税额”“进项税额转出”等明细账户进行明细分类核算，具体格式和内容如下：

借方　　　　　　　应交税费——应交增值税	贷方
进项税额 已交税额	销项税额 进项税额转出
期末余额：企业多交的增值税 尚未抵扣的增值税	期末余额：尚未交纳的增值税

4. 主营业务核算的应用举例

【例5－30】 曙光公司赊销给机车厂A产品100台，发票注明的价款480 000元，增值税税额62 400元。

该项经济业务发生，一方面导致企业应收账款增加542 400元（480 000＋62 400）；另一方面导致企业主营业务收入增加480 000元以及应交增值税销项税额增加62 400元。因此，该项经济业务的会计核算涉及“应收账款”“主营业务收入”“应交税费——应交增值税（销项税额）”三个账户。“应收账款”属于资产类账户，其增加记借方；“主营业务收入”属于损益类账户中的收入类，其增加记贷方；“应交税费——应交增值税（销项税额）”属于负债类账户，其增加记贷方。该笔经济业务的会计处理如下：

借：应收账款——机车厂　　　　　　　　542 400

贷：主营业务收入　　　　　　　　　　480 000

应交税费——应交增值税（销项税额）　62 400

【例 5-31】曙光公司按照合同预收红星工厂订购 B 产品的货款 1 638 000 元，存入银行。

该项经济业务发生，一方面导致企业银行存款增加 1 638 000 元；另一方面导致企业预收账款增加 1 638 000 元。因此，该项经济业务的会计核算涉及“银行存款”与“预收账款”两个账户。“银行存款”属于资产类账户，其增加记借方；“预收账款”属于负债类账户，其增加记贷方。该笔经济业务的会计处理如下：

借：银行存款　　　　　　　　　　1 638 000

贷：预收账款——红星工厂　　　　　　1 638 000

【例 5-32】曙光公司向红星工厂发出 B 产品 70 台，发票注明的价款 1 400 000 元，增值税销项税额 182 000 元。

该项经济业务发生，一方面导致企业预收账款减少 1 582 000 元；另一方面导致企业主营业务收入增加 1 400 000 元以及应交增值税销项税额增加 182 000 元。因此，该项经济业务的会计核算涉及“预收账款”“主营业务收入”“应交税费——应交增值税（销项税额）”三个账户。“预收账款”属于负债类账户，其减少记借方；“主营业务收入”属于损益类账户中的收入类，其增加记贷方；“应交税费——应交增值税（销项税额）”属于负债类账户，其增加记贷方。该笔经济业务的会计处理如下：

借：预收账款——红星工厂　　　　　　1 582 000

贷：主营业务收入　　　　　　　　　　1 400 000

应交税费——应交增值税（销项税额）　182 000

【例 5-33】曙光公司向东方工厂销售 A 产品 50 台，每台售价 4 800 元，发票注明该批 A 产品的价款 240 000 元，增值税税额 31 200 元，收到一张已承兑的含全部款项的商业汇票。

该项经济业务发生，一方面导致企业应收票据增加 271 200 元（240 000 + 31 200）；另一方面导致企业主营业务收入增加 240 000 元以及应交增值税销项税额增加 31 200 元。因此，该项经济业务的会计核算涉及“应收票据”“主营业务收入”“应交税费——应交增值税（销项税额）”三个账户。“应收票据”属于资产类账户，其增加记借方；“主营业务收入”属于损益类账户中的收入类，其增加记贷方；“应交税费——应交增值税（销项税额）”属于负债类账户，其增加记贷方。该笔经济业务的会计处理如下：

借：应收票据　　　　　　　　　　271 200

贷：主营业务收入　　　　　　　　　240 000

应交税费——应交增值税（销项税额）　31 200

（二）其他业务的核算

其他业务的核算

企业在生产经营过程中，除了发生主营业务以外，还会发生一些非经常性的、具有兼营性质的其他业务（也称附营业务），例如，销售材料、出租固定资产、出租包装物、出租无形资产等。由于其他业务不属于企业主要经营业务的范畴内，因此，按照重要性原则，企业业务的核算相对简单，没有主营业务核算要求得那么严格。

1. 其他业务核算的账户设置

为了总括地核算和监督企业从事其他业务所实现的收入，在会计上应设置“其他业务收入”账户。该账户属于损益类账户中的收入类，贷方登记本期实现的其他业务收入数，即其他业务收入的增加，借方登记期末转入“本年利润”账户的数额，结转以后，期末无余额。该账户应当按照其他业务的种类开设明细账户进行明细分类核算。具体格式和内容如下：

借方　　　　其他业务收入　　　　贷方

借方	贷方
期末转入“本年利润”账户的数额	本期实现的其他业务收入

2. 其他业务核算的应用举例

【例 5-34】 曙光公司销售一批原材料，价款 30 000 元，增值税 3 900 元，款项收到存入银行。

该项经济业务发生，一方面导致企业银行存款增加 33 900 元；另一方面导致企业其他业务收入增加 30 000 元以及应交增值税销项税额增加 3 900 元。因此，该项经济业务的会计核算涉及“银行存款”“其他业务收入”“应交税费——应交增值税（销项税额）”三个账户。“银行存款”属于资产类账户，其增加记借方；“其他业务收入”属于损益类账户中的收入类，其增加记贷方；“应交税费——应交增值税（销项税额）”属于负债类账户，其增加记贷方。该笔经济业务的会计处理如下：

借：银行存款　　　　33 900

　　贷：其他业务收入　　　　30 000

　　　　应交税费——应交增值税（销项税额）　　　　3 900

【例 5-35】 曙光公司出租一批包装物，收到租金 5 650 元存入银行。

出租包装物赚取的租金收入属于让渡资产使用权实现的收入，应当列为其他业务收入。由于该租金收入属于含税收入，因而首先应当将其进行分离，即不含税收入为 5 000 元［5 650 ÷（1 + 13%）］。该项经济业务发生，一方面导致企业银行存款增加 5 650 元；另一方面导致企业其他业务收入增加 5 000 元以及应交增值税销项税额增加 650 元。因此，该项经济业务的会计核算涉及“银行存款”、“其他业务收入”与“应交税费——应交增值税（销项税额）”三个账户。“银行存款”属于资产类账户，其增加记借方；“其他业务收入”属于损益类账户中的收入类，其增加记贷方；“应交税费——应交增值税（销项税额）”属于负债类账户，其增加记贷方。该笔经济业务的会计处理如下：

借：银行存款　　5 650
　　贷：其他业务收入　　5 000
　　　　应交税费——应交增值税（销项税额）　　650

【例 5 -36】 曙光公司向某单位转让商标的使用权，获得收入 150 000 元，存入银行。假设不考虑相关税费。

转让商标的使用权赚取的收入也属于让渡资产使用权实现的收入，与处置无形资产不同，也应当列为其他业务收入。该项经济业务发生，一方面导致企业银行存款增加 150 000 元；另一方面导致企业其他业务收入增加 150 000 元。因此，该项经济业务的会计核算涉及“银行存款”与“其他业务收入”两个账户。“银行存款”属于资产类账户，其增加记借方；“其他业务收入”属于损益类账户中的收入类，其增加记贷方。该笔经济业务的会计处理如下：

借：银行存款　　150 000
　　贷：其他业务收入　　150 000

二、销售成本的计算

（一）主营业务成本的核算

1. 主营业务成本的账户设置

企业将产品销售出去，一方面减少了库存商品；另一方面企业为赚取主营业务收入而垫支了资金支出，这部分费用称为主营业务成本。根据收入与费用相配比的原则，企业实现的主营业务收入应当与结转的主营业务成本相配比，即时间与数量上的配比，以确定经营利润。为了总括地核算和监督企业销售发出产品成本的计算和结转情况，在会计上设置“主营业务成本”账户。该账户属于损益类账户中的费用类，借方登记已销售产品的制造成本，贷方登记期末转入“本年利润”账户的主营业务成本金额；结转以后，期末无余额。该账户应当按照主营业务的种类设置明细账户进行明细分类核算。具体格式和内容如下：

借方	主营业务成本 贷方
已销售产品的制造成本	期末转入“本年利润”账户的主营业务成本

企业发生销售活动取得的销售收入，应当按照国家税法的相关规定，计算和缴纳消费税、城建税、资源税、教育费附加等相关税费。因为这些税金及附加是在本月计算，下月上交，所以企业在计算税金及附加时，一方面确认为费用；另一方面形成负债。为了总括地核算和监督企业主营业务和附营业务所负担的各种税金及附加的计算、解缴及其结转情况，在会计上应设置“营业税金及附加”账户。该账户属于损益类账户中的费用类，借方登记按规定税率计算应负担的各种税金及附加，贷方登记期末转入“本年利润”账户的数额；结转以后，期末无余额。该账户应当按照产品类别设置明细账户进行明细分类核算。具体格式和内容如下：

借方	营业税金及附加 贷方
按税法规定计算应交纳的各种税金及附加	期末转入“本年利润”账户的数额

应交消费税 = 应税消费品的销售额 × 消费税税率

应交城建税 =（当期的消费税 + 增值税）× 城建税税率

2. 主营业务成本核算的应用举例

【例 5 – 37】 月末，曙光公司在月末结转本月已销售的甲、乙产品的销售成本，其中甲产品的成本为 500 400 元，乙产品的成本为 606 000 元。

该项经济业务发生，一方面导致企业的商品销售成本增加 1 106 400 元（500 400 + 606 000）；另一方面导致企业的库存商品成本减少 1 106 400 元。因此，该项经济业务的会计核算涉及“主营业务成本”与“库存商品”两个账户。“主营业务成本”属于损益类账户中的费用类账户，其增加记借方；“库存商品”属于资产类账户，其减少记贷方。该笔经济业务的会计处理如下：

借：主营业务成本　　　　1 106 400

　　贷：库存商品——甲产品　　　　500 400

　　　　　　　　——乙产品　　　　606 000

【例 5 – 38】 曙光公司于 2019 年 5 月 10 日向兴隆公司销售甲产品 20 件，每件售价 10 000 元，增值税 26 000 元，货款和税款尚未收回，该产品属于应税消费品，消费税税率为 10%。

（1）销售收入实现。

该项经济业务发生，一方面导致企业应收账款增加 226 000 元（200 000 + 26 000）；另一方面导致企业主营业务收入增加 200 000 元以及应交增值税销项税额增加 34 000 元。因此，该项经济业务的会计核算涉及“应收账款”“主营业务收入”“应交税费——应交增值税（销项税额）”三个账户。“应收账款”属于资产类账户，其增加记借方；“主营业务收入”属于损益类账户中的收入类，其增加记贷方；“应交税费——应交增值税（销项税额）”属于负债类账户，其增加记贷方。该笔经济业务的会计处理如下：

借：应收账款——兴隆公司　　226 000

　　贷：主营业务收入——甲产品　　200 000

　　　　应交税费——应交增值税（销项税额）　　26 000

（2）计算应交消费税。

该项经济业务发生，一方面导致企业的营业税金及附加增加 20 000 元；另一方面是因为计算出来的税金当时没有缴纳，因而导致企业的应交税费增加 20 000 元。因此，该项经济业务的会计核算涉及“营业税金及附加”与“应交税费——应交消费税”两个账户。“营业税金及附加”属于损益类账户中的费用类账户，其增加记借方；“应交税费”属于负债类账户，其增加记贷方。该笔经济业务的会计处理如下：

应交消费税 = 200 000 × 10% = 20 000（元）

借：营业税金及附加　　20 000

　　贷：应交税费——应交消费税　　20 000

【例 5-39】曙光公司经计算，本月销售甲、乙产品应缴纳的城建税 14 000 元，教育费附加 6 000 元，另外甲产品应缴纳的消费税为 35 000 元。

该项经济业务发生，一方面导致企业的营业税金及附加增加 55 000 元（35 000 + 14 000 + 6 000）；另一方面导致企业的应交税费增加 55 000 元。因此，该项经济业务的会计核算涉及“营业税金及附加”与“应交税费”两个账户。“营业税金及附加”属于损益类账户中的费用类账户，其增加记借方；“应交税费”属于负债类账户，其增加记贷方。该笔经济业务的会计处理如下：

借：营业税金及附加　　55 000

　　贷：应交税费——应交消费税　　35 000

　　　　　　　　——应交城建税　　14 000

　　　　　　　　——应交教育费附加　　6 000

需要注意的是，企业在销售商品的过程中，会发生一些销售费用，如广告费、运输费等。根据企业会计准则的相关规定，销售费用不作为销售收入的抵减项目，而是作为期间费用直接计入当期损益。因此，关于销售费用的核算将在下一节关于期间费用的核算内容中进行介绍。

（二）其他业务成本的核算

1. 其他业务成本的账户设置

企业在实现其他业务收入的同时，也会发生与之相对应的成本费用，包括：销售材料的成本、出租无形资产的摊销额、出租固定资产计提的折旧额、出租包装物的成本或摊销额等。为了总括地核算和监督企业除主营业务以外的其他业务所发生的成本费用，在会计上应设置“其他业务成本”账户。该账户属于损益类账户中的费用类，借方登记本期各项其他业务成本的发生数，贷方登记期末转入“本年利润”账户的数额；结转以后，期末无余额。该账户按照其他业务的类别设置明细账户进行明细分类核算。具体格式和内容如下：

借方	其他业务成本　　　　　　　　　　贷方
本期的发生其他业务成本	期末转入“本年利润”账户的数额

需要注意的是，企业因实现其他业务收入而缴纳的相关税费，也应在“税金及附加”账户中进行核算。

2. 其他业务成本核算的应用举例

【例 5－40】 曙光公司本月结转销售材料的成本 25 000 元。

企业销售材料的成本属于其他业务成本的内容。该项经济业务发生，一方面导致企业的其他业务成本增加 25 000 元；另一方面导致企业的库存材料成本减少 25 000 元。因此，该项经济业务的会计核算涉及“其他业务成本”与“原材料”两个账户。“其他业务成本”属于损益类账户中的费用类账户，其增加记借方；“原材料”属于资产类账户，其减少记贷方。该笔经济业务的会计处理如下：

借：其他业务成本　　　　　　　　25 000

　　贷：原材料　　　　　　　　　　　25 000

【例 5－41】 曙光公司结转本月出租包装物的成本 6 870 元。

企业出租包装物的成本属于其他业务成本的内容。该项经济业务发生，一方面导致企业的其他业务成本增加 6 870 元；另一方面导致企业的库存包装物成本减少 6 870 元。因此，该项经济业务的会计核算涉及“其他业务成本”与“包装物”两个账户。“其他业务成本”属于损益类账户中的费用类账户，其增加记借方；“包装物”属于资产类账户，其减少记贷方。该笔经济业务的会计处理如下：

借：其他业务成本　　　　　　　　　　　　6 870
　　贷：包装物　　　　　　　　　　　　　　　6 870

第六节 利润形成与分配业务的核算

一、利润形成业务的核算

利润（或亏损）是反映企业生产经营成果的一个综合性指标。企业在销售过程中所实现的销售利润或发生的销售亏损，并不是企业最终的经营成果。除了产品生产经营活动之外，企业还会通过运营投资活动而获取投资收益，有时也会由于一些偶然或特殊的原因而发生营业外收入或支出。因此，企业利润的计算和形成是一项系统的会计核算工作。

（一）财务成果、利润及利润构成

财务成果是指企业在一定会计期间所实现的最终经营成果，即企业所实现的利润或亏损总额。利润是基于配比原则的要求，将一定会计期间内存在因果关系的收入和费用相配比而产生的结果，收入大于费用的部分为利润，反之则为亏损。需要注意的是，这里的收入是一个广义的概念，包括营业收入、投资收入、营业外收入和公允价值变动收入等；这里的费用也是一个广义的概念，包括营业成本、营业税金及附加、销售费用、管理费用、财务费用、所得税费用、投资损失、营业外支出、公允价值变动损失和资产减值损失等。根据重要性原则，因投资活动、公允价值变动等而形成的收入或损失，往往综合为投资收益和公允价值变动收益来反映。所谓投资收益是指企业以其拥有的财产对外投资（如购买股票、债券或控制和兼并其他企业等）所取得的收入或发生的损失；所谓公允价值变动收益是指企业拥有的交易金融资产等的公允价值变动所形成的应计入当期损益的收益或损失。

为了全面反映企业的经营业绩，提高会计信息的决策有用性，利润的构成一般按照营业利润、利润总额和净利润三个指标层次来设计。这三大指标的具体构成如下：

1. 营业利润

营业利润是指企业在一定会计期间内从事正常生产经营活动所实现的利润或发生的亏损。用公式表示如下：

营业利润 = 营业收入 − 营业成本 − 营业税金及附加 − 销售费用 − 管理费用 − 财务费用 − 资产减值损失 + 公允价值变动收益 + 投资收益

其中：

营业收入是指企业从事主营业务和附营业务所取得的收入总额，包括主营业务收入和其他业务收入。

营业成本是指企业从事主营业务和附营业务所发生的、可与当期收入相配比的成本总额，包括主营业务成本和其他业务成本。

资产减值损失是指企业计提各项资产减值准备所形成的损失。

2. 利润总额

利润总额是指企业在一定期间实现的营业利润以及非正常生产经营业务取得的收入或发生的损失，包括营业利润、营业外收入和营业外支出。用公式表示如下：

利润总额 = 营业利润 + 营业外收入 − 营业外支出

其中：

营业外收入，也称利得，是指企业发生的与正常生产经营活动无直接关系的偶然性收入，主要包括罚款收入、非货币性交易收益、固定资产盘盈、处置固定资产净收益和出售无形资产收益等。

营业外支出，也称损失，是指企业发生的与正常生产经营活动无直接关系的偶然性支出，主要包括罚款支出、债务重组损失、固定资产盘亏、处置固定资产净损失、出售无形资产损失、捐赠支出和非常损失等。

3. 净利润

净利润是指企业在一定会计期间实现的利润总额扣除所得税费用后的部分，用公式表示如下：

净利润 = 利润总额 − 所得税费用

其中：所得税费用是企业根据应纳税所得额和适用税率计算的应交所得税税额。但是由于会计和税法上确认收入和费用的口径或时间不同，加上所得税会计核算的方法各异，导致所得税费用与应交所得税额并不一致，具体内容将在中高级财务会计课程中讲解。

期间费用的核算

（二）营业利润形成过程的核算

1. 期间费用的核算

期间费用是指企业在生产经营过程中发生的，不能直接归属于特定的产品成本，而应直接计入当期损益的费用，主要包括管理费用、销售费用和财务费用。

（1）管理费用。

管理费用是指企业行政管理部门为组织和管理生产经营活动而发

生的各项费用，主要包括行政管理部门职工薪酬、业务招待费、办公费、差旅费、技术转让费、无形资产摊销、低值易耗品摊销、研究开发费、工会经费、修理费、物料消耗、董事会费、聘请中介机构费、咨询费、诉讼费、矿产资源补偿费、排污费等。

为了总括地核算和监督管理费用的发生、归集和结转情况，在会计上应设置“管理费用”账户。该账户属于损益类账户中的费用类，借方登记发生的各项管理费用，贷方登记期末转入“本年利润”账户的管理费用数额；结转以后，期末无余额。该账户应当按照具体费用项目设置明细账户进行明细分类核算。具体格式和内容如下：

借方　　　　　　　　　　管理费用　　　　　　　　　　贷方

借方	贷方
发生的管理费用	期末转入“本年利润”账户的数额

（2）销售费用。

销售费用是指企业在销售产品、提供劳务等日常生产经营过程中所发生的各项费用，主要包括应由本企业负担的包装费、运输费、装卸费、保险费、广告费、展览费、商品维修费，以及专设销售机构的职工薪酬、业务费等。

为了总括地核算和监督企业因销售产品所发生的各种费用，在会计上应设置“销售费用”账户。该账户属于损益类账户中的费用类，借方登记本月发生的各种销售费用，贷方登记期末转入“本年利润”账户的数额；结转以后，期末无余额。该账户应当按照费用项目设置明细账户进行明细分类核算。具体格式和内容如下：

借方　　　　　　　　　　销售费用　　　　　　　　　　贷方

借方	贷方
发生的各项销售费用	期末转入“本年利润”账户的数额

（3）财务费用。

财务费用是指企业为筹集生产经营所需资金所发生的各项筹资费用，主要包括利息净支出、银行及其他金融机构的手续费、佣金、汇兑损益、企业发生的现金折扣或收到的现金折扣等。

为了总括地核算和监督企业为筹集生产经营所需资金而发生的利息支出（减利息收入）、佣金、汇兑损益以及相关的手续费等筹资费用，在会计上应设置财务费用账户。该账户属于损益类账户中的费用类，借方登记发生的财务费用，贷方登记应冲减的财务费用（如利息收入）以及期末转入“本年利润”账户的财务费用；结转以后，期末没有余额。该账户应当按照费用项目设置明细账户进行明细分类核算。具体格式和内容如下：

借方　　　　　　　　财务费用	贷方
发生的各项财务费用	利息收入 期末转入“本年利润”账户的数额

【例 5－42】 曙光公司用现金支付董事会成员津贴及咨询费 50 000 元。

该项经济业务的发生，一方面使管理费用增加了 50 000 元，应记入“管理费用”账户的借方；另一方面使库存现金减少，应记入“库存现金”账户的贷方。编制的会计分录如下：

借：管理费用　　　　　　　　　　　　　　50 000

　　贷：库存现金　　　　　　　　　　　　　　50 000

【例 5－43】 曙光公司开出转账支票，支付业务招待费 5 000 元。

该项经济业务的发生，一方面使管理费用增加了 5 000 元，应记入“管理费用”账户的借方；另一方面使银行存款减少，应记入“银行存款”账户的贷方。编制的会计分录如下：

借：管理费用　　　　　　　　　　　　　　5 000

　　贷：银行存款　　　　　　　　　　　　　　5 000

【例 5－44】 曙光公司的公出人员王艳准备出差，向出纳借款 3 500 元。

企业发生的除应收账款、应收票据、预付账款以外的其他各种应收、暂付款项，应当记入“其他应收款”账户，包括各种赔款、罚款、存出保证金、备用金、应向职工收取的各种垫付款项等。该项经济业务的发生，一方面使其他应收款增加了 3 500 元，应记入“其他应收款”账户的借方；另一方面使库存现金减少，应记入“库存现金”账户的贷方。编制的会计分录如下：

借：其他应收款——王艳　　　　　　　　　3 500

　　贷：库存现金　　　　　　　　　　　　　　3 500

【例 5－45】 曙光公司的公出人员王艳出差归来报销差旅费 2 500 元，原借款 3 500 元，余额退回现金。

该项经济业务发生，一方面使期间费用增加，应记入“管理费用”账户的借方；另一方面由于报销差旅费使职工与企业的往来结算款项减少，应记入“其他应收款”账户的贷方；同时由于预借差旅费过多收回现金，使企业库存现金增加，应记入“库存现金”账户的借方。编制的会计分录如下：

借：管理费用　　2 500
　　库存现金　　1 000
　　贷：其他应收款——王艳　　3 500

【例5－46】曙光公司用银行存款支付聘请中介机构费用21 000元。

该项经济业务的发生，一方面使管理费用增加了21 000元，应记入“管理费用”账户的借方；另一方面使银行存款减少，应记入“银行存款”账户的贷方。编制的会计分录如下：

借：管理费用　　21 000
　　贷：银行存款　　21 000

【例5－47】2019年5月10日曙光公司以银行存款支付甲产品展览费用8 000元。

该项经济业务的发生，一方面使销售费用增加了8 000元，应记入“销售费用”账户的借方；另一方面使银行存款减少，应记入“银行存款”账户的贷方。编制的会计分录如下：

借：销售费用　　8 000
　　贷：银行存款　　8 000

财务费用的核算在前面章节“资金筹集业务的核算”中已经作了详细介绍，在此不再举例说明。

2. 投资收益的核算

企业为了实现自身价值的最大化，除了进行正常的生产经营活动以外，还可以将资金投放于股票、债券或其他财产等，形成企业的对外投资。这些资本运营活动所实现的投资收益或投资损失会影响企业当期的经营成果。

为了总括地核算和监督企业在一定会计期间内进行各种投资活动所实现的投资收益或发生的投资损失及其结转情况，在会计上应设置“投资收益”账户。该账户属于损益类账户中的收入类，贷方登记企业实现的投资收益数和期末转入“本年利润”账户的投资净损失，借方登记发生的投资损失数和期末转入“本年利润”账户的投资净收益；结转以后，期末应无余额。该账户应当按照投资的种类设置明细账户进行明细分类核算。具体格式和内容如下：

借方　　投资收益　　贷方

借方	贷方
本期发生的投资损失	本期实现的投资收益
期末转入“本年利润”账户的投资净收益数额	期末转入“本年利润”账户的投资净损失数额

【例5－48】2019年6月20日曙光公司收到被投资企业分来的红利40 000元，存入银行。

该项经济业务发生，一方面使公司的银行存款增加，应记入“银行存款”账户的借方；另一方面使公司的“投资收益”增加，应记入“投资收益”账户的贷方。编制的会计分录如下：

借：银行存款　　　　　　　　　　40 000

　　贷：投资收益　　　　　　　　　　40 000

（三）净利润形成过程的核算

1. 营业外收支的核算

营业外收支是指与企业正常的生产经营活动没有直接关系的各项收入和支出，包括营业外收入与营业外支出。营业外收入主要包括非货币性资产交换利得、债务重组利得、处置非流动资产利得、捐赠利得、政府补助以及盘盈利得等；营业外支出包括非货币性资产交换损失、债务重组损失、处置非流动资产损失、公益性捐赠支出、非常损失以及盘盈损失等。营业外收支虽然与企业正常的生产经营活动没有直接的关系，但是也会影响企业当期的利润总额乃至净利润。

为了总括地核算和监督企业在一定会计期间营业外收入的实现及其结转情况，在会计上应设置“营业外收入”账户。该账户属于损益类账户中的收入类，贷方登记本期各项营业外收入的发生额，借方登记期末转入“本年利润”账户的数额；结转以后，期末应无余额。该账户应当按照营业外收入具体项目设置明细账户进行明细分类核算。具体格式和内容如下：

借方　　　　营业外收入	贷方
期末转入“本年利润”账户的数额	本期实现的营业外收入数额

为了总括地核算和监督企业在一定会计期间各种营业外支出的发生和结转情况，在会计上应设置“营业外支出”账户。该账户属于损益类账户中的费用类，借方登记本期各项营业外支出的发生额，贷方登记期末转入“本年利润”账户的数额；结转以后，期末应无余额。该账户应当按照营业外支出的具体项目设置明细账户进行明细分类核算。具体格式和内容如下：

借方	营业外支出　　　　贷方
本期发生的营业外支出数额	期末转入“本年利润”账户的数额

【例5－49】 2019年7月15日曙光公司收到东方公司合同违约金收入18 000元，存入银行。

该项经济业务发生，一方面使公司银行存款增加，应记入“银行存款”账户的借方；另一方面使公司取得违约金收入增加，应记入“营业外收入”账户的贷方。编制的会计分录如下：

借：银行存款　　　　　　　　　　　18 000

　　贷：营业外收入　　　　　　　　　　　18 000

【例5－50】 2019年10月5日曙光公司以银行存款支付交通违章罚款500元。

该项经济业务发生，一方面使公司违章罚款增加，应记入“营业外出”账户的借方；另一方面使公司银行存款减少，应记入“银行存款”账户的贷方。编制的会计分录如下：

借：营业外支出　　　　　　　　　　　500

　　贷：银行存款　　　　　　　　　　　　　500

【例5－51】 曙光公司用银行存款36 000元支付一项公益性捐赠。

借：营业外支出　　　　　　　　　　36 000

　　贷：银行存款　　　　　　　　　　　36 000

2. 所得税费用的核算

所得税费用是指按照税法的有关规定，企业在一定会计期间所实现的经营所得和其他所得应当按照适用的所得税税率计算缴纳的一种税款。所得税是根据应税所得缴纳的，应税所得是在利润总额的基础上进行纳税调整计算出来的，由于纳税调整项目在后续的《税法》课程中有详细的介绍，因此，在本课程中，为了简化核算，一般假定纳税调整项目为零，以利润总额作为计算应交所得税的基数。

应交所得税＝应纳税所得额×所得税税率

应纳税所得额＝利润总额±所得税前利润中予以调整的项目

为了总括地核算和监督企业按规定从本期损益中扣除的所得税费用及结转情况，在会计上应设置“所得税费用”账户。该账户属于损益类账户中的费用类，借方登记计算出应计入本期的所得税费用，贷方登记期末转入“本年利润”账户的数额；结转以后，期末应无余额。

借方	所得税费用 贷方
计算应交所得税费用数额	期末转入“本年利润”账户的数额

为了总括地核算和监督企业在一定会计期间利润（或亏损）的形成和结转情况，在会计上应设置“本年利润”账户。该账户属于所有者权益类，贷方登记由“主营业务收入”“其他业务收入”“投资收益”“营业外收入”等收入类账户转入的本期实现的收入总额，借方登记由“主营业务成本”“其他业务成本”“销售费用”“管理费用”“财务费用”“营业税金及附加”“营业外支出”“所得税费用”账户等费用类账户转入的本期发生的费用总额；期末，企业应将本期的收入和费用相抵结出累计余额，若期末余额在贷方，表示企业当期实现的净利润，若期末余额在借方，表示当期发生的净亏损。年度终了，将本年实现的净利润（或净亏损）转入“利润分配”账户。年度结转后，“本年利润”账户应无余额。具体格式和内容如下：

借方	本年利润 贷方
转入的本期各项费用、支出数额 包括： 主营业务成本 其他业务成本 营业税金及附加 销售费用 管理费用 财务费用 营业外支出 所得税费用	转入的本期各项收入、收益数额 包括： 主营业务收入 其他业务收入 投资收益 营业外收入
期末余额：本期发生的净亏损 年度终了：转出的净利润	期末余额：本期实现的净利润 年度终了：转出的净亏损

【例 5－52】 2019 年末，曙光公司各损益类账户的期末余额如下：

账户名称	余额	账户名称	余额
主营业务收入	2 320 000	主营业务成本	1 106 400
其他业务收入	185 000	其他业务成本	31 870
投资收益	40 000	营业税金及附加	85 000
营业外收入	18 000	销售费用	98 000
		管理费用	78 500
		财务费用	100 000
		营业外支出	36 500

本年利润的核算

根据2019年所发生的经济业务，将本期发生的成本、费用、税金、营业外支出转入“本年利润”账户的借方；将本期发生的收入、收益转入“本年利润”账户的贷方。编制的会计分录如下：

（1）结转本期发生的费用：

借：本年利润　　1 536 270

　贷：主营业务成本　　1 106 400

　　其他业务成本　　31 870

　　营业税金及附加　　85 000

　　销售费用　　98 000

　　管理费用　　78 500

　　财务费用　　100 000

　　营业外支出　　36 500

（2）结转本期取得的收入：

借：主营业务收入　　2 320 000

　其他业务收入　　185 000

　投资收益　　40 000

　营业外收入　　18 000

　贷：本年利润　　2 563 000

将损益类账户结转到“本年利润”账户，用“T”型账户表示如下：

借方　　本年利润　　贷方

		期初余额	1 260 000
	1 106 400		2 320 000
	31 870		185 000
	85 000		40 000
	98 000		18 000
	78 500		
	100 000		
	36 500		
本期发生额	1 536 270	本期发生额	2 563 000
		期末余额	2 286 730

【例5－53】假设曙光公司企业所得税税率为25%，假设无纳税调整事项，计算企业应交所得税为571 682.50元（2 286 730 × 25%），并予以结转。

该项经济业务发生，首先计算应交所得税费用数额，然后做出应交税费和将所得税费用转入本年利润的会计处理。公司计算应交未交的所得税，一方面使得所得税费用增加，应记入“所得税费用”账户的借方；另一方面使得应交税费增加，应记入“应交税费——应交所得税”账户的贷方。结转所得税费用，将“所得税费用”转入“本年利润”账户的借方。编制的会计分录如下：

（1）计算应交的所得税：

借：所得税费用　　571 682.50

　　贷：应交税费——应交所得税　　571 682.50

（2）结转所得税费用：

借：本年利润　　571 682.50

　　贷：所得税费用　　571 682.50

（3）结转后，曙光公司本期实现净利润 1 715 047.50 元（2 286 730 - 571 682.50）。

二、利润分配业务的核算

（一）利润分配的内容

企业当期实现的净利润，首先应当弥补以前年度亏损，然后按照下列顺序分配：

（1）提取法定盈余公积金，法定盈余公积金是指企业按照《公司法》的有关规定，按照本年实现净利润 10% 提取的公积金。当企业提取的法定盈余公积金累计金额超过其注册资本的 50% 以上时，可以不再提取。

（2）向投资者分配利润或股利，企业实现的净利润扣除上述项目之后，加上年初未分配利润和其他转入数，形成可供投资者分配的利润。即：

$$\text{可供投资者分配的利润} = \text{净利润} - \text{弥补以前年度亏损} - \text{提取的法定盈余公积金} + \text{以前年度未分配利润} + \text{公积金转入数}$$

可供投资者分配的利润，应当按照下列顺序分配：

①分配优先股股利，是指企业按照利润分配方案分配给优先股股东的现金股利，优先股股利是按照约定的股利率支付的。

②提取任意盈余公积，是指企业按照《公司章程》和股东大会决议提取的盈余公积。

③应付普通股现金股利或利润，是指企业按照利润分配方案分配给普通股股东的现金股利，也包括非股份有限公司分配给投资者的利润。

④转作股本的股利，是指企业按照利润分配方案以分派股票股利的形式转作股本的股利，也包括非股份有限公司以利润转增的资本。

本年末未分配利润＝可供投资者分配的利润－分配优先股股利－提取的任意盈余公积金－应付的普通股股利

企业如果发生亏损，可以按规定由以后年度利润进行弥补。

（二）利润分配核算的账户设置

为了总括地核算和监督企业净利润的分配（或亏损的弥补）以及历年滚存的未分配利润（或未弥补亏损），在会计上应设置“利润分配”账户。该账户属于所有者权益类，借方登记提取的盈余公积金、应付投资者的利润等实际分配数额以及由“本年利润”账户转入的本年累计亏损额，贷方登记以盈余公积弥补的亏损数以及年末由“本年利润”账户转来的本年累计的净利润；若期末余额在贷方，表示未分配利润，若期末余额在借方，表示未弥补亏损。该账户应当按照利润分配项目设置明细账户进行明细分类核算，一般设置“提取法定盈余公积”“提取任意盈余公积”“应付现金股利”“盈余公积补亏”“转作资本（或股本）的普通股股利”“未分配利润”等明细账户。年末，将“利润分配”账户下的其他明细账户的余额全部转入“未分配利润”账户，结转后除“未分配利润”明细账户有余额外，其他明细账户均无余额。

利润分配

借方	贷方
实际分配的利润数 提取法定盈余公积 应付现金股利 提取任意盈余公积 转作股本股利 年末从“本年利润”转入的全年发生的净亏损	盈余公积补亏 年末从“本年利润”转入的全年实现的净利润
期末余额： 年内为已分配的利润额 年末为未弥补亏损	期末余额： 年末未分配利润

为了总括地核算和监督企业从税后利润中提取的盈余公积金的增减变动及其结余情况，在会计上应设置“盈余公积”账户。该账户属于所有者权益类，贷方登记提取的各项盈余公积金，即盈余公积金的增加；借方登记实际使用的盈余公积金，即盈余公积金的减少。期末余额在贷方，表示企业提取的盈余公积结存数。该账户应当按照盈余公积的项目设置明细账户进行明细分类核算，包括“法定盈余公积”“任意盈余公积”等明细账户。具体格式和内容如下：

借方	盈余公积 贷方
实际使用的盈余公积（减少）	年末从税后净利中提取的盈余公积（增加）
	期末余额：结余的盈余公积

为了总括地核算和监督企业按照股东大会或类似机构的决议分配给投资者的现金股利或利润的情况，在会计上应设置“应付股利”账户。该账户属于负债类，贷方登记应付给投资者的股利或利润数，即应付股利的增加；借方登记实际支付给投资者的股利或利润数，即应付股利的减少。若期末余额在贷方，表示尚未支付的股利或利润数。

需要注意的是，企业分配给投资者的股票股利不通过该账户进行核算，而是在办理增资手续后，通过“实收资本”（面值部分）、“资本公积”（超过面值部分）等账户进行核算。

借方	应付股利 贷方
实际支付的现金股利或利润	应付未付的现金股利或利润
	期末余额：尚未支付的现金股利或利润

（三）利润分配核算的应用举例

【例5－54】曙光公司在年度终了，将税后利润转入“利润分配”账户。

利润分配的核算

曙光公司本年度实现净利润为1 715 047.50元。结转本年实现的净利润，一方面使公司“本年利润”账户的累计净利润减少，应记入“本年利润”账户的借方；另一方面使公司可供分配的利润增加，应记入“利润分配”账户的贷方（如果结转亏损数额，则进行相反的会计处理）。编制的会计分录如下：

借：本年利润　　　　1 715 047.50

　　贷：利润分配——未分配利润　　　　1 715 047.50

【例5－55】曙光公司按税后净利的10%提取法定公积金171 504.75元（1 715 047.50×10%）。

该项经济业务的发生，一方面使企业法定盈余公积增加，应记入“盈余公积”账户的贷方；另一方面使企业利润分配减少，应记入“利润分配”账户的借方。编制的会计分录如下：

借：利润分配——提取法定盈余公积　　　　171 504.75

　　贷：盈余公积——法定盈余公积　　　　171 504.75

【例5－56】曙光公司根据股东大会决议，向股东分配现金股利

90 000元，股票股利110 000元。

对于现金股利的分配，一方面使企业应付股利增加，应记入“应付股利”账户的贷方；另一方面使企业利润分配减少，应记入“利润分配”账户的借方。而对于股票股利的分配，则应按面值记入“实收资本”账户的贷方。编制的会计分录如下：

（1）现金股利分配的会计处理：

借：利润分配——应付现金股利　　　　90 000

　　贷：应付股利　　　　　　　　　　　90 000

（2）股票股利分配的会计处理：

借：利润分配——转作股本的股利　　　110 000

　　贷：实收资本　　　　　　　　　　　110 000

【例5－57】将上述有关利润分配所属的“提取法定盈余公积”“应付现金股利”“转作股本的普通股股利”等明细分类账户余额转入“利润分配——未分配利润”明细分类账户。编制的会计分录如下：

借：利润分配——未分配利润　　　371 504.75

　　贷：利润分配——提取法定盈余公积　　171 504.75

　　　　　　　　——应付现金股利　　　　90 000

　　　　　　　　——转作股本的普通股股利　110 000

通过上述结转后，“本年利润”账户无余额。而“利润分配”账户的余额在贷方，为1 343 542.75元（1 715 047.50－171 504.75－90 000－110 000），表示尚未分配的利润数额。

本章小结

本章以制造企业的主要经济业务为例，介绍了借贷记账法的具体应用。制造企业在生产经营过程中发生的主要经济业务内容包括：筹资活动中的业务、供应过程中的业务、生产过程中的业务、销售过程中的业务和利润形成与分配业务等。在资金筹集业务部分主要介绍了所有者权益和负债资金筹集的核算；在供应过程业务部分主要介绍了材料采购的核算和材料采购成本的计算；在生产过程业务部分主要介绍了生产费用的归集、分配的核算和产品生产成本的计算；在销售过程业务部分主要介绍了主营业务和其他业务的核算；在利润形成与分配业务部分主要介绍了利润的构成、形成以及分配的核算。同时对制造企业的其他经济业务核算也做出一定说明。

【本章重要术语】

经济业务　资金筹集　利润形成与分配　借贷记账法

【延伸阅读】

1. 肖万：《公司财务管理》，汪平译，中国人民大学出版社2010年版。

一本包括《哈佛商业评论》、哈佛商学院图书、网络课程，以及哈佛商学院案例研究的书，以案例为主导进行分析研究。

2. 王化成：《企业财务管理》，高等教育出版社 2007 年版。

本书在继承我国现有财务管理教材优秀成果的基础上，融合了西方国家财务管理教材的先进成果。无论是在内容上还是在形式上，本书都进行了一些新的尝试，其特点主要有：(1) 内容新颖，反映国内外最新研究成果。(2) 形式灵活，有效提高读者的阅读兴趣。(3) 深入浅出，方便教师教和学生学。

【复习与思考】

1. 制造业企业的生产经营过程和主要业务内容是什么？
2. 成本项目包括哪些内容？
3. 商品销售收入的确认条件有哪些？
4. 应收账款入账金额是如何确定的？
5. 制造企业利润分配程序是什么？

第六章
账户的分类

【学习目标和要求】 通过本章学习，掌握账户按照经济内容分类的基本内容和性质，掌握账户的用途、结构以及按其分类的主要内容和使用规律，了解账户的其他分类。

第一节　账户按经济内容的分类

账户按经济内容分类的实质是按照会计对象的具体内容进行的分类。如前所述，企业的会计对象就是能用货币表现的经济活动，即企业的资金运动，其具体内容可以归结为资产、负债、所有者权益、收入、费用和利润六个会计要素。由于利润一般隐含在收入与费用的配比中，经过分配后，主要形成所有者权益和负债。因此，从满足管理和会计信息使用者需要的角度考虑，账户按其经济内容可以分为资产类账户、负债类账户、所有者权益类账户、成本类账户和损益类账户等五类。各类账户包含的会计科目如图 6－1 所示。

一、资产类账户

资产类账户是核算企业各项资产增减变动及结余的账户。按照资产的流动性可以分为流动资产类账户和非流动资产类账户。

流动资产类账户主要有“库存现金”“银行存款”“应收票据”“应收账款”“原材料”“库存商品”“交易性金融资产”等；

非流动资产类账户主要有“长期股权投资”“固定资产”“累计折旧”“无形资产”“长期待摊费用”“开发支出”“商誉”等。

- 账户
  - 资产类账户
    - 流动资产账户
      - “交易性金融资产”账户
      - “库存现金”账户
      - “银行存款”账户
      - “应收账款”账户
      - “预付账款”账户
      - “原材料”账户
      - “库存商品”账户
      - “在途物资”账户
    - 非流动资产账户
      - “固定资产”账户
      - “累计折旧”账户
      - “无形资产”账户
      - “累计摊销”账户
      - “长期股权投资”账户
      - “开发支出”账户
      - “商誉”账户
  - 负债类账户
    - 流动负债账户
      - “短期借款”账户
      - “应付账款”账户
      - “预收账款”账户
      - “应付利息”账户
      - “应交税费”账户
      - “应付职工薪酬”账户
    - 非流动负债账户
      - “长期借款”账户
      - “应付债券”账户
      - “预计负债”账户
  - 所有者权益类账户
    - 原始投资账户——“实收资本”账户
    - 经营积累账户——“盈余公积”账户
    - 其他来源账户——“资本公积”账户
  - 成本类账户
    - “生产成本”账户
    - “制造费用”账户
  - 损益类账户
    - 营业性损益账户
      - “信用减值损失”账户
      - “研发费用”账户
      - “主营业务收入”账户
      - “主营业务成本”账户
      - “营业税金及附加”账户
      - “销售费用”
      - “管理费用”
      - “财务费用”
      - “其他业务收入”账户
      - “其他业务成本”账户
    - 非营业性损益账户
      - “营业外收入”账户
      - “营业外支出”账户
    - 所得税费用账户——“所得税费用”账户

图 6－1　账户按经济内容分类

二、负债类账户

资产类账户是核算企业各项负债增减变动及结余的账户。按照负债的偿还期限，可以分为流动负债类账户和非流动负债类账户。

流动负债类账户主要有“短期借款”“应付账款”“应付职工薪酬”“应交税费”“应付利息”等；

非流动负债类账户主要有“长期借款”“应付债券”“长期应付款”“预计负债”。

三、所有者权益类账户

所有者权益类账户是核算企业所有者权益增减变动及结余的账户。所有者权益类账户按照来源和构成的不同可以再分为投入资本类所有者权益账户，资本积累类所有者权益账户及所有者权益其他来源账户。

投入资本类所有者权益账户主要有“实收资本（或股本）”“资本公积”等；资本积累类账户主要有“盈余公积”“本年利润”“利润分配”等，所有者权益其他来源账户主要有“资本公积”“其他综合收益”账户。

四、成本类账户

成本类账户是核算企业成本的归集与分配、成本结转的账户。成本类账户按照是否需要分配可以分为直接计入类成本账户和分配计入类成本账户。

直接计入类成本账户主要有“生产成本”（包括基本生产成本、辅助生产成本）或“劳务成本”等；分配计入类成本账户主要有“制造费用”等。

五、损益类账户

损益类账户是核算企业收入的实现与结转、费用发生于结转的账户。损益类账户按照性质和内容的不同，可以分为营业损益类账户、营业外收支类和扣减利润总额的账户。

营业损益类账户主要有“主营业务收入”“主营业务成本”“营业税金及附加”“其他业务收入”“其他业务成本”“销售费用”“管理费用”“财务费用”“投资收益”“公允价值变动损益”“资产减值损失”等；非营业损益类账户主要有“营业外收入”“营业外支出”“信用减值损失”“研发费用”等；扣减利润总额账户主要有“所得税费用”账户。

第二节　账户按用途和结构分类

一、账户按用途和结构分类的意义

为了正确地运用账户来记录经济业务，掌握账户在提供会计信息方面的规律性，更好地了解各种账户的作用，以及它们是怎样向会计信息使用者提供所需要的信息，就需要在按经济内容分类的基础上，进一步研究账户如何按用途和结构分类。

账户按用途和结构分类的实质是对账户在会计核算中所起的作用和账户在使用中能够反映的经济指标进行的分类。

账户的用途是指设置和运用账户的目的是什么，通过账户记录能够提供什么核算指标。如“银行存款”“固定资产”等资产账户的目的是反映相应的货币资金和实物资产变动，通过这些账户记录，能够提供相应货币资金和实物资产的增减变动及其余额方向的核算资料。

账户结构是指在账户中如何记录经济业务，以取得各种必要的核算指标。由于记账方法不同，记录经济业务的具体方法也是有区别的，也就是反映会计要素的增减变动及其余额的方法不同。在借贷记账法下，账户的结构具体是指账户的借方核算什么内容，贷方核算什么内容，期末余额在哪个方向，具体表示什么内容。

每一个企业的经济活动过程和内容都是错综复杂的，其会计数据都要通过会计账户记录和反映，而每一个账户都是根据经营管理和对外报告会计信息的需要设置的，都有其特定的用途和结构。所以，账户按内容分类的账户体系及按用途和结构分类的账户体系，就可能不完全一致，即按经济内容归类为一类的账户，可能有不同的用途和结构；或者具有相同或相似用途和结构的账户，而所反映的经济内容却属于不同类别。

按用途和结构分类是按经济内容分类的细化，反过来说按经济内容分类是按用途和结构分类的基础。两种分类方法是互相补充的关系，二者不能互相替代。在借贷记账法下记账方向是一致的。账户按其经济内容分类是为满足管理和会计信息使用者的需要，账户按用途和结构分类的实质是，账户在会计核算中所起的作用和账户在使用中能够反映的什么样的经济指标进行的分类，即对具有相同核算特点的会计科目的分类。

二、账户按用途和结构分类的内容

现在以制造业为例，说明在借贷记账法下，账户按用途和结构分类的账户体系。

账户按照用途和结构可以分为盘存类账户、投资权益类账户、结算类账户、跨期摊配类账户、调整类账户、集合分配类账户、成本计算类账户、收入计算类账户、费用计算类账户、计价对比类账户和财务成果类账户等类。以下分别从账户的用途、结构和特点等方面予以说明。各类账户包含的会计科目如图 6－2 所示。

- 账户
  - 盘存账户
    - “库存现金”账户
    - “银行存款”账户
    - “原材料”账户
    - “库存商品”账户
    - “固定资产”账户
  - 结算账户
    - 债权结算账户
      - “应收账款”账户
      - “预付账款”账户
      - “应收票据”账户
      - “其他应收款”账户
    - 债务结算账户
      - “短期借款”账户
      - “应付账款”账户
      - “预收账款”账户
      - “其他应付款”账户
      - “应付职工薪酬”账户
      - “应交税费”账户
      - “长期借款”账户
      - “应付债券”账户
  - 资本账户
    - “实收资本”账户
    - “资本公积”账户
    - “盈余公积”账户
  - 集合分配账户 —— “制造费用”账户
  - 成本计算账户
    - “材料采购”账户
    - “在途物资”账户
    - “生产成本”账户
  - 收入计算账户
    - “主营业务收入”账户
    - “其他业务收入”账户
    - “营业外收入”账户
  - 费用计算账户
    - “主营业务成本”账户
    - “其他业务成本”账户
    - “营业税金及附加”账户
    - “销售费用”账户
    - “财务费用”账户
    - “管理费用”账户
    - “营业外支出”账户
  - 财务成果账户 —— “本年利润”账户
  - 计价对比账户 —— “材料采购”账户
  - 调整账户
    - 备抵调整账户
      - “累计折旧”账户
      - “累计摊销”账户
    - 附加调整账户
    - 备抵附加账户 —— “材料成本差异”账户
  - 暂记账户 —— “待处理财产损溢”账户

图 6－2　账户按用途和结构分类

（一）盘存类账户

盘存类账户是核算、监督各项财产物资和货币资金的增减变动及其实有数的账户，是所有单位都必须设置的基本账户。这类账户的结构是：账户的期初如果有余额在借方，本期发生额的增加数在借方，本期发生额的减少数在贷方，期末余额总是在借方，表示各项财产物资和货币资金的实有数。其特点是期末可与实物进行核对；除“库存现金”和“银行存款”外，一般采用数量金额式明细账，既能提供价值指标，又能提供实物量指标。

盘存账户的结构如下所示：

借方　　　　　盘存账户	贷方
期初余额：货币资金和财产物资的期初结存额	
本期发生额：货币资金和财产物资的本期增加额	本期发生额：货币资金和财产物资的本期减少额
期末余额：货币资金和财产物资的期末结存额	

属于盘存类的账户主要有“库存现金”“银行存款”“原材料”“库存商品”“固定资产”等。

（二）投资权益类账户

投资权益类账户是核算投资者投资的增减变动及其实有额的账户，是任何单位都必须设置的基本账户。这类账户的结构是：账户的期初余额在贷方，本期发生额的增加数在贷方，本期发生额的减少数在借方，期末余额在贷方，表示所有者权益的实有数。其特点是按投资者设置明细账，以便反映各投资者对企业实际拥有的所有者权益份额；投资权益类账户一般采用三栏式明细账，只提供价值指标。

投资权益类账户的结构如下所示：

借方　　　　　资本账户	贷方
	期初余额：所有者投资与公积金的期初实有数额
本期发生额：所有者投资与公积金的本期减少额	本期发生额：所有者投资与公积金的本期增加额
	期末余额：所有者投资与公积金的期末实有数额

属于投资权益类的账户主要有“实收资本”“资本公积”“盈余公积”。

（三）结算类账户

结算类账户是指用来核算和监督一个经济组织与其他经济组织或个人以及经济组织内部各单位之间债权债务往来结算关系的账户。结算业务的性质不同，决定了结算类账户具有不同的用途和结构。

1. 债权结算账户

债权结算账户也称资产结算账户，用来核算和监督一个经济组织与其他经济组织或个人以及经济组织内部各单位之间债权的增减变动和实有金额的账户。这类账户的结构是：期初如果有余额在借方，本期发生额的增加数在借方，本期发生额的减少数在贷方，期末如果有余额在借方。这类账户的特点是：一般采用三栏式明细账，只提供价值指标。

债权结算账户的结构如下所示：

借方	债权结算账户　　　　贷方
期初余额：尚未收回的应收款项或尚未结算的预付款项的期初实有数额	
本期发生额：应收或预付款项的本期增加额	本期发生额：应收或预付款项的本期减少额
期末余额：尚未收回的应收款项或尚未结算的预付款项的期末实有数额	

债权结算类账户主要有“应收账款”“应收票据”“预付账款”“应收股利”“其他应收款”等。

2. 债务结算类账户

债务结算类账户也称负债结算类账户，用来核算和监督一个经济组织与其他经济组织或个人以及经济组织内部各单位之间债务的增减变动和实有金额的账户。这类账户的结构是：期初如果有余额在贷方，本期发生额的增加数在贷方，本期发生额的减少数在借方，期末如果有余额在贷方。这类账户的特点是：一般采用三栏式明细账，只提供价值指标。债务结算类账户的结构如下所示：

借方	债务结算账户　　　　贷方
	期初余额：结欠的借入款项、应付款项或尚未结算的预收款项的期初实有数额
本期发生额：借入款项、应付款项或预收款项的本期减少额	本期发生额：借入款项、应付款项或预收款项的本期增加额
	期末余额：结欠的借入款项、应付款项或尚未结算的预收款项的期末实有数额

债务结算类账户主要有“短期借款”“应付账款”“应付票据”“预收账款”“应付职工薪酬”“应交税费”“其他应付款”“长期借款”“应付债券”“长期应付款”等。

3. 债权债务类结算账户

债权债务类结算账户也称负债结算类账户，用来核算和监督一个经济组织与其他经济组织或个人以及经济组织内部各单位之间债务的增减变动和实有金额的账户。由于这种相互之间的往来结算业务经常发生，企业有时处于债权人的地位，有时处于债务人的地位，为了在同一账户反映本企业与其他企业单位之间债权债务的增减变化，并且减少会计科目的使用数量，简化核算手续，在借贷记账法下，可以设置具有债权债务双重性质的结算账户。债权债务结算账户的结构是：期初余额可能在借方（表示债权），也可能在贷方（表示债务）；本期借方发生额表示债权的增加或债务的减少；本期贷方发生额表示债务的增加或债权的减少；期末如果是借方余额表示债权大于债务的差额，如果是贷方余额则表示债务大于债权的差额。这类账户的特点是：一般采用三栏式明细账，只提供价值指标。

债权债务结算账户的结构如下所示：

债权债务结算账户

借方	贷方
期初余额：债权大于债务的期初差额	期初余额：债务大于债权的期初差额
本期发生额：债权的本期增加额或债务的本期减少额	本期发生额：债务的本期增加额或债权的本期减少额
期末余额：期末债权大于债务的差额	期末余额：期末债务大于债权的差额

债权债务类结算账户主要有“应收账款”“应收票据”“预付账款”“应收股利”“其他应收款”“短期借款”“应付账款”“应付票据”“预收账款”“应付职工薪酬”“应交税费”“其他应付款”“长期借款”“应付债券”“长期应付款”等。债权债务类结算账户的实质是将债权类账户、债务类账户合二为一。

账户按用途和结构分类

（四）跨期摊配类账户

跨期摊配类账户是指用来核算和监督应由若干个会计期间共同负担而又在某个会计期间一次支付费用的账户，主要有待摊费用、预提费用等。

待摊费用账户是用来核算先期支付费用，在当期及以后各期分摊的各项费用，如预付的保险费、预付的报纸杂志费等，其账户结构是：期初如果有余额在借方，本期发生额的增加数在借方，本期发生额的减少数在贷方，期末如果有余额在借方，表示尚未摊销的金额。现行会计制度下，一般用“预付账款”等账户。

待摊费用账户的结构如下所示：

借方	跨期摊配账户 贷方
期初余额：已经支付但尚未摊配费用的期初结存额	
本期发生额：待摊费用的本期增加额	本期发生额：待摊费用的本期摊销额
期末余额：已经支付但尚未摊配的待摊费用额	

预提费用账户是指用来核算和监督按规定预先提取计入当期，但需要在未来一定时点才能一次支付的费用，如预提的银行借款利息、预提的固定资产大修理费等。预提费用账户的结构是：期初如果有余额在贷方，本期发生额的增加数在贷方，本期发生额的减少数在借方，期末如果有余额在贷方，表示已经提取尚未支付的费用。现行会计制度下，一般用“应付利息”等账户。

预提费用账户的结构如下所示：

借方	预提费用账户 贷方
	期初余额：已经提取但尚未支付费用的期初结存额
本期发生额：预提费用的本期实际支付（减少）额	本期发生额：预提费用的本期提取（增加）额
	期末余额：已经提取但尚未支付费用的期末结存额

跨期摊配类账户的格式一般采用三栏式账户，只提供价值指标。

（五）调整类账户——抵减类账户

也称备抵账户，是指用来抵减相关账户的账面金额并表示被调整账户的实际余额的账户。其关系式是：

被调整账户余额－抵减账户余额＝被调整账户的实际余额

由于抵减账户是对被调整账户的抵减，因此其结构与被调整账户相反，一般情况下，被调整账户是资产类，则抵减账户本期发生额的增加数在贷方，本期发生额的减少数在借方，期末余额在贷方，表示抵减账户的累计数。其特点是与被调整账户余额相反，一般采用三栏式账页格式，只提供价值指标。

抵减类账户主要包括各种资产准备账户，如“坏账准备”是“应收账款”的抵减账户；“累计折旧”和“固定资产减值准备”是“固定资产”的抵减账户；“累计摊销”和“无形资产减值准备”是“无形资产”的抵减账户；“在建工程减值准备”是“在建工程”的抵减账户；“长期股权投资减值准备”是“长期股权投资”的抵减账户；“投资性房地产累计折旧”和“投资性房地产减值准备”是“投资性房地产”的抵减账户；等等。

（六）调整类账户——抵减附加类账户

抵减附加调整账户也称备抵附加账户，是指既具有抵减功能又具有附加调整功能的账户。既可以抵减被调整账户的余额，也可以增加被调整账户的余额，具有两种账户的功能。当调整账户的余额方向与被调整账户余额方向相反时，它起的是抵减的作用；当调整账户的余额方向与被调整账户余额方向一致时，它起的是附加的作用。最典型的抵减附加账户是“材料成本差异”账户，其借方核算材料的超支差异，贷方核算材料的节约差异和发出材料分摊的差异，如果余额在借方，表示材料的超支差异，则“原材料”账户的借方余额（计划成本）+“材料成本差异”借方余额 =“原材料”的实际成本；如果余额在贷方，表示材料的节约差异，则“原材料”账户的借方余额（计划成本）-“材料成本差异”贷方余额 =“原材料”的实际成本。抵减附加类账户一般采用三栏式账页格式，只提供价值指标。

（七）集合分配类账户

集合分配类账户是指用来归集和分配经济组织经营过程中某个阶段所发生的相关费用，用以核算和监督相关间接费用预算的执行情况，以及间接费用分配情况的账户。这类账户一方面将某一经营过程中实际发生的间接费用和预算指标进行对比，考核评价间接费用的超支和节约情况；另一方面也便于将这些费用分配出去。集合分配账户，借方核算间接费用的发生额（即增加额），贷方核算间接费用的分配额（即减少额），一般情况下，将登记在该账户中的间接费用，期末应全部分配出去，没有余额，并且只提供价值指标。

集合分配账户的结构如下所示：

借方　　　　　集合分配账户	贷方
本期发生额：各种间接费用的本期发生额	本期发生额：各种间接费用的本期分配额

集合分配类账户主要有“制造费用”等。集合分配类账户与盘存类账户的区别在于它所记录的费用属于当期的开支，应当在当期分配完毕，因此这类账户没有期末和期初余额。

（八）成本计算类账户

成本计算类账户是指用来核算和监督经营过程中某个阶段所发生

的应计入特定成本计算对象的经营费用，并据以计算和确定出各个对象实际成本的账户。设置和运用成本计算类账户，对于正确计算材料采购、产品生产和商品销售的实际成本，考核有关成本预算的执行和完成情况具有重要作用。成本计算类账户的借方汇集应计入特定成本计算对象的全部费用（主要是在费用发生时直接计入的，少部分是通过分配计入的）；贷方核算转出某一成本计算对象的实际成本；期末余额一般在借方，表示尚未完成的某一阶段成本对象的实际成本。成本计算类账户一般是按照成本计算对象设置明细，按成本项目设置专栏进行明细核算，既提供价值指标，又提供实物量指标。

成本计算账户的结构如下所示：

借方　　　　成本计算账户　　　　贷方

借方	贷方
期初余额：尚未完成某个阶段的材料或产品的期初实际成本	
本期发生额：生产经营过程中某个阶段发生的应计入材料或产品成本的全部费用	本期发生额：结转已完成某个阶段的材料或产品的实际成本
期末余额：尚未完成某个阶段的材料或产品的期末实际成本	

成本计算类账户主要有“生产成本”“在途物资”“材料采购”“在建工程”等。

（九）计价对比类账户

对比类账户又称为计价对比类账户，是指用来核算和监督经营过程中某一阶段某项经济业务按照两种计价标准进行对比，借以确定其业务成果的账户。最典型的是“材料采购”账户，其借方核算材料的实际成本，贷方登记按计划成本核算的材料的计划成本，通过借贷双方两种计价对比可以确定材料的差异额和材料采购业务的成果。借方大于贷方为超支差异，贷方大于借方为节约差异；余额一般在借方，表示尚未入库材料的实际成本。

计价对比账户的结构如下所示：

借方　　　　计价对比账户　　　　贷方

借方	贷方
本期发生额：记录业务的第一种计价、结转第二种计价大于第一种计价的差额	本期发生额：记录业务的第二种计价、结转第一种计价大于第二种计价的差额

对比类账户的特点是：借贷双方的计价标准不一致；期末确定业务成果转出后，该账户的借方余额，是表示剔除了计价差异后按借方计价方式的资产价格。如“材料采购”账户的借方余额是表示按实际成本计价的在途材料成本。

（十）收入计算类账户

收入计算类账户是核算企业在一定时期（月、季、年）内所取得的各项收入和收益的账户。收入计算类账户的贷方核算实现的收入和收益，借方登记收入和收益的减少数和期末结转额，本期内收入实现多少结转多少，期末没有余额。收入计算账户按收入项目设置多栏式账页，只提供价值指标。

收入计算账户的结构如下所示：

借方　　　　收入计算账户	贷方
本期发生额：收入的本期减少额和期末转入“本年利润”账户的数额	本期发生额：取得的各项收入本期数额

收入类账户主要有“主营业务收入”“其他业务收入”“营业外收入”“投资收益”“公允价值变动损益”等。

（十一）费用计算类账户

费用计算类账户主要用来核算和监督企业在一定时期（月、季、年）内所发生的应计入当期损益的各项费用、成本和支出的账户。费用计算类账户的借方核算费用支出的增加额，贷方核算费用支出的减少额和期末结转额，本期内费用发生多少，结转多少，期末没有余额。费用计算类账户一般按照费用项目设置多栏式明细账进行核算，只提供价值指标。

费用计算账户的结构如下所示：

借方　　　　费用计算账户	贷方
本期发生额：各项费用本期发生数额	本期发生额：费用的本期减少额和期末转入“本年利润”账户的数额

费用计算类账户主要有“主营业务成本”“其他业务成本”“营业税金及附加”“销售费用”“管理费用”“财务费用”“资产减值损失”“营业外支出”“所得税费用”等。

（十二）财务成果计算账户

财务成果计算账户是用来核算和监督企业在一定时期（月、季、年）内全部经营活动最终成果的账户。财务成果计算账户的贷方登记期末从收入计算类账户转来的各种收入和收益数，借方登记期末从费用计算类账户转来的各项费用支出数，平时月份（1～11月份）的贷方余额表示企业实现的利润数，借方余额表示企业发生的亏损数。年末时将实现的利润或亏损转到“利润分配”账户，结转后无余额。财务成果计算类账户一般采用三栏式账页核算，只提供价值指标。典型的财务成果类账户是“本年利润”账户。

财务成果账户的结构如下所示：

借方　　　　　　　　财务成果账户	贷方
本期发生额：期末从费用账户转入的本期发生的各项费用数额	本期发生额：期末从收入账户转入的本期取得的各项收入数额
期末余额：累计发生的净亏损总额	期末余额：累计实现的净利润总额

财务成果计算类账户的特点是：借方和贷方所登记的内容，应遵循权责发生制和配比原则的要求。贷方登记的各项收入和收益数与借方登记的各项费用支出数，一方面要与相应的会计期间相配比；另一方面从事某项经济活动所取得的收入与相应的成本费用相配比。只有这样，在一定会计期间的财务成果才是真实准确的。

以上重点介绍了按经济内容及按用途和结构分类的账户体系，这对于我们正确地设置和运用账户来核算、监督企业的生产经营过程和成果，为各方提供有用的会计信息具有重要意义。

此外，按账户与会计报表的关系，还可以将账户分为资产负债表账户、利润表账户和制造成本账户。

资产负债表是反映企业在某一特定日期（如月末、季末、年末）全部资产、负债和所有者权益情况的会计报表，是企业经营活动的静态体现，根据“资产＝负债＋所有者权益”这一平衡公式，依照一定的分类标准和一定的次序，将某一特定日期的资产、负债、所有者权益的具体项目予以适当的排列编制而成。它表明权益在某一特定日期所拥有或控制的经济资源、所承担的现有义务和所有者对净资产的要求权。它是一张揭示企业在一定时点财务状况的静态报表。资产负债表利用会计平衡原则，将合乎会计准则的资产、负债、所有者权益账户的期末余额直接填列或分析填列到资产负债表的相应项目中，因此，在会计上把资产类账户、负债类账户和所有者权益类账户划分为资产负债表账户。资产负债表账户一般都有期末余额，并转入下一期的同一账户，表示企业实际拥有或控制的经济资源和对这些资源的要求权。

利润表是反映企业一定会计期间（如月度、季度、半年度或年度）生产经营成果的会计报表。企业一定会计期间的经营成果既可能表现为盈利，也可能表现为亏损，因此，利润表也被称为损益表。它全面揭示了企业在某一特定时期实现的各种收入、发生的各种费用、成本或支出，以及企业实现的利润或发生的亏损情况。

利润表是根据“收入 - 费用 = 利润”的基本关系来编制的，其具体内容取决于收入、费用、利润等会计要素及其内容，利润表项目是收入、费用和利润要素内容的具体体现。利润表是根据收入类账户、费用类账户和利润类账户的本期发生额直接填列或分析计算填列，收入类账户、费用类账户和利润类账户编制利润表的依据，因此会计上把收入类账户、费用类账户和利润类账户称为利润表账户。利润表账户在期末结转后，一般没有余额。

本章小结

本章主要介绍了账户的分类。账户可以按照不同的标准、从不同的角度进行分类。账户的分类标准一般有账户的经济内容及账户的用途和结构两种。按照经济内容一般可分为资产类、负债类、所有者权益类、成本类和损益类等五大类账户；按照用途和结构一般分为盘存账户、资本账户、结算账户、集合分配账户、成本计算账户、收入计算账户、费用计算账户、财务成果账户、计价对比账户、调整账户和暂记账户等十一类。除此以外，账户也可以按照提供会计核算指标的详细程度或与会计报表的关系等其他标准分类。但是，最为重要和关键的是按照经济内容的分类，它决定了账户的性质、内容和结构。

【本章重要术语】

资产类账户　负债类账户　所有者权益类账户　成本类账户　损益类账户　盘存类账户　投资权益类账户　结算类账户　跨期摊配类账户　调整类账户——抵减附加类账户　集合分配类账户　成本计算类账户　计价对比类账户　收入计算类账户　费用计算类账户　财务成果计算账户

【延伸阅读】

1. 戚素文：《基础会计实务》，清华大学出版社 2009 年版。

本书在每一个项目的开篇均以案例导入，每个项目后均附有精心选配的针对性强、多角度、多形式的课后练习，为会计课程的教学和自学提供了方便。《基础会计实务》可作为高职高专院校财会专业项目化教学的教材，也可作为相关专业及会计从业人员的学习用书。

2. 张先吉、刘兴福：《会计基础实务》，中国劳动社会保障出版社 2007 年版。

本书系统完整地介绍了会计的基本原理、方法和实际应用。

【复习与思考】

1. 账户按经济内容可分为哪些类别的账户？
2. 账户按用途和结构可分为哪些类别的账户？
3. 为什么要设置备抵账户？其特点是什么？
4. 资产负债表账户包括哪些内容？
5. 利润表账户包括哪些内容？

第七章

会计凭证

【学习目标和要求】 通过本章学习，掌握会计凭证的定义和分类，掌握原始凭证和记账凭证的含义、分类、内容、填制和审核的基本要求，了解会计凭证传递程序，了解凭证保管中需注意的相关问题。

第一节　会计凭证的含义和分类

会计凭证的含义和分类

一、会计凭证的含义

会计凭证是在会计工作中初步归类记录经济业务、明确经济责任并据以记账的书面证明文件。《会计法》第十四条明确规定："会计凭证包括原始凭证和记账凭证。办理本法第十条所列的经济业务事项，必须填制或者取得原始凭证并及时送交会计机构。"填制和审核会计凭证是会计核算工作的起点，也是会计核算的基础工作，是会计核算的专门方法之一，会计凭证的填制和审核，能够如实反映经济业务的内容，有效监督经济业务的合理性和合法性，保证会计核算资料的真实性、可靠性、合理性，因此填制和审核会计凭证作为会计核算的一项重要内容，具有十分重要的意义。

（一）提供原始资料和有用的会计信息

任何一项经济业务，有关部门和人员都要按照规定及时填制或取得会计凭证，所以会计凭证成为取得数据资料的手段。同时会计人员可以根据会计凭证，对日常大量、分散的各种经济业务，进行整理、分类、汇总，并经过会计处理，为经济管理提供真实、可靠的会计信息。

（二）监督和控制经济活动的合理性和合法性

会计凭证记录和反映了经济业务活动的发生、进程和完成情况等具体内容，通过对会计凭证的严格审核，可以检查各项经济业务是否符合有关法律、法规和制度的规定，是否符合企业业务经营、财务收支的方针和计划、预算的规定，以确保经济业务的合理、合法和有效性。

（三）提供记账依据

按照会计工作的基本要求，每一项经济业务，都要取得或填制合法的会计凭证，否则，任何一项经济业务都不能登记到账簿中去。所以说会计凭证是记账的依据，即通过会计凭证的填制、审核，为会计记账提供真实、可靠的依据，适时地记录经济业务。

（四）能够明确和加强经济责任

每一张会计凭证，都要由经济业务的经办人员签名或盖章。这就要求有关部门和有关人员对经济活动的真实性、准确性、合法性负责。一旦发生差错和纠纷，可以借助会计凭证分清经济责任，从而加强各经办单位及人员的岗位责任。另外，通过会计凭证所反映的经济业务，可以检查经管人员受托责任的完成情况，并作为考核、奖罚的依据。

二、会计凭证的分类

会计凭证是多种多样的，按其用途和填制程序可分为原始凭证和记账凭证两类。

（一）原始凭证

原始凭证，又称原始单据，是在经济业务发生或完成时取得或填制的，用以记录、证明经济业务已经发生或完成情况，明确经济责任的书面证明。凡是不能证明交易业务、会计事项发生或者完成情况的各种凭证，如购货申请书、购销合同、银行对账单等，不能作为原始凭证。原始凭证填制或取得后，必须按照规定的程序送交会计机构进行处理和保管。常见的原始凭证有材料验收入库的收料单、材料发出时的领料单、产成品入库单、购物发票、运单、职工出差的车船票等。

原始凭证多种多样，可以根据不同的标准进行分类。

1. 原始凭证按其形成，可分为外来原始凭证和自制原始凭证两种

（1）外来原始凭证。外来原始凭证是指同外部单位发生经济往来关系时，从外部单位取得的原始凭证。如增值税发票（见图7－1），发货时的运费单和出差人员报销的车、船、飞机票等。

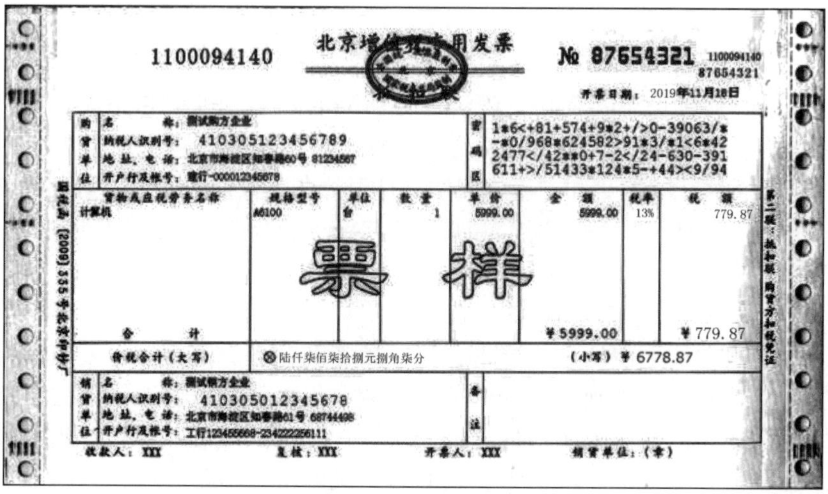

1100094140　北京增值税专用发票　№ 87654321　1100094140 87654321

开票日期：2019年11月18日

购买方　名称：测试购方企业　纳税人识别号：410305123456789　地址、电话：北京市海淀区知春路60号 81234567　开户行及账号：建行-000012345678

密码区　1*6<+81+574+9*2+/>0-39063/* -*0/968*624582>91*3/*1<6*42 2477</42**0+7-2</24-630-391 611+>/51433*124*5-+44><9/94

货物或应税劳务名称	规格型号	单位	数量	单价	金额	税率	税额
计算机	A6100	台	1	5999.00	5999.00	13%	779.87
合计					¥5999.00		¥779.87
价税合计（大写）	⊗陆仟柒佰柒拾捌元捌角柒分				（小写）¥6778.87		

票样

销售方　名称：测试销方企业　纳税人识别号：410305012345678　地址、电话：北京市海淀区知春路61号 68744498　开户行及账号：工行123455668-234222256111

备注

收款人：XXX　复核：XXX　开票人：XXX　销售单位：（章）

国税函[2009]355号北京印钞厂

第二联：抵扣联　购买方扣税凭证

图7－1　增值税发票

（2）自制原始凭证。自制原始凭证是指由本单位内部经办经济业务的部门或人员，在办理经济业务时所填制的凭证。如领料单（见表7－1），商品、材料出库填制的提货单（见表7－2），职工差旅费的报销单等。

表7－1　　领料单

No. 004530

领料部门：生产车间　　2019年10月6日　　发料仓库：材料仓库

材料类别	名称及规格	计量单位	数量		计划单价	金额	用途
			请领	实领			
主要材料	20mm圆钢	千克	1 000	1 000	0.50	500	甲产品
合计		×	×	×	×	500	×

记账联

仓库主管：张红　发料人：李飞　领料部门主管：王红军　领料人：陈力

表7－2　　提货单

购货单位：东方轴承厂　　运输方式：自提

收货地址：自库—3　　2019年10月20日　　编号：06325

产品编号	产品名称	规格	单位	数量	单价	金额	备注
SY—B6	机箱	LS4	套	200	250.00	50 000.00	
合计						¥50 000.00	

销售部门负责人（签章）　发货人（签章）　提货人（签章）　制单（签章）

2. 原始凭证按其填制手续和方法不同，分为一次原始凭证、累计原始凭证和汇总原始凭证

（1）一次原始凭证。一次原始凭证，简称一次凭证，是指对一项经济业务或若干项同类经济业务，在其发生或完成时一次性填制完毕的原始凭证。外来凭证都属于一次性原始凭证，如增值税专用发票（见图7－2）。大部分的自制凭证也是一次凭证，如借款单、收料单、领料单、费用报销单。

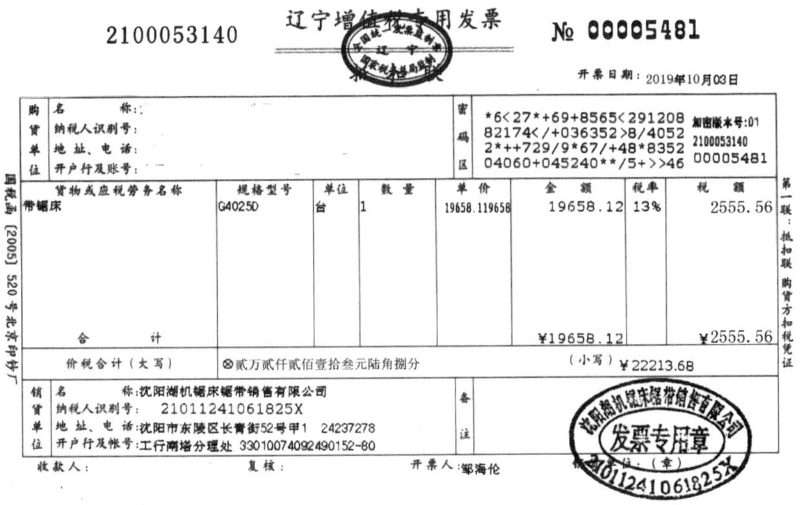
2100053140　辽宁增值税专用发票　№ 00005481

开票日期：2019年10月03日

购货单位　名称：　纳税人识别号：　地址、电话：　开户行及账号：

密码区　*6<27*+69+8565<291208　82174</+036352>8/4052　2*++729/9*67/+48*8352　04060+045240**/5+>>46　加密版本号:01　2100053140　00005481

货物或应税劳务名称	规格型号	单位	数量	单价	金额	税率	税额
带锯床	G4025D	台	1	19658.119658	19658.12	13%	2555.56
合计					¥19658.12		¥2555.56
价税合计（大写）	⊗贰万贰仟贰佰壹拾叁元陆角捌分				（小写）¥22213.68		

销货单位　名称：沈阳湖机锯床锯带销售有限公司　纳税人识别号：21011241061825X　地址、电话：沈阳市东陵区长青街52号甲1　24237278　开户行及帐号：工行南塔分理处 3301007409249O152-80

备注

收款人：　复核：　开票人：邹海伦　销货单位：（章）

国税函〔2005〕520号北京印钞厂

第一联：抵扣联 购货方扣税凭证

图7－2　增值税专用发票

（2）累计原始凭证。累计原始凭证简称累计凭证，是用来连续地反映企业在一定时间内不断重复发生的若干项同类经济业务，其填制手续随着经济业务的发生而分次进行的原始凭证。它们一般都是自制原始凭证，如工业企业的限额领料单（见表7－3）。

表7－3　　**限额领料单**

领料部门：一车间　　发料仓库：2号库

用　　途：生产用　　2019年6月　　编　　号：021

材料编号	材料名称	规格	计量单位	领用限额	单价	全月实用	
						数量	金额
1201	钢材	20mm圆钢	千克	1 000	5元	950	4 750

领料日期	请领数量	实发数量	领料人签章	发料人签章	限额结余
4	200	200	王力	张红	800
9	300	300	王力	张红	500
15	200	200	王力	张红	300
23	100	100	王力	张红	200
28	150	150	王力	张红	50
合计	950	950			

供应部门负责人：　　生产部门负责人：　　仓库管理员：

累计凭证可以简化原始凭证的填制手续，减少原始凭证的张数，从而起到简化记账凭证的编制和账簿登记的作用。但是，因这种凭证要反复使用，必须严格凭证的保管制度和财物的收发手续。

（3）汇总原始凭证。汇总原始凭证，又叫原始凭证汇总表，是指在一定时期内，将若干张同类经济业务的原始凭证汇总、整理和归类编制而成的原始凭证汇总表。如发出材料汇总表、商品销货汇总表、现金收入汇总表等（见表7－4）。

表7－4　　　　　　　　发出材料汇总表

附领料单25份　　　　　　2019年10月30日　　　　　　单位：元

会计科目	领料部门	原材料	燃料	合计
基本生产成本	一车间	4 000	6 000	10 000
	二车间	6 000	10 000	16 000
	小计	10 000	16 000	26 000
辅助生产成本	供电车间	5 000	3 000	8 000
	供水车间	1 000	3 000	4 000
	小计	6 000	6 000	12 000
制造费用	一车间	600		600
	二车间	500		500
	小计	1 100		1 100
管理费用		400	500	900
合计		17 500	22 500	40 000

会计主管：　　　　　　审核：　　　　　　制单：

3. 按照原始凭证格式的不同，分为通用凭证和专用凭证两种

所谓通用凭证，是指在全国或地区、系统范围内，规定统一格式和使用方法的原始凭证。例如，异地结算时使用的全国统一的银行结算凭证、同城结算时使用的地区统一的结算凭证、地区统一规定的发货票等。

所谓专用凭证，是指各单位自行规定其格式和使用方法的原始凭证，如差旅费报销单（见表7－5）等。

（二）记账凭证

对于一个企业来说，通常原始凭证种类繁多、数量庞大，如果根据原始凭证登记账簿，不仅工作量繁重，而且容易发生差错。因此，为了便于记账，就需要编制记账凭证。记账凭证又称记账凭单，是由会计机构根据原始凭证编制的，作为登记账簿直接依据的书面证明。

表 7－5

差旅费报销单

单位：销售科　　　　2019 年 10 月 20 日填

会计主管人员　　　　记账　　　　审核　　　　附单据　2 张

<table>
<tr><th rowspan="2">月</th><th rowspan="2">日</th><th rowspan="2">时间</th><th rowspan="2">出发地</th><th rowspan="2">月</th><th rowspan="2">日</th><th rowspan="2">时间</th><th rowspan="2">到达地</th><th rowspan="2">机票费</th><th rowspan="2">车船费</th><th rowspan="2">卧铺费</th><th colspan="2">夜行车补助</th><th colspan="2">市内交通费</th><th colspan="3">宿费</th><th colspan="2">出差补助</th><th rowspan="2">其他</th><th rowspan="2">合计</th></tr>
<tr><th>小时</th><th>金额</th><th>实支</th><th>包干</th><th>标准</th><th>实支</th><th>提成扣减</th><th>天数</th><th>金额</th></tr>
<tr><td>5</td><td>10</td><td>22：23</td><td>济南</td><td>5</td><td>12</td><td>7：10</td><td>成都</td><td></td><td></td><td>401.00</td><td></td><td></td><td></td><td></td><td></td><td></td><td></td><td></td><td></td><td></td><td>401.00</td></tr>
<tr><td>5</td><td>14</td><td>18：15</td><td>成都</td><td>5</td><td>16</td><td>5：40</td><td>济南</td><td></td><td></td><td>249.00</td><td></td><td></td><td></td><td>15.00</td><td>100.00</td><td></td><td></td><td>5</td><td>80.00</td><td></td><td>444.00</td></tr>
<tr><td></td><td></td><td></td><td></td><td></td><td></td><td></td><td></td><td></td><td></td><td></td><td></td><td></td><td></td><td></td><td></td><td></td><td></td><td></td><td></td><td></td><td></td></tr>
<tr><td></td><td></td><td></td><td></td><td></td><td></td><td></td><td></td><td></td><td></td><td></td><td></td><td></td><td></td><td></td><td></td><td></td><td></td><td></td><td></td><td></td><td></td></tr>
<tr><td></td><td></td><td></td><td></td><td></td><td></td><td></td><td></td><td></td><td></td><td></td><td></td><td></td><td></td><td></td><td></td><td></td><td></td><td></td><td></td><td></td><td></td></tr>
<tr><td colspan="8">合计</td><td></td><td></td><td>650.00</td><td></td><td></td><td></td><td>15.00</td><td>100.00</td><td></td><td></td><td></td><td>80.00</td><td></td><td>845.00</td></tr>
<tr><td colspan="2" rowspan="3">出差任务</td><td colspan="4" rowspan="3">采纳</td><td colspan="2">报销金额（大写）</td><td colspan="11">人民币：捌佰肆拾伍元零角零分</td><td colspan="2">预借金额</td><td>1 000.00</td></tr>
<tr><td colspan="3" rowspan="2">单位领导</td><td rowspan="2">部门</td><td rowspan="2">负责人</td><td colspan="3" rowspan="2">郭建华</td><td rowspan="2">出差人</td><td colspan="3" rowspan="2">王平</td><td colspan="2">报销金额</td><td>845.00</td></tr>
<tr><td colspan="2">节余或超支</td><td>155.00</td></tr>
</table>

会计主管人员：　　　　记账：　　　　审核：

专用记账凭证的分类

1. 记账凭证按其反映的经济内容不同，可分为收款凭证、付款凭证和转账凭证三种

（1）收款凭证。收款凭证是用来反映现金和银行存款收入业务的记账凭证。它根据有关现金和银行存款收入业务的原始凭证编制而成，一般以“库存现金”或“银行存款”作为主体会计科目，其一般格式如表 7－6 所示。

表 7－6　　收款凭证

借方科目：银行存款　　2019 年 10 月 2 日　　银收字第 1 号

摘要	贷方科目		金额	账页
	一级账户	明细账户		
借款存银行	短期借款		60 000	
合计			60 000	

附原始凭证　张

会计主管：　记账：　出纳：　审核：　制证：

（2）付款凭证。付款凭证是用来反映现金和银行存款付出业务的记账凭证。它根据有关现金和银行存款付出业务的原始凭证编制而成，一般以“现金”或“银行存款”作为主体会计科目。其一般格式如表 7－7 所示。

表 7－7　　付款凭证

贷方科目：现金　　2019 年 10 月 1 日　　现付字第 1 号

摘要	借方科目		金额	账页
	一级账户	明细账户		
从银行提现	银行存款		1 000	
合计			1 000	

附原始凭证　张

会计主管：　记账：　出纳：　审核：　制证：

应当指出：为了避免重复记账，对于现金和银行存款之间相互划转的业务，即从银行提取现金或把现金存入银行的业务，按行业惯例一般只编制付款凭证，不编制收款凭证。

（3）转账凭证。转账凭证是用来反映不涉及现金和银行存款收付业务的记账凭证。它根据有关现金和银行存款业务之外的原始凭证编制而成。收付款凭证都有自己的主体会计科目，而转账凭证一般不

设主体科目，某项经济业务所涉及的科目全部填在会计科目栏中。其一般格式如表 7－8 所示。

表 7－8　　转账凭证

2019 年 10 月 1 日　　转字第 1 号

摘要	账户名称	记账	借方金额		贷方金额		
			一级账户	明细账户	一级账户	明细账户	附原始凭证 张
购进材料，货款未付	原材料	√	4 000				
	甲材料	√		4 000			
	应付账款	√			4 000		
	东方工厂	√				4 000	
合计			4 000	4 000	4 000	4 000	

会计主管：　　记账：　　出纳：　　审核：　　制证：

收款、付款和转账凭证通常用不同颜色印制，以示区别。此外，在实际工作中，小型企业由于业务量少，凭证数量也不多，也可以不分收款、付款和转账业务，只设置一种通用格式的记账凭证。通用记账凭证的格式如表 7－9 所示。

表 7－9　　通用记账凭证

2019 年 10 月 1 日　　记字第 1 号

摘要	账户名称	记账	借方金额		贷方金额		
			一级账户	明细账户	一级账户	明细账户	附原始凭证 张
把现金存入银行	银行存款	√	3 000				
	库存现金	√			3 000		
合计			3 000		3 000		

会计主管：　　记账：　　出纳：　　审核：　　制证：

2. 记账凭证按其填制的方式不同，可分为复式记账凭证和单式记账凭证

（1）复式记账凭证。复式记账凭证是把一项经济业务完整地填列在记账凭证上，即该经济业务所涉及的所有会计科目在一张记账凭证上集中反映。前述各种记账凭证都是复式记账凭证。

复式记账凭证优点在于把一笔完整的经济业务填列在一张记账凭证上，便于反映经济业务全貌及会计科目的对应关系，且填写方便，附件集中，有利于凭证的审核和分析。其缺点在于不便于分工记账，也不便于科目汇总。

（2）单式记账凭证。单式记账凭证即按照经济业务所涉及的每个会计科目单独编制记账凭证。单式记账凭证经济业务所涉及的会计科目及其对应关系，通过借项记账凭证、贷项记账凭证分别反映。其优点是内容单一，也便于分工记账，同时加速科目汇总工作。其缺点在于不能完整地反映经济业务全貌及会计科目的对应关系，一般适用于业务量比较大，会计部门内部分工较细的会计主体。其一般格式如表7－10和表7－11所示。

表7－10　　借项记账凭证

对方科目：应收账款　　2019年10月1日　　第　号

摘要	一级科目	二级或明细科目	金额	账页
收回货款	银行存款		8 000	√

会计主管：　记账：　出纳：　审核：　制证：

表7－11　　贷项记账凭证

对方科目：银行存款　　2019年10月1日　　第　号

摘要	一级科目	二级或明细科目	金额	账页
收回货款	应收账款	东方工厂	8 000	√

会计主管：　记账：　出纳：　审核：　制证：

第二节　原始凭证的填制和审核

一、原始凭证的基本内容

填制原始凭证是会计工作的起点，也是会计核算工作的基础。由于经济业务的复杂性，原始凭证的格式是多种多样的。但是，无论哪种原始凭证，作为经济数据的载体，都应当说明有关经济业务的执行或完成情况，明确经济业务的经办部门或人员等内容。因此，原始凭证应具备一些共同的基本内容。

原始凭证一般包括以下基本内容：①原始凭证的名称；②填制凭证的日期和凭证的号码；③填制凭证单位的名称或填制人姓名；④经办人员的签名或盖章；⑤经济业务的内容（包括实物数量、计量单位、单价和金额）；⑥接受凭证单位的名称。

上述要素只是各种原始凭证一般应该具备的内容。此外，有的原始凭证为了满足计划、预算、统计等职能部门管理经济的需要，可以在有关的原始凭证上注明计划金额、预算或合同的编号等，这样可以更加充分地发挥原始凭证的作用。

二、原始凭证的填制

原始凭证是经济业务的最基础的资料，也是用来编制记账凭证的主要凭据。为了保证原始凭证能够正确、及时、清晰地反映各项经济业务活动的真实情况，提高会计核算的质量，并真正具备法律效力，填制原始凭证应符合以下几点要求：

（1）真实可靠、内容完整。凭证填制的日期、业务内容和数字金额必须符合经济业务的实际发生或完成情况，真实可靠，不允许有任何歪曲和弄虚作假行为。经办人员和有关部门的负责人都要在凭证上签字或盖章，对凭证的真实性、正确性负责。一张合格的原始凭证至少要具备凭证的名称、填制凭证的日期、填制凭证单位名称或者填制人姓名、经办人员的签名或者盖章、接受凭证单位名称以及经济业务内容、数量、单价和金额等基本要素。

（2）填制及时并且连续编号。各种原始凭证一定要填写及时，做到不拖延、不积压，并按规定的程序及时送交到会计机构由会计人员进行审核。各种凭证必须连续编号，以备查考。一些事先印好编号的重要凭证作废时，在作废的凭证上应加盖“作废”戳记，连同存根一起保存，不得随意撕毁。

（3）书写规范。填制原始凭证，字迹必须清晰、工整，阿拉伯数字应当一个一个地写，不得连笔写。阿拉伯数字金额前面应当书写货币币种符号。币种符号与阿拉伯数字金额之间不得留有空白。凡阿拉伯数字前写有币种符号的，数字后面不再写货币单位。所有以元为单位的阿拉伯数字，除表示单价等情况外，一律填写到角分；无角分的，角位和分位可写“00”，或者符号“—”；有角无分的，分位应当写“0”，不得用符号“—”代替。汉字大写数字金额如零、壹、贰、叁、肆、伍、陆、柒、捌、玖、拾、佰、仟、万、亿等，一律用正楷或者行书体书写，不得用0、一、二、三、四、五、六、七、八、九、十等简化字代替，不得任意自造简化字。中文大写金额数字到“元”为止的，在“元”之后应写“整”（或“正”）字；在“角”之后，可以不写“整”（或“正”）字；大写金额数字有“分”的，“分”后面不写“整”（或“正”）字。中文大写金额数字前应标明“人民币”字样，大写金额数字应紧接“人民币”字样填写，不得留有空白。

阿拉伯金额数字中间有“0”时，汉字大写金额要写“零”字；阿拉伯数字金额中间连续有几个“0”时，汉字大写金额中可以只写一个“零”字；阿拉伯金额数字元位是“0”，或者数字中间连续有几个“0”，元位也是“0”，但角位不是“0”时，汉字大写金额可以只写一个“零”字，也可以不写“零”字。比如，“￥110 075.40”对应的大写金额为“人民币壹拾壹万零柒拾伍元肆角整”。

（4）一式几联的原始凭证，应当注明各联的用途，只能以一联作为报销凭证。一式几联的发票和收据，必须用双面复写纸（发票和收据本身具备复写纸功能的除外）套写，并连续编号。作废时应当加盖“作废”戳记，连同存根一起保存，不得撕毁。

（5）原始凭证不得涂改、挖补。发现原始凭证有错误的，应当由开出单位重开或者更正，更正处应当加盖开出单位的公章。

三、原始凭证的审核

为了正确核算并监督各项经济业务，会计负责人或经其指定的审核人员在记账前必须认真地、严格地审核原始凭证。原始凭证的审核一般应包括以下几个方面：

1. 真实性审核

审核原始凭证是否反映了经济业务的本来面目。例如，经办业务的双方当事单位和当事人是否真实；经济业务发生的时间、地点，填制凭证的日期等是否真实；经济业务的内容、数量和金额是否真实。

2. 合法、合理性审核

审核原始凭证所记载的经济业务是否符合有关政策、法令、制度、合同、预算和计划，审核经济业务活动是否合法、合理，是否符合有关规定，有无弄虚作假、违法乱纪、贪污舞弊等行为；审核经济活动的内容是否符合规定的审核权限和手续；审核经济业务活动是否符合提高经济效益的要求；是否符合规定的开支标准；是否符合勤俭节约的原则等。

3. 完整性审核

审核原始凭证的填制是否完整，如项目是否填写齐全，数字计算是否准确，大、小写金额是否相符，有无涂改，数字和文字书写是否清晰，有关签名、盖章是否齐全等。

会计人员在对原始凭证进行严格审核之后，要正确地行使国家赋予的权力，履行会计人员的义务，执行会计人员的职责，认真、及时地处理原始凭证。对于原始凭证审核结果的处理，应根据不同情况，区分问题的性质，采用不同的处理方法。在审核过程中，发现内容不全、手续不齐备、数字差错以及不符合实际情况的原始凭证，应该退回有关部门或人员，请其补办手续或进行更正；发现有违反制度规定的不合法或不合理的原始凭证，会计人员应拒绝接受，不予付款和报销，有严重违法行为的，如有伪造公章、涂改单据、虚假冒领款项的行为，应立即向领导汇报，坚决抵制，严肃处理。

综上所述，正确、及时地填制原始凭证，并加以严格地审核，可以正确、及时地反映经济业务的完成情况，发现问题，堵塞漏洞。严格审核原始凭证，是会计检查中必不可少的组成部分，是实施会计监督职能的关键环节，对保证会计核算工作的质量，更好地实现会计的职能有着重要意义。

第三节 记账凭证的填制和审核

一、记账凭证的内容

记账凭证是登记账簿的直接依据。它可以根据原始凭证直接编制，也可以根据同类原始凭证汇总编制。各种记账凭证都有各自的内容，但是，它们也存在着一些共同的基本内容。记账凭证一般应包含以下几点内容：①记账凭证的名称；②填制凭证的日期和凭证的编号；③应计的会计科目及金额；④经济业务的内容摘要；⑤所附原始凭证的张数；⑥填制凭证人员、稽核人员、记账人员、机构负责人、会计主管人员签名或盖章。此外，收款和付款凭证还需有出纳人员的签章。

二、记账凭证的填制

（一）记账凭证填制的要求

记账凭证是登记账簿的直接依据，记账凭证的填制除了做到“真实可靠、内容完整、填写及时、书写清楚”等基本要求外，还应做到：

（1）填制记账凭证的依据，必须是经审核无误的原始凭证或汇总原始凭证。

（2）记账凭证的日期。收付款业务因为要登入当天的日记账，记账凭证的日期应是货币资金收付的实际日期，但是与原始凭证所记的日期不一定一致。转账凭证以收到原始凭证的日期为登记日，但在摘要栏要注明经济业务发生的实际日期。

（3）记账凭证的摘要是对经济业务的简要说明，必须认真、正确地填写，不得漏填或错填。同时，摘要应使用简明扼要的语言，正确表达出经济业务的主要内容。既要防止简而不明，又要防止过于烦琐。

（4）必须按照会计制度统一规定的会计科目，根据经济业务的性质，编制会计分录，以保证核算的口径一致，便于综合汇总。如有明细科目，应填写齐全。同时，应借应贷账户的对应关系要清晰，使用借贷记账法编制复合分录时，一般只能是一借多贷或一贷多借。

（5）记账凭证应附有原始凭证，并注明张数。除期末转账和更正错误的记账凭证可以没有原始凭证外，其他记账凭证都必须有原始凭证。如两张或两张以上的记账凭证依据同一原始凭证，则应在未附原始凭证的记账凭证上注明："原始凭证 × 张，附于第 × × 号凭证之后。"

（6）通用记账凭证可按经济业务的先后顺序编号。一笔经济业务需要编制多张记账凭证时，可采用分数编号法。例如：一笔转账经济业务需要编制 3 张转账凭证，则每张转账凭证的编号分别为第 $6\frac{1}{3}$ 号、第 $6\frac{2}{3}$ 号、第 $6\frac{3}{3}$ 号。其整数 6 表示总号，分数表示分号，其中分母中的 3，表示 6 号转账凭证共 3 张，分子中的第 1、2、3，分别表示是这 3 张中的第 1 张、第 2 张和第 3 张。

（7）记账凭证上必须有填制人员、审核人员、记账人员和会计主管签章。对收款凭证和付款凭证必须先审核，后办理。出纳人员应在有关凭证上签章，以明确经济责任。对已办妥收款或付款的凭证和所附的原始凭证，出纳人员要当即加盖"收讫"或"付讫"戳记，以免重收、重付。

（8）在采用"收款凭证""付款凭证""转账凭证"等复式记账凭证的情况下，凡涉及现金和银行存款的收款业务，填制收款凭证；凡涉及现金和银行存款的付款业务，填制付款凭证；涉及转账业务，填制转账凭证。但涉及现金和银行存款之间的划转业务，按规定只填制付款凭证，以免重复记账。如现金存入银行只填制一张"现金"付款凭证。

（二）记账凭证填制的方法

记账凭证填制的方法因记账凭证的种类和记账方法的不同而有所差异。在借贷记账法下各种记账凭证填制的方法如下：

1. 收款凭证的填制

收款凭证包括现金收款凭证和银行存款收款凭证。现金和银行存款收款凭证的填制方法大致相同。两种收款凭证的"摘要"栏应填列经济业务的简要说明，左上方"借方科目"，应填列"库存现金"

或“银行存款”科目；“贷方科目”栏应填列与上述“库存现金”或“银行存款”相对应的一级科目及二级或明细科目。各一级科目的应贷金额，应填入与本一级科目同一行次的“金额”栏中，所属二级或明细科目的金额应填入与本二级或明细科目同一行次的“金额”栏中，各一级科目的应贷金额应等于所属各二级或明细科目的应贷金额之和。“借方科目”应借金额应为“合计”行的合计金额。“账页”栏注明记入总账或日记账、明细账的页次，也可用过账记号“√”表示已登记入账，以便于事后查对账目，亦可避免漏记或重复记账。

2. 付款凭证的填制

付款凭证包括现金付款凭证和银行存款付款凭证。它们的填制方法与收款凭证的填制方法基本相同，不同的只是付款凭证的左上方为“贷方科目”，应填列“库存现金”或“银行存款”科目，凭证内会计科目栏为“借方科目”栏，应填列与上述“库存现金”或“银行存款”相对应的会计科目。

对于库存现金、银行存款之间的款项划转业务，例如，以现金存入银行或从银行提取现金，应当只编制“库存现金”或“银行存款”的付款凭证，不编制收款凭证。如把现金存入银行时，只填现金付款凭证；当从银行提取现金时，则只填写银行存款付款凭证。记账时，根据付款凭证登记“现金”或“银行存款”的收款数。

3. 转账凭证的填制

转账凭证的“会计科目”栏应分别填列应借、应贷的一级科目和所属的明细科目，借方科目应记金额应在借方科目同一行的“借方金额”中填列；贷方科目应记金额应在贷方科目同一行的“贷方金额”栏中填列。“借方金额”栏的合计数必须与“贷方金额”栏的合计数相等。

4. 通用记账凭证的填制

所有的经济业务不论收款、付款和转账业务，都编制统一格式的记账凭证。其编制方法与上面所讲的“转账凭证”相同。

上述专用记账凭证和通用记账凭证，都能将一笔经济业务完整地反映在一张凭证上，都属于复式记账凭证。

5. 单式记账凭证的填制

编制单式记账凭证，就是要根据经济业务所涉及的会计科目，每一个会计科目编一张记账凭证，同一经济业务的会计分录涉及几个会计科目，就编几张记账凭证，这样每张记账凭证就只反映一个会计科目。在借贷记账法下，由于所有的经济业务，或者记入账户的借方，或者记入账户的贷方。因此，一般来说，单式记账凭证只分两类，即借项记账凭证和贷项记账凭证。

三、记账凭证的审核

记账凭证是根据审核无误的原始凭证填制的，是登记账簿的依据。为了保证账簿记录的准确性，记账前必须对已编制的记账凭证由专人进行认真、严格的审核。记账凭证的审核内容主要是以下几方面：

（1）审核记账凭证是否附有原始凭证，所附的原始凭证是否齐全，记账凭证是否同所附原始凭证的内容相符，金额是否一致等。

（2）凭证中会计科目使用是否准确；应借、应贷的金额是否一致。账户的对应关系是否清晰；核算的内容是否符合会计制度的有关规定。

（3）记账凭证所需要填写的项目是否齐全，有关人员是否都已经签章。

在审核中如发现记账凭证有记录不全或错误时，应重新填制或按规定办理更正手续。只有经过审核无误的记账凭证，才可以作为记账的依据。

第四节　会计凭证的传递和保管

一、会计凭证的传递

会计凭证的传递，是指会计凭证从编制时起到归档时止，在单位内部各有关部门及人员之间的传递时间、路线传递和处理程序。正确、合理地组织汇款凭证的传递，对于及时处理和登记经济业务，协调单位内部各部门、各环节的工作，加强经营管理的岗位责任制，实行会计监督，具有重要的作用。

会计凭证的传递，应包括规定合理的传递程序、传递时间和传递过程中的衔接手续。各单位应根据经济业务的特点、机构设置和人员分工情况，设置会计凭证传递程序，合理组织会计凭证的传递。既要保证会计凭证必经环节的处理和审核，又要避免会计凭证在不必要的环节停留。

关于会计凭证传递的时间，应考虑各部门和有关人员的工作内容和工作量在正常情况下完成的时间。明确规定各种凭证在各个环节上停留的最长时间，不能拖延和积压会计凭证，以免影响会计工作的正常秩序。一切会计凭证的传递和处理，都应在报告期内完成，不允许跨期。

会计凭证传递过程中的衔接手续，应该做到既完备严密，又简便易行。凭证的收发、交接都应按一定的手续制度办理，以保证会计凭证的安全和完整。

会计凭证的传递程序、传递时间和衔接手续明确后，可制成凭证流转图，制定凭证传递程序，规定凭证传递的路线、环节，在各环节上的时间、处理内容及交接手续，使凭证传递工作有条不紊、迅速有效地进行。

二、会计凭证的保管

会计凭证既是记录经济业务、明确经济责任的书面证明，又是记账的依据，是重要的经济档案和历史资料。各企业、事业和行政机关应当对会计凭证按照分类和编号顺序妥善保管，不得散乱丢失或任意销毁。

各种记账凭证，连同所附原始凭证和原始凭证汇总表，要分类按顺序编号，定期装订成册，并加具封面、封底，注明单位名称、凭证种类、所属年月和起讫日期、起讫号码、凭证张数等。为防止任意拆装，应在装订处贴上封签，并由经办人员在封签处加盖骑缝章。

对于数量过多的原始凭证，可以单独装订保管，在封面上注明记账凭证日期、编号、种类，同时在记账凭证上注明“附件另订”和原始凭证名称及编号。

各种经济合同、存出保证金收据以及涉外文件等重要原始凭证，应当另编目录，单独登记保管，并在有关的记账凭证和原始凭证上相互注明日期和编号。

原始凭证不得外借，其他单位如因特殊原因需要使用原始凭证时，经本单位会计机构负责人、会计主管人员批准，可以复制。向外单位提供的原始凭证复制件，应当在专设的登记簿上登记，并由提供人员和收取人员共同签名或者盖章。

从外单位取得的原始凭证如有遗失，应当取得原开出单位盖有公章的证明，并注明原来凭证的号码、金额和内容等，由经办单位会计机构负责人、会计主管人员和单位领导人批准后，才能代作原始凭证。如果确实无法取得证明的，如火车票、飞机票等凭证，由当事人写出详细情况，由经办单位会计机构负责人、会计主管人员和单位领导人批准后，代作原始凭证。

会计凭证的保管期和销毁手续，必须严格执行《会计档案管理办法》的有关规定。一般的会计凭证至少保管 15 年；重要的凭证，如涉及外事、重大业务资料等有关的会计凭证，必须开列清单，经本单位领导审核并报经上级主管部门批准后，才能销毁。

本章小结

本章主要介绍了会计凭证的含义、分类、结构和内容。会计凭证是用来记录经济业务，明确经济责任，作为记账依据的书面证明。填制和审核会计凭证是会计核算的专门方法。按照填制程序和用途分类，会计凭证分为原始凭证和记账凭证两类。原始凭证是指在经济业务发生或完成时取得或填制的，用来作为办理经济业务手续，载明经济业务的执行或完成情况，明确经济责任的书面证明；按照取得途径分为外来原始凭证和自制原始凭证；按照填制程序和内容分为一次凭证、累计凭证和汇总凭证。记账凭证是指由会计机构根据原始凭证编制的，作为登记账簿直接依据的书面证明；按照反映的经济内容分为收款凭证、付款凭证和转账凭证。无论是原始凭证，还是记账凭证，填制必须符合规定：内容完备、手续齐全、金额正确、合理合法。会计凭证是重要的经济档案，其传递程序、保管期限和销毁手续必须严格执行国家的有关规定。

【本章重要术语】

会计凭证　原始凭证　记账凭证

【延伸阅读】

1. 柳瑶琴：《会计做账必备手册之会计凭证、会计账簿》，载于《财会月刊》2011 年第 1 期。

2. 刘蔚文：《论隐匿、故意销毁会计凭证、会计账簿、会计报告罪——基于若干典型案例的分析》，载于《财会月刊》2013 年第 9 期。

3. 耿建新、洪图：《会计原始凭证无纸化问题探讨——基于电子商务的视角》，载于《会计研究》2011 年第 8 期。

4. 邵露、王伟国、徐晓鹏：《会计凭证的多视角解读》，载于《财经通讯》2014 年第 4 期。

【复习与思考】

1. 简述原始凭证的概念和分类。
2. 简述记账凭证的概念和分类。
3. 原始凭证的内容和审核方法是指什么？
4. 记账凭证的内容和审核方法是指什么？
5. 如何进行会计凭证的传递和保管？

第八章 会计账簿

【学习目标和要求】 通过本章的学习，要求了解会计账簿的概念、分类、格式，熟练掌握日记账、总账、明细账的登记方法，熟练进行错账的更正、对账和结账。

第一节 账簿的含义

一、账簿的概念

会计账簿，简称账簿，是由具有一定格式、互有联系的若干账页所组成，以会计凭证为依据，用以全面、系统、序时、分类记录和反映各项经济业务的簿记。从外表形式看，账簿是由若干预先印制成专门格式的账页所组成的。在会计实务中，将会计科目填入某个账页后，该账页就成为记录、反映该会计科目所规定核算内容的账户，各账户之间的相互关系通过账户对应关系来体现。

二、账簿的作用

设置账簿就可以把会计凭证提供的大量分散的核算资料，加以归类整理，以全面地、连续地和系统地反映企业、单位的经济活动情况。账簿是连接会计凭证与报表的中间环节，在会计核算中具有重要意义。

（一）记录、储存会计信息

通过设置和登记账簿，将会计凭证所记录的经济业务计入有关账簿，可以全面反映会计主体在一定期间内所发生的运动，储存所需要的会计信息。

（二）分类、汇总会计信息

账簿由不同的相互关联的账户所组成，通过设置和登记账簿，一方面可以分门别类地反映各项会计信息，提供一定时期内经济活动的详细情况；另一方面可以通过发生额、余额的计算，提供所需要的总括会计信息，反映财务状况及经营成果的综合价值指标。

（三）检查、校正会计信息

通过设置和登记会计账簿，可以反映和监督财产物资的保管、使用情况，有利于保障财产物资的安全完整。同时提供可靠的会计信息，为会计检查和会计分析提供依据。

（四）编报、输出会计信息

通过设置和登记账簿可以为计算财务成果和编制会计报表提供依据，从而向会计信息使用者提供各种会计信息。

三、账簿的设置原则

账簿设置是指确认账簿种类，设计账簿格式、内容、登记方法。为更好发挥账簿的作用，企业在设置账簿时要考虑自身经济业务特点和管理上的需要，力求科学严密。

（1）账簿设置要能够为企业管理当局提供必要的会计信息，要全面系统；

（2）账簿设置要满足各业务部门工作和管理的要求，有利于会计部门内部分工；

（3）账簿设置要科学严密，账簿结构要具有统领制约关系，账簿格式要简明扼要，具有方便、全面、系统进行记录的特点。

会计账簿

四、账簿的分类

会计核算中应用的账簿很多，不同的账簿其用途、形式、内容和登记方法都不相同。为更好地了解和使用各种账簿，对其进行分类是很有必要的。账簿按不同的分类标准可作如下分类：

（一）账簿按照用途分类

账簿按照用途可以分为序时账簿、分类账簿、备查账簿。

1. 序时账簿

序时账簿，也称为日记账，是按照经济业务发生的时间先后顺序，逐日逐笔登记经济业务的簿籍。序时账簿有两种：一种是用来登记全部经济业务的；另一种是用来登记某一类经济业务的。实际工作中，由于经济业务的复杂性，应用一本账簿登记企业的全部经济业务比较困难，也不便于分工记账，因而在实际工作中已很少应用。目前使用比较广泛的是记录某一类经济业务的账簿，如现金日记账和银行存款日记账等。

2. 分类账簿

分类账簿，也称为分类账，是对各项经济业务按照账户分类登记的账簿。按其反映内容的详细程度的不同，又可以分为总分类账（简称总账）和明细分类账（简称明细账）。总分类账簿是根据一级会计科目开设的账户，用来分类登记全部经济业务，提供各种资产、负债、所有者权益、收入、费用、利润等总括核算资料的分类账簿。明细分类账簿通常是根据一级科目所属的二级科目或明细科目开设账户，用来分类登记某一类经济业务，提供明细核算资料的分类账簿。

把日记账与分类账结合在一起，就成为联合账簿。如企业设置的日记总账就是联合账簿。

3. 备查账簿

备查账簿也称备查簿、辅助登记账簿，是对某些在日记账和分类账等主要账簿中未能记载的事项进行补充登记的账簿，如受托加工材料登记簿、代销商品登记簿等。设置和登记备查簿，可以对某些经济业务的内容提供必要的参考资料。

（二）账簿按其外表形式分类

账簿按其外表形式分类，可以分为订本式账簿、活页式账簿和卡片式账簿。

1. 订本式账簿

订本式账簿也称订本账，是在启用之前就把许多账页装订在一起，并有固定编号的账簿。应用订本式账簿，能够避免账页散失和防止抽换账页，更好地起到统驭和控制作用。但是，由于账页是固定的，不能增减，如果账页不够，就会影响账簿记录的连续性，不便查阅；若账页过多，又会造成浪费；此外，由于是装订在一起的固定账簿，在同一时间内，只能由一人登记，不便于记账工作的分工进行。因此，在会计工作中，只要求带有统驭性和比较重要的总分类账、现金日记账和银行存款日记账采用订本式账簿。

2. 活页式账簿

活页式账簿又称活页账，是在账簿启用之前，账页不装订在一起，而是根据核算和管理需要，将单张账页随时加入账夹或从账夹中抽出的一种账簿，它是把若干具有专门格式的零散账页，根据业务需要，自行组合成的账簿。应用活页式账簿，可以根据实际需要，随时将空白账页加入或抽出账簿，避免了账页的浪费，同时也便于在同一时间里，由多人分工登账。但活页式账簿中的账页也容易散失和被任意抽换。为此，空白账页在使用之前必须顺序编号，并由主管人员在账页上加盖章印，然后装置在账夹内。在更换新账后，要装订成册或予以封扎，并妥善保管。在实际工作中，对总分类账起到补充说明作用的各种明细分类账多采用的是活页式账簿。

3. 卡片式账簿

卡片式账簿又称卡片账，是指由若干具有专门格式的零散的硬纸卡片排列在卡片箱中所组成的账簿。该账簿根据某些核算和管理的特殊需要，可以在卡片的正反两面设计必要的栏次，反映各种指标和内容。它实际上也是一种活页账，因此，卡片账的优缺点与活页账的优缺点基本相同，只是这种卡片式账簿反映的内容更加具体详细，且可以跨年度长期使用，无须更换账页，便于分类汇总和根据管理的需要转移账卡。在实际工作中，固定资产、材料、低值易耗品等内容比较复杂的财产明细账一般采用卡片式账簿。

五、账簿的基本结构

在实际会计工作中，不同种类的账簿所记录的经济内容不同，账簿的格式又多种多样，不同账簿格式所包括的具体内容也不尽一致，但各种账簿应具备一些基本要素。

（一）封面

每本账簿都应在它的封面上标明账簿名称和记账单位名称。

（二）扉页

账簿的扉页即账簿的首页。扉页填列“账簿启用和经管人员一览表”，表内载明单位名称、账簿启用日期和截止日期、账簿册数、账簿共计页数（如为活页账应在装订成册后记明页数）、经管账簿人员一览表和签章，会计主管签章、账户目录等。账户目录是由记账人员在账簿中开设账页户头后，按顺序将每个账户的名称和页数进行登记，以便于查阅账簿中登记的内容。如果是活页账簿，在账簿启用时无法确定页数，可先将账户名称填写好，待年终装订归档时，再填写页数。经管账簿人员一览表如表8－1所示，账户目录的格式和内容如表8－2所示。

表 8－1　　　　　　　　**账簿启用和经管人员一览表**

账簿名称：＿＿＿＿＿　　　　单位名称：＿＿＿＿＿
账簿编号：＿＿＿＿＿　　　　账簿册数：＿＿＿＿＿
账簿页数：＿＿＿＿＿　　　　启用日期：＿＿＿＿＿
会计主管（签章）

移交日期			移交人		接管日期			接管人		会计主管	
年	月	日	姓名	盖章	年	月	日	姓名	盖章	姓名	盖章

表 8－2　　　　　　　　**账户目录（科目索引）**

页数	科目	页数	科目	页数	科目	页数	科目

（三）账页

账页格式因反映经济业务内容的不同而有所不同，但基本内容应包括：

（1）账户的名称（总账科目、二级或明细科目）；

（2）登账日期栏；

（3）凭证种类和编号栏；

（4）摘要栏（简要说明所记录经济业务的内容）；

（5）金额栏（通过借、贷方金额及余额的方向，记录经济业务的增减变动）；

（6）总页次和分类页次。

第二节　账簿的设置与登记

账簿的设置，是指确认账簿种类，设计账簿格式、内容、登记方法。

一、日记账的设置与登记

日记账有特种日记账和普通日记账两类。

（一）特种日记账

特种日记账是用来序时记录和反映某一类经济业务的发生和完成情况的账簿。它是从普通日记账中分离出来单独设置，以集中反映大量重复发生的同类经济业务的序时账簿。目前应用比较广泛的特种日记账是现金日记账和银行存款日记账。设置这两种日记账有利于及时反映现金和银行存款的收支和结存情况，便于加强对货币资金的管理和监督。

1. 库存现金日记账

库存现金日记账通常由出纳人员根据审核后的现金和银行存款的收、付款凭证，按其编号顺序逐日逐笔登记，每天必须结账，结账后必须与库存现金实存金额进行核对，做到日清月结；一般采用订本式，有三栏式和多栏式两种格式。

三栏式现金日记账是按照现金收入、支出和结余，在日记账中分别设置收入栏、付出栏和结存栏，其格式如表 8－3 所示。

表 8－3　　　　现金日记账　　　　单位：元

2020 年		凭证		摘要	对应科目	收入	付出	结存
月	日	种类	号数					
2	1			上月结余				1 300
2	2	银付	1	提取现金	银行存款	700		2 000
2	8	现付	1	付购料运费	材料采购		800	1 200
2	15	现收	1	张三报销差旅费	其他应收款	120		1 320
				（以下内容略）				
2	29			本月合计		14 300	14 100	1 500

在登记三栏式现金日记账过程中，当现金收入（或支付）时，不仅要将收入（或支付）的金额记入收入（或支出）栏内，还要将对应的会计科目记入对应的账户栏内。每天现金收、付款业务登记完毕后，应在余额栏内结出现金余额。三栏式特种日记账的优点不仅在于解决了分工记账问题，而且把大量重复发生的现金收、付款业务，集中在一本账簿中予以序时反映，有利于对这类经济业务发生和完成情况进行管理和监督。在我国的会计实际工作中，大多采用这种形式的日记账。

2. 银行存款日记账

银行存款日记账，是由出纳人员根据银行存款收款凭证、银行存款付款凭证和现金付款凭证（记录将现金存入银行业务）按经济业务发生时间的先后顺序，逐日逐笔进行登记的账簿。若一个单位开设有若干银行存款账户，应分别设日记账登记，便于与银行核对，也有利于银行存款的管理。银行存款日记账的“借方栏”一般根据银行存款收款凭证登记，“贷方栏”一般根据银行存款付款凭证登记。但对于现金存入银行或从本单位其他存款户转入本存款户的银行存款业务，规定只填制现金付款凭证或其他存款户的银行存款付款凭证，不再填制收款凭证，所以，对于将现金送存银行或从本单位其他存款户转入本存款户的银行存款收入数额，应根据现金付款凭证或本单位其他存款户的银行存款付款凭证登记银行存款日记账。每次收付银行存款后，应随时结出银行存款的余额，即每日收付款项逐笔登记完毕后，计算出每日银行存款收入和支出的合计数及账面余额，以便于定期同银行送来的对账单核对，并随时检查、监督各种款项收付，避免因超过实有余额付款而出现透支。

为了坚持内部牵制原则，实行钱、账分管，出纳人员不得负责登记现金日记账和银行存款日记账以外的任何账簿。出纳人员登记现金日记账和银行存款日记账后，应将各种收付款凭证交由会计人员据以登记总分类账及有关的明细分类账。通过“现金”和“银行存款”总账与日记账的定期核对，达到控制现金日记账、银行存款日记账的目的。

银行存款日记账的格式，与现金日记账相同，一般也采用三栏式。银行存款日记账应按存款种类设置“结算户存款”“信用证存款”等账簿。对外币银行存款，应按不同的币种和开户银行分别设置日记账。其格式如表 8 -4 所示。

表 8 -4　　　　银行存款日记账

年		凭证		银行凭证	摘要	对应科目	借方	贷方	余额
月	日	种类	号数						

（二）普通日记账

普通日记账，也称分录簿，它是用来序时记录和反映全部经济业务并确定会计分录的账簿。其格式如表 8－5 所示。

表 8－5　　普通日记账　　单位：元

2020 年		凭证		摘要	会计科目	借方金额	贷方金额	过账“√”
月	日	种类	号数					
1	3	银付	1	从银行提现	现金	1 000		√
					银行存款		1 000	√
1	4	银收	2	销售产品 100 件，单价 50 元	银行存款	5 650		√
					主营业务收入		5 000	√
					应交税费		650	√

采用这种日记账，每天应按经济业务发生或完成的时间先后顺序逐笔进行登记。登记时，首先记入经济业务发生或完成的日期、会计凭证的种类；然后在摘要栏内，对经济业务作简要的说明；再次在会计科目栏内记入应借应贷科目；最后将借方金额和贷方金额分别记入两个金额栏内。每天还应根据日记账中应借应贷科目名称和金额登记总分类账，并将总分类账的页数记入过账栏内，或者打“√”，表示已经过账。

这种日记账的优点在于可以将每天发生的经济业务按发生顺序逐笔地加以反映，它的缺点是不便于分工记账，而且不能将不同的经济业务分类地加以归集和反映；由于逐笔过账，如果经济业务量大时，登记账簿工作量也大，过账工作很繁琐。因此，这种日记账已很少使用。

二、分类账的设置与登记

分类账有总分类账和明细分类账两类。

（一）总分类账

总分类账也称总账，是按总分类账户（会计科目）进行分类登记的账簿。总分类账能全面地、总括地反映和记录经济业务引起的资金运动和财务收支情况，并为编制会计报表提供数据。因此，每一单位都必须设置总分类账。

总分类账可以按记账凭证逐笔进行登记，也可按记账凭证汇总表进行登记，还可按转账凭证汇总表和多栏式现金、银行存款日记账在月末时汇总登记。其根据企业采用的账务处理程序不同而定。

总分类账一般采用借方、贷方、余额三栏式的订本账，如表 8－6 所示。

表 8－6　　总分类账

会计科目：　　　　第　页

年		凭证		摘　要	借方	贷方	借或贷	余额
月	日	种类	编号					

（二）明细分类账

明细分类账也称明细账，是按明细分类账户（子目或细目）进行分类登记的账簿。明细分类账能分类详细地反映和记录资产、负债、所有者权益、收入、费用和成果的各种资料。它也可以为编制会计报表提供一定的资料。

明细账的格式，应根据各单位经营业务的特点和管理需求来确定。常用的有三栏式、多栏式和数量金额式等多种格式。

1. 三栏式明细分类账

三栏式明细账页的格式同总分类账的格式基本相同，即只设借方、贷方和余额三个金额栏，不设数量栏并在余额栏前设余额方向，反映账户性质。登记方式是逐笔进行登记。这种账页适用于采用金额核算的应收账款、应付账款等账户的明细核算。

2. 数量金额式明细分类账

数量金额式明细账的特点是在借、贷、余三栏内，再分别设置“数量”“单价”“金额”等栏目，以分别登记实物的数量和金额，格式如表 8－7 所示。数量金额式明细账的登记是逐笔进行登记，其适用于既要进行金额明细核算，又要进行数量明细核算的财产物资项目，如“原材料”“库存商品”等账户的明细核算。它能提供各种财产物资收入、发出、结存等的数量和金额资料，便于开展业务和加强管理。

表 8－7　　明细分类账（数量金额式账页）

会计科目：　　　　第　页

年		凭证		摘要	借方			贷方			余额		
月	日	字	号		数量	单价	金额	数量	单价	金额	数量	单价	金额

3. 多栏式明细分类账

多栏式明细账的特点是在借、贷、余三栏内分设专栏进行明细核算。它不是按明细科目分设账页，而是根据经济业务的特点和经营管理的需要，在一张账页内记录某一科目所属的各明细科目的内容，按该总账科目的明细项目设专栏记录。多栏式明细账的登记是逐笔进行登记。多栏式明细账适用于只记金额，不记数量，而且在管理上需要了解其构成内容的费用、收入、利润等科目。

费用明细账一般按借方设多栏，若需冲减有关费用的事项，可以在明细账中以红字在借方登记，会计期末将借方净发生额从贷方结转到“本年利润”或其他账户。如“制造费用明细账”在借方栏下，可分设若干专栏，如工资和福利费、折旧费、办公费……企业发生的制造费用，借记本科目；分配计入有关成本核算对象时，贷记本科目。除季节性生产企业外，本科目月末应无余额，格式如表 8－8 所示。

收入明细账一般按贷方设多栏，需要冲减有关收入的事项，可以在明细账中以红字在贷方登记。会计期末将贷方净发生额从借方结转到“本年利润”账户。多栏式收入明细账的一般格式如表 8－9 所示。

利润明细账一般按借方和贷方分设多栏，即按利润构成项目设多栏记录，一般格式如表 8－10 所示。

表 8－8　　制造费用明细账

明细科目：制造费用　　　　第　页

年		凭证		摘要	借　方（项目）						贷方	余额
月	日	字	号		工资和福利费	折旧费	修理费	办公费	水电费	合计		

表 8－9　　主营业务收入明细账

明细科目：　　　　第　页

年		凭证		摘要	借方	贷　方（项目）					余额
月	日	字	号							合计	

表 8-10　　**本年利润**

明细科目：　　　　第　页

年		凭证		摘要	借方（项目）				贷方（项目）				借或贷	余额
月	日	字	号					合计				合计		

4. 平行登记式明细分类账

平行式明细分类账也称横线登记式明细分类账。它的账页结构特点，是将前后密切相关的经济业务在同一横行内进行详细登记，以检查每笔经济业务完成及变动情况。该种账页一般用于“物资采购”等明细分类账。“物资采购明细分类账”账页格式如表 8-11 所示。

表 8-11　　**物资采购明细分类账**

物资名称或类别：　　　　第　页

年		凭证		摘要	借方金额			贷方金额	余额
月	日	字	号		买价	采购费用	合计		

第三节　记账规则与错账更正

一、账簿启用规则

账簿启用时，应在账簿封面上写明单位名称和账簿名称。在账簿扉页上的“账簿启用日期和经管人员”一览表上填明启用日期、账簿页数、记账人员和会计主管人员姓名或签章、单位公章，并按税法规定贴足印花税票。

记账人员或会计主管人员调动工作时，应按规定办理交接手续，在交接记录内填明移交日期、接管日期、移交人员、接管人员和监交人员姓名，并由移交、接管和监交人员签名或盖章。

二、账簿的登记规则

账簿作为重要的会计档案资料和会计信息的主要储存工具，必须按规定的方法，依据审核无误的记账凭证进行登记。进行账簿登记，一般应遵循下列几项原则：

（1）由于账簿是一种长期保存的经济档案，为了保证账簿记录的清晰，便于日后查阅，记账要用蓝黑或黑色墨水书写，不能用圆珠笔（银行的复写账簿除外）或铅笔。红墨水仅限于在账簿中划线、更正、冲账和登记负数时使用。摘要内的文字力求简明扼要，金额、数量栏的数字要整齐、清晰。

（2）为了保证账簿记录的正确性、记账必须以审核无误的会计凭证为依据。记账时，应将记账凭证的日期、种类和编号，业务的内容摘要和金额等逐项记入账簿内，并做到数字准确、登记及时。记账后，要在记账凭证上签名或盖章，同时注明所记载账簿的页数，或划“√”号，表示已登记入账，以避免重记、漏记和错记。

（3）在总分类账和明细分类账中，应在账页上注明账户的名称，账户的名称不能任意简化，账页应按页次编号，并按顺序逐行逐页填写，不能隔页、跳行填写。如果发生隔页跳行时，不得随意涂改，应将空页、空行用红线对角划掉，在对角线交叉处填写“作废”字样，并由记账人员盖章。订本式账簿中的账页不准撕毁，活页式账簿也不得任意抽换账页。

（4）每张账页的第一行及最后一行一般不用于记账。每登满一张账页时，应加计本页发生额合计数。结出余额，填在账页的最末一行，并在摘要栏内注明“转次页”字样；同时，在下一页的首行摘要栏内注明“承前页”字样，并在首行金额栏内登入上一页最后一行结算的本期发生额合计及余额。

（5）记账的文字、数字必须书写整齐，清晰准确，账簿的数字记录，应靠紧底线书写，约占全行2/3左右的位置，以预留改错的空间；数字排列要均匀，阿拉伯数字的书写要规范。

（6）账簿的记录应保持整洁。为此，记账时要做到正确和清楚。如果记账发生错误，应按规定的方法进行更正，不得涂改、刮擦、挖补或用褪色药水修改字迹。

三、错账更正规则

会计人员填制会计凭证和登记账簿，必须严肃认真，一丝不苟，尽最大努力把账记好算对，防止差错，保证核算质量。

在记账过程中，如果账簿记录发生错误，不得任意涂改，必须按规定的更正方法给予更正。由于记账差错的具体情况不同，更正错误的方法也不同，一般常用的更正错误的方法有划线更正法、红字更正法和补充登记法等三种。

错账更正方法

（一）划线更正法

在结账以前，如果发现账簿记录中数字或文字错误，过账笔误或数字计算错误，可用划线更正法进行更正。更正时，先在错误的数字或文字上划一条红线加以注销，但必须保证划去的字迹仍可清晰辨认。然后在红线上面空白处写上正确的文字或数字，并由记账人员、会计机构负责人在更正处盖章。需要注意的是，对于错误的数字要整笔划掉，不能只划去其中一个或几个记错的数字。例如，按记账凭证登记账簿时，将数字 8 175 误记为 8 715，不能只划去其中“71”改为“17”，而是要把“8 715”全部用红线划去，并在其上方写上“8 175”。

（二）红字更正法

（1）在记账以后，发现记账凭证中应借应贷符号、科目或金额有错误时，可采用红字更正法进行更正。更正时应用红字填写一份与原来科目、记账方向和金额完全相同的记账凭证，注销原来错误的记账凭证，然后再用蓝字重新填制一份正确的记账凭证，一并登记入账。

【例 8－1】 曙光公司购入原材料 10 000 元，货款尚未支付。（税金因素略）

编制记账凭证时，错误地编制如下会计分录并已经登记入账：

借：原材料　　10 000

　　贷：应收账款　　10 000

当发现记账凭证错误时，先按照原来错误的会计分录用红字填制一张记账凭证注销原来的会计分录：

借：原材料　　10 000

　　贷：应收账款　　10 000

然后再用蓝字填制一张正确的记账凭证，其会计分录如下：

借：原材料　　10 000

　　贷：应付账款　　10 000

（2）在记账以后，发现记账凭证中应借应贷会计科目正确，但所记金额大于应记金额。可将多记的金额（正确数与错误数之间的差额）用红字填写一张记账凭证，据以登记入账，用以注销多记的金额。

【例 8－2】 曙光公司用银行存款归还前面业务所欠货款 5 000 元，但错误地编制下列会计分录并已经登记入账：

借：应付账款　　50 000

　　贷：银行存款　　50 000

发现错误以后，应将多记的金额用红字进行注销，其分录如下：

借：应付账款　　[45 000]

　　贷：银行存款　　[45 000]

（三）补充登记法

记账以后，发现记账凭证上应借应贷的会计科目正确，但所记金额小于应记金额，可采用补充登记法更正。更正时，用蓝字填制一张与原记账凭证应借应贷科目相同的记账凭证，补充少记金额，并据以登记入账。

【例 8－3】 曙光公司对外销售产品一批，收到货款 70 000 元存入银行，记账凭证误记为 7 000 元，并已登记入账。（税金因素略）

原记错的会计分录为：

借：银行存款　　7 000

　　贷：主营业务收入　　7 000

当发现上述记账错误时，可将少记的金额 63 000 元，再编制一张记账凭证如下：

借：银行存款　　63 000

　　贷：主营业务收入　　63 000

第四节　结账与对账

登记账簿作为会计核算的专门方法之一，它包括记账、对账和结账三个相互联系不可分割的工作环节。在上一节中，我们讨论了各种账簿的登记方法，本节将进一步讨论对账和结账的要求和方法。

一、对账

对账就是核对账目，及对账簿、账户记录的正确与否所进行的核对工作。为了保证账簿记录的真实可靠，如实反映和监督经济活动，并为编制会计报表提供真实可靠的数据资料，必须对账簿和账户所记录的有关数据加以检查和核对，它是会计核算的一项重要内容。

账簿记录的准确与真实可靠，不仅取决于账簿的本身，还涉及账簿与凭证的关系，账簿记录与实际情况是否相符的问题等。所以，对账应包括账簿与凭证的核对、账簿与账簿的核对、账簿与实物的核对。这种核对要建立定期的对账制度，在结账前和结账过程中，把账簿记录的数字核对清楚，做到账证相符、账账相符、账实相符和账表核对。

（一）账证核对

账证核对，是根据各种账簿记录与记账凭证及其所附的原始凭证进行核对。这种核对除在日常制证、记账过程中进行以外，每月终了，如果发现账账不符时，尚须溯本追源，进行账簿与会计凭证的检查核对，以确保账证相等。

（二）账账核对

账账核对，是指对各种账簿之间的有关数字进行核对，主要内容包括：

（1）总分类账各账户本月借方发生额合计数与贷方发生额合计数是否相等；

（2）总分类账各账户余额与其所属有关明细分类账各账户余额合计数是否相等；

（3）现金日记账和银行存款日记账的余额与总分类账各账户余额是否相符；

（4）会计部门有关财产物资的明细账余额，应该同财产物资保管或使用部门的有关明细账余额按月或定期相互核对，保证相符。

以上各种账簿间的核对，可以直接进行核对，对内容较多的可以通过编表进行核对。

（三）账实核对

账实核对，是指各种财产物资的账面余额与实存数额相核对。具体内容包括：

（1）现金日记账的账面余额应同现金的实际库存数每日核对相符；

（2）银行存款日记账的账面余额应同银行对账单核对相符，每月至少核对一次；

（3）各种应收、应付款项等明细分类账各账户的余额，应定期与有关债务、债权单位或个人的账目核对相符；

（4）各种材料、物资明细分类账账面余额应定期与材料、物资实存数核对相符。

上述账实核对工作中，结算款项一般是利用对账单的形式进行核对，各种财产物资一般通过财产清查来进行核对。

（四）账表核对

账表核对，是指将账簿记录与各种会计报表相互核对。

二、结账

结账是一项将账簿记录定期结算清楚的账务工作。在一定时期终了时，即在月末、季末或年末时，为了编制会计报表，需要进行结账。

（一）结账的内容

结账内容通常包括结算各种收入、费用账户，并据以计算确定本期利润；结算各资产、负债和所有者权益账户，分别结出本期发生额合计和余额。

（二）结账的程序

（1）将本期发生的经济业务全部登记入账，并保证其正确性；

（2）根据权责发生制的要求，调整有关账项，合理确定本期应计的收入和应计的费用；

（3）将有关收入（收益）、费用（损失）转入“本年利润”账户，结平所有损益类账户；

（4）结算出资产、负债和所有者权益账户的本期发生额和余额并结转下期。

（三）结账的方法

对不需要按月结计本期发生额的账户，如各项应收应付款明细账，每次记账以后，都要随时结出余额，每月最后一笔余额即为月末余额。月末结账时，只需要在最后一笔经济业务记录之下通栏划单红线，不需要再结计一次余额。

现金、银行存款日记账和需要按月计算发生额的收入、费用等明细账，每月结账时，要在最后一笔经济业务记录下面通栏划红线，结出本月发生额和余额，在摘要栏内注明“本月合计”字样，在下面通栏划单红线。

需要结计本年累计发生额的某些明细账户，每月结账时，应在“本月合计”行下结出自年初起至本月末止的累计发生额，登记在月份发生额下面，在摘要栏内注明“本年累计”字样，并在下面再通栏划单红线。12 月末的“本年累计”就是全年累计发生额，全年累计发生额下通栏划双红线。

总账账户平时只需要结出月末余额。年终结账时，要将所有总账账户结出全年发生额和年末余额，在摘要栏内注明“本年合计”字样，并在合计数下通栏划双红线，格式如表 8－12 所示。

年度终了结账时，有余额的账户，要将其余额结转下年。即将有余额的账户余额直接记入新账余额栏内，不需要编制记账凭证，也无须将余额再记入本年账户的借方或贷方。

表 8－12　　　　**总分类账**

账户：应收账款　　　　第　　页

年		凭证号数	摘　　要	借方	贷方	借或贷	余额
月	日						
1	1		上年结转			借	150
	1				60	借	90
	8			50		借	140
	10				40	借	100
	31		一月合计	50	100	借	100
2	28		二月合计	100	120	借	80
3	31		三月合计	170	50	借	200
	31		第一季度合计	320	270	借	200
12	31		本年合计	11 200	11 100	借	250
			结转下年				

第五节　账簿的更换与保管

一、账簿的更换

账簿的更换即更换新账簿，是指在会计年度末，将上年旧账更换为下年新账。账簿的使用，一般是以一个会计年度为限。每一新的会计年度开始时，总账和日记账都要更换，大部分明细分类账也要更换，只有变动较小的一部分明细账，如固定资产明细账可以继续使用，不必每年更换新账。

在更换账簿时，旧账簿中有关账户的年末余额要直接转入新账簿相应的账户中去，在新账簿中要注明各账户的年份，然后在第一行日期栏内写明 1 月 1 日，在摘要栏内注明“上年结转”或“年初余额”字样，再根据旧账簿各账户余额直接转入新账簿各账户“余额”栏内。在此基础上登记新年度所发生的会计事项。同时，在旧账簿中有关账户年终余额的“摘要”栏要注明“结转下年”字样。新旧账簿有关账户之间的转记余额，无须编制记账凭证。

建立新账时，要遵守账簿启用规则，总分类账应根据各账户经济业务的多少，合理估算各账户所需页数，并填写账户目录，然后据以设立账户。

二、账簿的保管

会计账簿与会计凭证、会计报表一样，都是重要的经济档案与历史资料，所以必须妥善地加以保管，切不可任意销毁或丢失。账簿的保管包括年中正在记录账簿的保管（即平时保管）和旧账归档保管两部分内容。

年中正在记录的账簿要分工明确，指定专人管理，一般谁负责记账，谁就负责保管账簿的安全，未经单位负责人和会计部门负责人批准，非经管人员（即记账人员）不得随意翻阅查看会计账簿，账簿不得携带外出，经批准可以携带外出的账簿，要指定专人负责保管，以保证账簿安全和防止任意涂改账簿等事件发生。

年度终了更换并启用新账以后，对旧账要整理装订，造册归档。装订旧账时，要清点整理旧账页，所有活页账应抽出账夹中空白账页，并按资产、负债和所有者权益的顺序排列装订，也可以分别按资产、负债、所有者权益项目分类装订，还可以按个别账户装订，如“原材料”“固定资产”“管理费用”等。装订时应将账页整齐牢固地装订在一起，装订成册加具封面封底，编号归档，装订线上应加贴封签，加盖会计主管和装订人员印章。然后，连同订本账一并送交档案室，登记存档。

还应注意的是，所有账簿在装订、归档前，应检查账簿扉页的内容是否填列齐全，账簿启用和经管人员一览表以及账户目录是否附在账页前面。

会计档案的保管期限，应遵循《会计档案管理办法》。2016 年 1 月 1 日施行的新《会计档案管理办法》规定会计档案的定期保管期限为10年和30年两类，其中会计凭证、会计账簿等主要会计档案的最低保管期限为30年，其他辅助会计资料的最低保管期限为10年。会计档案的保管期限，从会计年度终了后的第一天算起。具体如表8－13所示。

表8－13　　　企业和其他组织会计档案保管期限

序号	档案名称	保管期限	备注
一	会计凭证		
1	原始凭证	30年	
2	记账凭证	30年	
二	会计账簿		
3	总账	30年	
4	明细账	30年	
5	日记账	30年	
6	固定资产卡片		固定资产报废清理后保管5年
7	其他辅助性账簿	30年	
三	财务会计报告		
8	月度、季度、半年度财务会计报告	10年	
9	年度财务会计报告	永久	
四	其他会计资料		
10	银行存款余额调节表	10年	
11	银行对账单	10年	
12	纳税申报表	10年	
13	会计档案移交清册	30年	
14	会计档案保管清册	永久	
15	会计档案销毁清册	永久	
16	会计档案鉴定意见书	永久	

本章小结

本章介绍了会计账簿的概念、作用及登记方法，以及错账的更正、对账、结账。会计账簿是由具有一定格式、互有联系的若干账页所组成，以会计凭证为依据，用以全面、系统、序时、分类记录和反映各项经济业务的簿记。账簿按照用途可以分为序时账簿、分类账簿、备查账簿。登记账簿作为会计核算的专门方法之一，它包括记账、对账和结账三个相互联系不可分割的工作环节。对账就是核对账目，及对账簿、账户记录的正确与否所进行的核对工作。结账是在会计期间结束时，将经济业务全部登记入账，将账簿记录定期结算清楚的账务工作。

【本章重要术语】

会计账簿　序时账簿　普通日记账　特种日记账　分类账簿　总分类账　明细分类账　备查账簿　订本式账簿　活页式账簿　卡片式账簿　对账　结账

【延伸阅读】

1. 靳玉慧：《会计人员加深对账簿的认识研究》，载于《中国经贸》2015 年第 5 期。

设置和登记会计账簿，是重要的会计核算基础工作，是连接会计凭证和会计报表的中间环节，为了给经济管理提供系统的会计核算资料，各单位都必须在会计凭证的基础上，设置和运用会计账簿，把分散在会计凭证上的大量核算资料，加以集中和归类整理，生成有用的会计信息，从而为编制会计报表、进行会计分析以及审计提供重要依据。

2. 薛娇：《远不只是账本和算盘：听我讲解中国会计博物馆》，载于《大学生》2015 年第 7 期。

中国会计博物馆位于上海立信会计学院的松江校区，与“上海之根”——松江草木文润的历史文化一脉相承。中国会计博物馆包括中国展厅、国际展厅、会计名人堂、视听室、藏品库等展览和储藏场所，总建筑面积 4 500 平方米。

3. 张裕辉、葛孙健：《谈谈会计结账前的准备与结账方法》，载于《中国工会财会》2015 年第 12 期。

笔者根据审计和检查中的经验，总结了结账前的准备工作与结账方法，实用性较强。

4. 王淑霞：《浅析会计信息标准化的实现途径》，载于《财务与会计》2016 年第 1 期。

实现会计信息的标准化是有效利用会计信息的关键。本文提出会计信息标准化的途径是使会计信息实现从采集、内部传递、展示到外部传递、归档全过程的标准化，包括基础数据采集的标准化、会计账簿系统标准化、会计报表格式标准化。

【复习与思考】

1. 账簿按其用途是如何进行分类的？按其形式又是如何进行分类的？

2. 账簿的构成要素包括哪些内容？

3. 日记账是如何进行分类的？简述现金日记账和银行存款日记账的格式及登记方法。

4. 简述明细账分类格式、登记方法及适用范围。

5. 更正错账的方法有哪些？它们各自适用于什么条件？

第九章

财产清查

【学习目标和要求】通过本章学习，了解财产清查的意义、含义和分类，掌握库存现金、银行存款和财产物资的清查方式、方法和清查结果的会计处理，了解银行存款余额调节表的编制。

第一节　财产清查的含义和种类

一、财产清查的含义

按照《会计法》的有关规定，当经济交易或事项发生时，需要根据相应的原始凭证，填制和审核记账凭证，通过设置账户、采用复式记账法来登记会计账簿，并应当确保账证相符、账账相符，从而为定期编制财务报告提供准确、完整、系统的会计信息。从理论上讲，按照正确的账务处理程序进行记录的财产物资账面数与其实际收发、结存数应当一致，但是在实际工作中，由于一些主观或客观的原因，往往会出现一些账实不符的情形，因此，需要进行财产清查，以确保会计信息如实反映企业的财务状况、经营成果和现金流量。

财产清查是会计核算的专门方法之一，它是根据账簿记录，对企业的货币资金、存货、固定资产、各项债权等财产物资进行盘点或核对，查明各项财产的实存数与账面结存数是否相符，为定期编制财务会计报告提供准确、完整、系统的核算信息的一种专门方法。

总的来说，造成账实不符的原因主要体现在以下几个方面：

(1) 财产物资在保管、收发过程中发生的自然损耗或自然升溢。例如，汽油在保管的过程中易发生挥发而造成数量的减少。

（2）财产物资在遭遇意外灾害时发生的减损。例如，地震、火灾、风灾等给企业财产物资造成的损失。

（3）由于企业内部控制制度的缺失或弱化，财产物资的保管人员监守自盗或是不法分子贪污盗窃。例如，商品出库手续缺少“出门证”制度而造成的流失。

（4）财产物资收入、发出时，由于计量工具不精确而导致的数量、品种或质量等方面的误差。

（5）由于存在未达账项以及账簿的错记或漏记而造成的账实不符。

（6）隐性账实不符的情形。例如，应收账款因为长时间无法收回而成为事实上的坏账损失。

针对账实不符的情形，必须采取财产清查这一行之有效的会计核算方法以确保会计账簿记录的客观真实性，健全财产物资保管制度。因此，实施财产清查具有重要的意义，具体体现在以下几个方面：

（1）有利于提高会计信息的客观真实性。通过财产清查，能够及时将会计账簿记录与实际工作中财产物资变动数、结存数相比较，针对差异找出具体的原因，并进行相应的账务处理，以确保会计账簿记录如实反映企业财产物资的实际状况，提高会计信息的客观真实性。

（2）有利于健全财产物资保管制度。通过财产清查，能够及时掌握财产物资的保管状况，有无被不法分子挪用、贪污以及盗窃等不良保管情形，财产物资的储备是否充分，有无储备不足或积压等不良现象，从而有利于健全企业的财产物资保管制度，提高企业的内部控制效果。

（3）有利于完善岗位责任制。通过财产清查，能够及时发现账实不符的情形，并找出具体的原因。如果账实不符是由相关人员的主观因素导致的，则需要查明财产物资收、发、保管等手续制度的执行状况，进而明确相关人员的岗位责任并予以处理，从而进一步完善企业的岗位责任制。

（4）有利于维护往来款项的安全完整。通过对企业债权、债务等往来款项的清查，可以有效地防止坏账、呆账的长期挂账，有利于维护往来款项的完全完整，提高企业的信用水平。

二、财产清查的种类

由于财产清查的范围、时间以及实施财产清查的主体有所不同，因而财产清查会划分为不同的种类。

（一）按照财产清查的范围进行分类

按照财产清查的范围，将其分为全部清查与局部清查两大类。

1. 全部清查

全部清查是对企业的全部财产进行的清查，对制造业企业而言，包括货币资金、存货、各项债权、对外投资、固定资产、无形资产等所有资产类项目。

由于全部清查涉及企业全部的财产，清查的范围广、内容多、工作量大、参与的人员多，因而往往发生在年终决算前、企业关停并转或改变隶属关系、单位主要负责人调离单位、中外合资或国内联营、企业清产核资等情况。

2. 局部清查

局部清查是根据企业管理的需要以及相关制度法规的规定，对企业的一部分财产进行的清查。

局部清查针对的是部分财产，清查的范围不大，工作量相对较小。但是由于局部清查往往针对的是流动性较大的企业资产，因而对财产清查执行主体的专业水平要求较高。例如，出纳人员需要每日对企业的库存现金进行盘点、核对，做到日清月结；对于银行存款则至少每月与银行核对 1 次；对于材料物资、在产品、产成品等存货除年度清查外，还需要每月进行抽查，其中，贵重的财产物资则需要每月清查 1 次；对企业的各类债权债务，在每个会计年度内，至少清查 1 ~2次。

（二）按照财产清查的时间进行分类

按照财产清查的时间，将其分为定期清查与不定期清查两大类。

1. 定期清查

定期清查是根据相关的管理规定或企业预先设定的计划所实施的财产清查。清查的对象可以是全部财产，也可以是部分财产，一般发生在年末、季末和月末结账前。

2. 不定期清查

不定期清查是根据实际需要临时实施的财产清查。清查的对象可以是全部财产，也可以是部分财产，一般发生在以下几种情况：（1）更换出纳人员的时候，需要对库存现金进行清查；（2）更换保管人员时，需要对其所保管的财产物资进行清查；（3）企业发生地震、火灾、风灾等非常损失时，需要对受灾的财产物资进行清查；（4）有关部门对企业实施审计时，需要对相关财产进行的清查。

（三）按照财产清查的执行单位进行分类

按照财产清查的执行单位，将其分为内部清查与外部清查两大类。

1. 内部清查

内部清查是根据企业管理的实际需要，由企业内部人员组成清查小组所实施的财产清查，也称为自查。可以是全面清查，也可以是局部清查；可以是定期清查，也可以是不定期清查。

2. 外部清查

外部清查是根据相关法律法规的规定，由企业外部单位或人员所实施的财产清查。

企业财产清查按照不同标准进行的分类情况如图 9－1 所示。

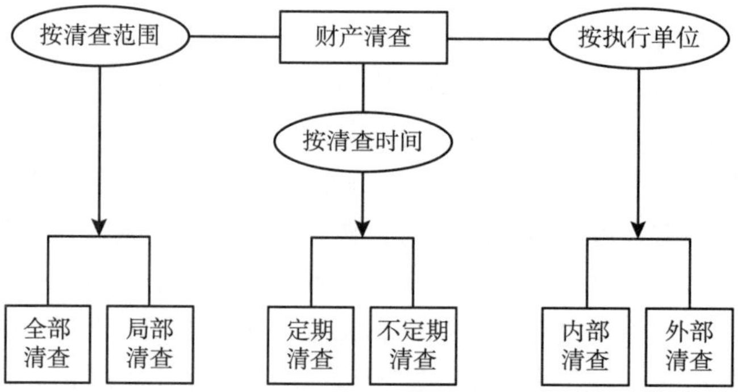

图 9－1　财产清查的种类

三、财产清查前的准备工作

为了推进财产清查工作的顺利开展，在实施财产清查前需要做好相关的准备工作，主要是组织上的准备与业务上的准备。

（一）组织上的准备

组织准备主要着眼于以下三个环节的工作：首先，在进行财产清查前，要成立专门的财产清查组织，负责财产清查的组织与管理，具体包括制订清查计划、安排清查步骤、明确清查的对象和范围等。财产清查小组的人员构成有特定的要求，一般是在主管经理和总会计师的领导下，由会计、技术、设备、生产、行政部门相关人员共同参与。其次，在财产清查过程中，清查组织务必做好监督与检查工作，及时分析与处理财产清查中出现的问题。最后，在财产清查结束后，应将清查的结果以及相应的处理意见以书面报告形式呈送有关部门审批。

（二）业务上的准备

业务准备主要着眼于以下三个环节的工作：首先，会计部门和会计人员应在财产清查前将有关账目登记齐全，结出余额，核对清楚，做到账簿记录完整、正确；总分类账中反映货币资金、财产物资和债权债务的有关科目应与所属明细分类账核对清楚，做到账证相符、账账相符，为财产清查提供真实、可靠的依据。其次，财产物资管理部门和保管人员应将截止日之前的所有经济业务，办理好凭证手续，全部登记入账，结出余额；并与会计部门的有关账簿记录相一致，同时保管人员还应将其保管的各种财产物资堆放整齐，挂上标签，标明品种、规格和结存数量。最后，财产清查小组应当将清查量具准备齐全，印制好各种登记表册等。

第二节　财产清查的内容和方法

一、货币资金的清查

货币资金的清查主要包括库存现金的清查、银行存款的清查以及其他货币资金的清查。

（一）库存现金的清查

库存现金的清查采用实地盘点的方法，即将盘点后得到的实存数与现金日记账的余额相比较，以确定账实是否相符。库存现金的清查主要分为出纳人员自查与专门人员清查两种。

1. 出纳人员自查

根据相关法规以及管理制度的规定，出纳人员每日应当对库存现金进行清点，并且将库存现金的实有数与现金日记账的余额进行核对，以确保库存现金这项资产的安全、完整，这是出纳人员的岗位职责，属于出纳人员的自查。

2. 专门人员清查

由专门人员对库存现金实施清查时，要求有两人以上在场，其中出纳人员必须在场。清查人员一方面要将库存现金的盘点数与现金日记账的结存数进行核对；另一方面需要查看有无“白条”抵库、坐支现金等违反财经法规的行为。根据库存现金清查的结果，及时填写“库存现金盘点报告表”，由盘点人和出纳人员共同签章，作为库存现金清查的原始凭证。其格式如表 9 – 1 所示。

表 9 – 1　　　　库存现金盘点报告表

单位名称：　　　　　　　　　　　　　　　　　　　　年　月　日

实存金额	账存金额	实存与账存对比		备注
		盘盈（长款）	盘亏（短款）	
盘点人签章：			出纳员签章：	

银行存款的清查

（二）银行存款的清查

银行存款的清查采用核对“银行存款对账单”的方法，即将企业银行存款日记账与开户银行提供的“对账单”逐笔进行核对，以确定账实是否相符。如果出现两者不一致的情况，则要及时查明原因，一般存在两种原因：其一，企业记账错误和（或）银行记账错误；其二，存在未达账项。“未达账项”是指由于各种收付款的结算凭证在单位与银行间的传递存在着时间上的先后，造成一方已经入账，另一方因凭证未到而尚未入账的款项。

未达账项主要有以下四种情况：

（1）企业已经收款，银行未收账项。例如，企业销售商品取得支票，送存银行后根据银行盖章退回的“进账单”回联登记企业银行存款的增加，而此时银行却不登记增加，待销售款项收到后再进行登记。若此时进行核对，就会发生企业已收而银行未收的未达账项。

（2）企业已经付账，银行未付账项。例如，企业购买商品开出支票，企业即可根据支票存根、发货票等凭证登记银行存款的减少，而此时银行尚未收到支付款项的凭证而未能记录。若此时进行核对，就会发生企业已付而银行未付的未达账项。

银行存款余额调节表：
1. 企业已收款，银行未收账项；
2. 企业已付账，银行未付账项。
3. 银行已收账，企业未收账项；
4. 银行已付账，企业未付账项。

（3）银行已收账，企业未收的账项。例如，企业存款所发生的利息，银行已于计息日登记企业存款的增加，而此时企业尚未收到通知和收款结算凭证而未能登记，若此时进行核对，就会发生银行已收而企业未收的未达账项。

（4）银行已付账，企业未付的账项。例如，企业借款所发生的利息，银行已于计息日登记企业存款的减少，而此时企业尚未收到通知和付款结算凭证而未能登记，若此时进行核对，就会发生银行已付而企业未付的未达账项。

上述四种情况都会导致企业的银行存款日记账余额与银行对账单的余额不相一致，（1）和（4）会导致企业的银行存款日记账余额大于银行对账单的余额，（2）和（3）则会导致企业的银行存款日记账余额小于银行对账单的余额，因此，对银行存款进行清查时，需要首先对未达账项进行调整，如果调整后两者余额一致，则说明账实相符；如果调整后两者余额不相一致，则说明企业记账和（或）银行记账出现错误，必须及时查明原因并进行相应的处理。

未达账项的调整需要编制银行存款余额调节表，一般采用补记式方法，即假设双方未达账项均已到达，其平衡公式如下：

$$\text{银行存款日记账余额} + \text{银行已收企业未收的款项} - \text{银行已付企业未付的款项}$$
$$= \text{银行对账单余额} + \text{企业已收银行未收的款项} - \text{企业已付银行未付的款项}$$

调节后两者的余额应当一致，为企业当时可以实际动用的银行存款数额，但并非企业银行存款的实际数。“银行存款余额调节表”作为银行存款清查的一种方法，只起到对账的作用，不能作为调账的原始凭证；银行存款日记账的登记必须待收到有关原始凭证后才能予以进行。

下面举例说明“银行存款余额调节表”的具体编制方法。

【例 9－1】 某企业 2019 年 1 月 31 日的银行存款日记账余额为 192 000 元，银行提供的对账单余额为 186 500 元，经逐笔核对，发现以下未达账项：

（1）企业将收到的销售货款的转账支票 4 200 元送存银行，企业已记银行存款增加，但银行尚未记账。

（2）企业已开出转账支票 2 800 元，企业已记银行存款减少，但持票人尚未到银行办理转账，银行尚未入账。

（3）银行代企业收到销货款 5 700 元，银行已收妥入账，企业尚未接到收款通知，所以尚未记账。

（4）银行代企业支付的电费 9 800 元，银行已记账，企业尚未接到银行的付款通知，所以尚未记账。

根据以上资料编制银行存款余额调节表，如表 9－2 所示。

表 9－2　　银行存款余额调节表

2015 年 1 月 31 日　　单位：元

项目	金额	项目	金额
企业银行存款日记账余额	192 000	银行对账单余额	186 500
加：银行已收但企业未收的款项	5 700	加：企业已收但银行未收的款项	4 200
减：银行已付但企业未付的款项	9 800	减：企业已付但银行未付的款项	2 800
调节后的存款余额	187 900	调节后的存款余额	187 900

上述银行存款的清查方法，也适用于其他货币资金的清查。

二、实物财产的清查

实物财产清查分两类：永续盘存制和实地盘存制。

实物财产是指具有实物形态的财产物资，包括原材料、在产品、自制半成品、产成品、包装物、低值易耗品以及固定资产等。对于实物财产的清查，应确定实物财产的账面结存数和实际结存数，并将两者进行比较，找出产生差异的原因，从而进行相应的账务处理。

（一）实物财产的盘存制度

存货的盘存制度

实物财产的盘存制度是指在财产清查中确定财产物资的实存数量，进而计算出实物财产结存成本的方法。包括永续盘存制和实地盘存制（见表9－3）。

表9－3　　永续盘存制与实地盘存制的比较

永续盘存制	实地盘存制
逐笔或逐日登记收入、发出数，能随时计算出结存数	平时只登记存货的购进数或收入数，不登记发出数
成本控制严格	一些非正常因素会导致成本控制弱化
核算工作量大，需要较多的人力和费用	核算工作简单、工作量小
多数企业采用	只适用于特定企业

1. 永续盘存制

（1）永续盘存制的含义。

永续盘存制，也称账面盘存制。通过设置明细账，逐笔或逐日地登记各项财产物资的收入数和发出数，可随时结出其结存数量进而计算出结存成本的方法。用公式表示如下：

账面期末余额＝账面期初余额＋本期增加额－本期减少额

（2）永续盘存制的优点。

在永续盘存制下，财产物资的收入、发出均需要在明细账中进行连续登记，可随时得到账面结存数，并能进行数量和金额的双重控制；与此同时，财产物资的结存数也可随时与其实际结存数相比较，以确定账实是否相符，如果出现不一致的状况，便于及时查明原因进行处理，因此，这种盘存制度便于企业随时掌握各项财产的占用情况及其动态，有利于加强财产物资管理，强化会计监督。

（3）永续盘存制的缺点。

由于对各项实物财产的每笔进出均需要进行登记，因此明细分类核算工作量较大，需要耗费较多的人力和费用。

(4) 永续盘存制适用的范围。

采用永续盘存制能够确保财产物资的安全、完整，强化企业的会计控制，因而在实际工作中，为大多数企业所采用。

需要注意的是：在永续盘存制下，会计账簿中的实物财产增减变动数及其结存数都是根据会计凭证进行登记，可能会发生账实不符的情况。因此，在这种盘存制度下，仍然需要对各项财产物资进行实地盘点，至少每年实地盘点一次，以查明账实是否相符。

2. 实地盘存制

(1) 实地盘存制的含义。

实地盘存制，也称以存计耗制或盘存计耗制（商业企业中，则称为以存计销制或盘存计销制），平时只根据会计凭证在账簿中登记财产物资的增加数，不登记减少数。到月末或一定时期可根据期末实地盘点资料，确定各项财产物资的实有金额，进而倒挤出本月各项财产物资的减少数，并登记有关账簿。用公式表示如下：

实地盘存制

本期减少数 = 期初结存数 + 本期增加数 − 期末实际结存数

(2) 实地盘存制的优点。

在实地盘存制下，由于平时只登记增加数，不登记减少数，不必逐日计算结存数，因此，核算工作简单，工作量小。

(3) 实地盘存制的缺点。

采用实地盘存制，财产物资的发出缺乏严密手续，不能随时反映财产物资的发出和结存情况；倒挤出的各项财产物资的减少数中可能会存在贪污、盗窃、浪费或毁损等非正常因素，因而，采用实地盘存制，不利于会计监督，从而影响成本计算的正确性。

(4) 实地盘存制的适用范围。

由于实地盘存制并非是一种完善的财产物资管理制度，所以只适用于经营那些品种多、价值低、收发交易比较频繁的商品，以及质量或数量不稳定、损耗大、难以控制的鲜活商品等商品流通企业。

永续盘存制：平时登记增加和减少；
实地盘存制：倒推，只登记增加，不登记减少

（二）实物财产的清查方法

实物财产的清查方法主要包括实地盘点法、技术推算法、函证核对法和抽样盘存法等。

1. 实地盘点法

实地盘点法是指通过逐一点数、量尺、过磅等方法确定财产物资实存数的一种清查方法。这种方法比较精确、要求严格、清查质量高，但盘点的工作量较大。一般适用于包装好的原材料、机器设备、库存商品等的清查。

2. 技术推算法

技术推算法，也称“估堆”，是指通过量方计尺等技术方法对实

物财产的实存数进行推算的一种清查方法。这种方法适用于散装的、大量成堆、难以逐一清点的实物财产，如煤炭、化肥、食盐、矿产品等的清查。

3. 函证核对法

函证核对法是指通过向对方发函的方法来确定财产物资实存数的一种清查方法。这种方法适用于那些委托外单位加工或保管的财产物资的清查。

4. 抽样盘存法

抽样盘存法是指通过抽取一定数量的样本的方法来确定财产物资实存数的一种清查方法。这种方法适用于那些数量较多、重量和体积比较均衡的财产物资的清查。

为了明确经济责任，进行实物财产清查时，有关财产保管人员必须在场，并参与到盘点工作中。清查小组应将实物财产的盘点结果登记在“盘存单”上，并由参与盘点的人员以及实物财产保管人员共同签字盖章。“盘存单”既是记录实物财产实存数的书面证明，也是反映财产实存数的原始凭证。其格式如表 9－4 所示。

表 9－4　　盘存单

单位名称：　　　　盘点时间：

财产类别：　　　　存放地点：　　　　编　　号：

<table>
<tr><td>序号</td><td>名称</td><td>规格型号</td><td>计量单位</td><td>实存数量</td><td>单价</td><td>金额</td><td>备注</td></tr>
<tr><td></td><td></td><td></td><td></td><td></td><td></td><td></td><td></td></tr>
<tr><td colspan="8">盘点人员签章：　　　　保管人员签章：</td></tr>
</table>

盘点完毕，将“盘存单”中所登记的实存数额与账面结存数额相比较，如果两者不一致时，则根据“盘存单”以及有关的账簿记录，填制“实存账存对比表”，以确定实物财产的盘盈数、盘亏数或毁损数。“实存账存对比表”既是调整账面记录的原始凭证，也是查明账实不符的原因，进而明确经济责任的重要依据。其格式如表 9－5 所示。

表 9－5　　实存账存对比表

单位名称：　　　　年　月　日

<table>
<tr><td rowspan="3">序号</td><td rowspan="3">名称</td><td rowspan="3">规格型号</td><td rowspan="3">计量单位</td><td rowspan="3">单价</td><td colspan="2">实存</td><td colspan="2">账存</td><td colspan="4">实存账存对比</td><td rowspan="3">备注</td></tr>
<tr><td rowspan="2">数量</td><td rowspan="2">金额</td><td rowspan="2">数量</td><td rowspan="2">金额</td><td colspan="2">盘盈</td><td colspan="2">盘亏</td></tr>
<tr><td>数量</td><td>金额</td><td>数量</td><td>金额</td></tr>
<tr><td></td><td></td><td></td><td></td><td></td><td></td><td></td><td></td><td></td><td></td><td></td><td></td><td></td><td></td></tr>
<tr><td></td><td>金额合计</td><td></td><td></td><td></td><td></td><td></td><td></td><td></td><td></td><td></td><td></td><td></td><td></td></tr>
<tr><td colspan="14">主管人员签章：　　　　会计人员签章：　　　　制表人签章：</td></tr>
</table>

三、往来款项的清查

各项往来款项的清查，一般采取同对方单位核对账目的方法，即“询证核对法”。实施往来款项清查的单位应当编制“往来款项对账单”，并将其送达对方单位进行核对。对方单位收到后对该笔往来款项进行核对，如果确定相符后则在回联单上加盖公章退回；如果经核对不相符，对方单位需要在回联单上注明情况，或另抄对账单退回，待查明原因后再进行核对，直到相符为止。“往来款项对账单”的内容和格式如图 9－2 所示。

往来款项对账单

__________单位：

贵单位 2019 年 3 月 5 日购入我单位甲产品 1 000 件，已付款 15 000 元，尚有 25 000 元货款未付，请核对后将回联单寄回。

清查单位：（盖章）

沿此虚线裁开，将以下回联单寄回！　　2019 年 3 月 5 日

往来款项对账单（回联）

__________清查单位：

贵单位寄来的“往来款项对账单”已经收到，经核对相符无误。

××单位（盖章）

2019 年 3 月 9 日

图 9－2　往来款项对账单

第三节　财产清查结果的处理

一、财产清查结果的处理步骤

（一）财产清查结果处理的原则

实施财产清查后，如果发现账存数与实存数一致时，表明账实相符，不必进行账务处理；如果发现账存数与实存数不一致，出现盘盈、盘亏或毁损时，表明账实不符，必须进行相应的账务处理。

（二）财产清查结果处理的步骤

对于财产清查的结果，应当根据企业会计准则的相关规定进行处

理，发现盘盈、盘亏或是毁损的状况时，首先要核准账实不符的金额，然后按照规定的程序报经上级部门批准后，进行相应的会计处理。具体的处理步骤如下：

1. 核实金额，查明原因

对财产清查结果进行会计处理之前，应当全面核实“盘存单”等原始凭证中所反映的盘盈、盘亏或毁损的数额，并查明和分析产生差异的原因，从而针对造成差异的不同原因提出相应的处理意见，报经上级领导或部门审批。

2. 调整账簿记录，做到账实相符

为了确保账实相符，保证会计信息质量的真实可靠，对于已经查明的财产盘盈、盘亏和毁损，应当根据“实存账存对比表”等有关原始凭证编制记账凭证，据以记入有关账户，及时进行清查前的会计处理，使各项财产的账存数和实存数完全一致。

3. 落实责任，及时处理

在上级领导部门对财产清查结果的处理意见做出批示后，应当根据有关批文编制记账凭证，并据以登记入账，及时进行清查后的会计处理。

二、财产清查结果的会计处理

（一）账户设置

为了核算和监督企业在财产清查过程中各项财产物资的盘盈、盘亏或毁损的价值及其报经批准后的转销数，企业应当设置“待处理财产损溢”账户。该账户是双重性质的账户，借方登记各项财产的盘亏或毁损金额、盘盈报经批准后的转销数。贷方登记各项财产的盘盈金额、盘亏或毁损报经批准后的转销数。按规定企业的各项财产物资的盘盈、盘亏或毁损必须于期末结账前处理完毕，所以该账户期末无余额。该账户下设“待处理流动资产损溢”和“待处理固定资产损溢”两个明细分类账户。“待处理财产损溢”账户的结构如下所示：

借方　　　　　　待处理财产损溢	贷方
（1）各项财产物资的盘亏或毁损金额	（1）各项财产物资的盘盈
（2）盘盈报经批准后的转销数	（2）盘亏或毁损报经批准后的转销数

需要说明的是：会计期末尚未批准核销的财产物资的盘盈、盘亏或毁损，应在对外提供财务报告时先按有关规定进行处理，并在会计报表附注中做出说明；待批准后，如果处理金额与已处理的金额不一

致，应按其差额调整会计报表相关项目的年初数。

（二）库存现金清查结果的账务处理

对于库存现金盘盈，应根据“实存账存对比表”等原始凭证，将长款的金额记入“库存现金”账户的借方，同时记入“待处理财产损溢——待处理流动资产损溢”账户的贷方；报经批准后，转作营业外收入。

【例9－2】某企业进行库存现金清查中发现长款300元。

审批前：

借：库存现金　　300

　　贷：待处理财产损溢——待处理流动资产损溢　　300

未查明原因，审批后决定，转作营业外收入处理。

借：待处理财产损溢——待处理流动资产损溢　　300

　　贷：营业外收入　　300

对于库存现金盘亏，批准以前应先记入“待处理财产损溢——待处理流动资产损溢”账户的借方，同时记入“库存现金”账户的贷方。批准后，由相关责任人负责赔偿，记入“其他应收款——××人”账户。

【例9－3】某企业在库存现金清查过程中发现短款300元，编制会计分录如下：

（1）批准前：

借：待处理财产损溢——待处理流动资产损溢　　300

　　贷：库存现金　　300

（2）经查，该短款属于出纳人员黄×疏忽所致，报经批准后由该出纳人员负责赔偿。

借：其他应收款——黄×　　300

　　贷：待处理财产损溢——待处理流动资产损溢　　300

（三）存货清查结果的账务处理

对于存货盘盈，应根据“实存账存对比表”等原始凭证，将盘盈存货的价值记入“原材料”“库存商品”等账户的借方，同时记入“待处理财产损溢——待处理流动资产损溢”账户的贷方；报经批准后，冲减管理费用。

财产清查结果的账务处理

【例9－4】某企业在财产清查中，盘盈账外材料6吨，价值18 000元。

审批前：

借：原材料——××材料　　18 000

　　贷：待处理财产损溢——待处理流动资产损溢　　18 000

经查明，这项盘盈材料因计量仪器不准造成生产领用少付多算，所以，经批准冲减本月管理费用，编制会计分录如下：

借：待处理财产损溢——待处理流动资产损溢　18 000

　　贷：管理费用　18 000

对于存货盘亏或毁损，批准以前应先记入“待处理财产损溢——待处理流动资产损溢”账户的借方，同时记入“原材料”、“库存商品”等账户的贷方，同时应将购进亏损存货的进项税税额从当期发生的进项税税额中扣除，在会计处理中记入“进项税额转出”。批准后，再根据造成亏损的原因，分别以下情况进行账务处理：

（1）属于自然损耗产生的定额内的合理损耗，经批准后即可计入管理费用。

（2）属于超定额短缺的，能确定过失人的应由过失人负责赔偿；属于保险责任范围的，应向保险公司索赔；扣除过失人或保险公司赔款和残料价值后的余额，应计入管理费用。

（3）属于非常损失所造成的存货毁损，扣除保险公司赔款和残料价值后，应计入营业外支出。

【例 9-5】在财产清查中，发现购进的甲产品实际库存较账面库存短缺 800 元。

审批前：

借：待处理财产损溢——待处理流动资产损溢　936

　　贷：库存产品——甲产品　800

　　　　应交税费——应交增值税（进项税额转出）　136

（1）经批准，如属于定额范围内的自然损耗，则应列作管理费用，计入本期损益。

借：管理费用　936

　　贷：待处理财产损溢——待处理流动资产损溢　936

（2）如属于管理人员过失造成短缺，则应由过失人赔偿。

借：其他应收款——××人　936

　　贷：待处理财产损溢——待处理流动资产损溢　936

（3）如属于非常损失，则应经批准作营业外支出。

借：营业外支出　936

　　贷：待处理财产损溢——待处理流动资产损溢　936

【例 9-6】某企业盘亏材料 10 件，每件 300 元。经查明，是由于工作人员失职造成的材料毁损，应由过失人赔偿 1 500 元，毁损材料残值 300 元。编制会计分录如下：

（1）批准前：

借：待处理财产损溢——待处理流动资产损溢　3 510

贷：原材料 3 000

应交税费——应交增值税（进项税额转出） 510

（2）批准后，分别不同情况处理：

第一，由过失人赔偿的：

借：其他应收款 1 500

贷：待处理财产损溢——待处理流动资产损溢 1 500

第二，残料作价入库：

借：原材料 300

贷：待处理财产损溢——待处理流动资产损溢 300

第三，扣除过失人的赔款和残值后的盘亏数，计入管理费用：

借：管理费用 1 710

贷：待处理财产损溢——待处理流动资产损溢 1 710

（四）固定资产清查结果的会计处理

对于固定资产清查的结果而言，如果发现固定资产盘盈，则属于会计差错，应按会计差错的相关规定处理（后续中高级财务会计课程有专门的章节进行讲解，故本课程中不作解释）。如果发现固定资产盘亏，应查明原因，填制固定资产盘亏报告表并写出书面报告，在审批之前记入“待处理财产损溢”，待报经企业主管领导批准后，转入“营业外支出”。

对于盘亏的固定资产，企业应按盘亏固定资产的净值借记“待处理财产损溢”账户，按已提折旧额借记“累计折旧”账户，按原值贷记“固定资产”账户。按规定程序批准后，应按盘亏固定资产的净值借记“营业外支出”账户，贷记“待处理财产损溢”账户。

【例 9－7】某企业在财产清查中，盘亏设备一台，其原价为180 000元，累计折旧为40 000 元。编制会计分录如下：

审批前：

借：待处理财产损溢——待处理固定资产损溢 140 000

累计折旧 40 000

贷：固定资产 180 000

批准后予以注销：

借：营业外支出 140 000

贷：待处理财产损溢——待处理固定资产损溢 140 000

需要说明的是：对于应收账款的清查，如发现长期应收而收不回来的款项，即坏账损失，经上级领导部门批准予以转销。坏账损失不通过“待处理财产损溢”账户进行核算。转销方法采用备抵法，所谓备抵法，是指按期估计坏账损失，形成坏账准备，当某一应收款项全部或部分被确认为坏账时，应根据其金额冲减坏账准备，同时转销相应的应收款项金额的一种核算方法。估计坏账损失的方法有应收款项余额百分比法、账龄分析法和销货百分比法等，常用的是应收款项余额百分比法。采用备抵法，需要通过“坏账准备”“资产减值损失”等账户进行核算。由于该部分内容在后续中高级财务会计课程中进行讲解，本课程不作解释。

本章小结

本章主要介绍了财产清查含义、种类、内容和方法，以及财产清查的会计处理。财产清查是会计核算的专门方法之一，它是根据账簿记录，对企业的货币资金、存货、固定资产、各项债权等财产物资进行盘点或核对，查明各项财产的实存数与账面结存数是否相符，为定期编制财务会计报告提供准确、完整、系统的核算信息的一种专门方法。按照清查范围，财产清查分为全面清查和局部清查；按照清查时间，财产清查分为定期清查和不定期清查；按照清查执行单位，财产清查分为内部清查与外部清查。各项清查对象的存在状态不同，保管和使用情况也不一样，因此清查的方法也有所区别。对实物资产和库存现金一般应采用实地盘点法进行清查；银行存款则是采取与银行核对账目的方法进行清查，即将本单位的银行存款日记账与开户银行转来的对账单逐笔进行核对；各种结算往来款项一般应采用函证核对法进行清查。为了反映和监督各单位在财产清查过程中查明的各种财产的盈亏或毁损及其报经批准后的转销数额，企业应设置“待处理财产损溢”账户。

【本章重要术语】

财产清查　货币资金　实物财产　往来款项

【延伸阅读】

1. 瞿灿鑫、王珏：《基础会计学》（第二版），复旦大学出版社 2007 年版。

本书把基础的含义，具体理解为“三基”，即基本理论、基本方法和基本操作技术。对于必须掌握的会计基本概念和处理方法，力求讲深讲透，阐述清楚，使初学者既知其然，也知其所以然。

2. 彭晓峰：《财务会计学》，电子工业出版社 2010 年版。

本书作为中国人民大学会计系列教材之一，自 1993 年首次出版之后，历经 1998 年第二版、2002 年第三版和 2006 年第四版的出版发行，先后成为教育部推荐教材、普通高等教育“十五”和“十一五”国家级规划教材，并与中国人民大学会计系列教材中的其他教材一起获得国家级优秀教学成果奖，较好地适应了财务会计的教学需要，取得了良好的社会效益。

【复习与思考】

1. 简述财产清查的含义及种类。
2. 在永续盘存制下，还要不要进行实地盘点？
3. 分别阐述永续盘存制与实地盘存制两种存货盘存制度的优点与缺点及适用范围。
4. 什么是未达账项？简述“银行存款余额调节表”的编制方法。
5. 简述“待处理财产损溢”账户的结构。

第十章

财务报告

【学习目标和要求】通过本章的学习，了解财务报告的作用、种类和编制要求，掌握资产负债表和利润表的结构、内容和编制方法，了解现金流量表和所有者权益变动表的格式和编制方法。

第一节　财务报告概述

一、财务报告的含义

财务报告又称财务会计报告，是企业对外提供的反映企业某一特定日期财务状况和某一会计期间经营成果、现金流量及所有者权益等会计信息的总结性书面文件。财务报告包括会计报表、会计报表附注和其他应当在财务报告中披露的相关信息和资料。

财务会计报告的目标是向财务会计报告使用者提供与企业财务状况、经营成果和现金流量等有关的会计信息，反映企业管理层受托责任履行情况，有助于财务会计报告使用者做出经济决策。

（1）财务会计报告可以为投资者和债权人的投资、贷款决策提供信息。

（2）财务会计报告可以为单位加强经济管理提供资料。

（3）财务会计报告可以为有关管理部门加强检查、监督，维护经济秩序提供资料。

二、财务报告的构成

财务报告包括会计报表、会计报表附注和其他应当在财务报告中披露的相关信息和资料。

(一) 会计报表

会计报表是指企业以一定的会计方法和程序由会计账簿的数据整理得出，以表格的形式反映企业财务状况、经营成果和现金流量的书面文件，是财务会计报告的主体和核心。企业会计报表按其反映的内容不同，分为资产负债表、利润表、现金流量表、所有者权益（股东权益）变动表。其中，相关附表是反映企业财务状况、经营成果和现金流量的补充报表，主要包括利润分配表以及其他附表。

(二) 会计报表附注

会计报表附注是为便于会计报表使用者理解会计报表的内容而对会计报表的编制基础、编制依据、编制原则和方法及主要项目等所作的解释。会计报表附注是财务会计报告的一个重要组成部分，它有利于增进会计信息的可理解性，提高会计信息可比性和突出重要的会计信息。

(三) 其他财务报告

其他财务报告的编制基础与方式可以不受会计准则的约束，提供的信息十分广泛，并且提供相关信息的形式灵活多样，包括定性信息和非会计信息。根据现行国际惯例，其他财务报告的内容主要包括：管理当局的分析与讨论预测报告；物价变动影响报告；社会责任报告等。

三、财务报告的基本要求

财务报告的编制，应根据账簿记录和其他资料，经过必要的加工计算而制成。它是继复式记账系统对会计资料进行加工后，进一步综合、归纳、整理会计信息的过程。编制财务报告必须符合以下基本要求：

(一) 内容完整

每个单位都必须按照国家统一规定的报表种类、格式和内容编制会计报表，以保证会计报表的完整性。对不同的会计期间（月、季、半年、年）应当编报的各种会计报表，必须编报齐全；应当填列的报表指标，无论是表内项目，还是补充资料，必须全部填列；应汇总编制的所属各单位的会计报表，必须全部汇总，不得漏编、漏报。某些重要资料，如果不便列入报表的主体部分，应在括号内说明，或以附注、附表的形式加以反映。

（二）数字真实

企业应当根据真实、正确、完整的会计资料，按照国家统一的会计制度规定编制财务报告，不能用估计数代替实际数，更不能弄虚作假，篡改数字，隐瞒谎报，以保证财务报告的真实性。

账簿记录是编制财务报告的主要依据，在编制财务报告时，必须做到：

（1）按期结账。在结账之前，所有已经发生的收入、支出、债权、债务，应该摊销或预提的费用以及其他已经完成的经营活动和财务收支事项，都应全部登记入账。

（2）认真对账和进行财产清查。对于各种账簿记录，在编表之前，必须认真地审查和核对，对有关财产物资进行盘点和清查，对应收、应付款项和银行存（借）款进行查询核对，以达到账证相符、账账相符、账实相符。在清查中应对财务报告中各项会计要素进行合理的确认和计量，不得随意更改。

（3）在结账、对账和财产清查的基础上，通过编制总分类账户本期发生额试算平衡表以验算账目有无错漏，为正确编制财务报告提供可靠的数据。在编报以后，还必须认真复核，做到账表相符，报表与报表之间有关数字衔接一致。

（三）说明清楚

会计报表需要加以说明的问题，在会计报表附注中用简要的文字加以说明，对会计报表中主要指标的构成和计算方法，本报告期发生的特殊情况，如经营范围变化、经营结构变更以及本报告期经济效益影响较大的各种因素都必须加以说明。

（四）口径统一

企业报表之间的指标，要尽可能口径一致，以便投资者比较不同的投资机会。同一企业的各个会计期间，也应尽可能保持报表指标的连贯性和可比性，以便分析、比较。

（五）编报及时

财务报告必须遵照国家或上级主管部门规定的期限和程序，及时编制，及时报送，以保证财务报告的及时性。要保证财务报告编报及时，必须加强日常的核算工作，认真做好记账、算账、对账、财产清查和调整账面工作；同时加强会计人员的配合协作，使财务报告编报及时。不能为赶编财务报告而提前结账，更不应为了提前报送而影响财务报告质量。

财务报告应依次编定页数，加具封面，由单位负责人和主管会计工作的负责人、会计机构负责人签名盖章，设置总会计师的单位还须由总会计师签名并盖章，分别对财务报告的真实性、合法性负责。单位负责人应为本单位会计行为的第一负责人，对本单位财务报告的真实性、合法性负责；有关会计负责人员也应承担相应的责任。

此外，财务报告还应装订成册，加盖公章。封面上应注明：企业名称、地址、主管部门、开业年份、报表所属年度、季度和月份、规定报送日期和送出日期等。

第二节 资产负债表

一、资产负债表的定义

资产负债表是反映企业在某一特定日期财务状况的报表，是静态报表。财务状况主要是指企业资产、负债、所有者权益的总额、构成以及各项目之间的合理组合。

资产负债表根据“资产 = 负债 + 所有者权益”这一基本公式，依照一定的分类标准和一定的次序，把企业在某一特定日期的资产、负债和所有者权益项目予以适当排列编制而成。资产负债表是以企业的资产、负债和所有者权益的静态状况来说明企业某一特定日期的财务状况，因而资产负债表又称财务状况表。

二、资产负债表的列报要求

资产负债表是反映企业在某一特定日期全部资产、负债、所有者权益情况的报表，资产负债表的内容包括资产、负债和所有者权益三类，各类项目分别列示。

（一）资产类项目

资产类项目按其流动性分为流动资产和非流动资产两类，并分项列示。

（二）负债类项目

负债类项目按其流动性，分为流动负债和非流动负债两类，并分项列示。

（三）所有者权益类项目

所有者权益类项目按其来源划分，一般分为实收资本、资本公积、盈余公积、未分配利润等项目。

三、资产负债表的格式

资产负债表一般有表首、正表两部分。其中，表首概括地说明报表名称、编制单位、报表日期、报表编号、货币名称、计量单位等。正表则列示用以说明企业财务状况的各个项目，它一般有两种格式：报告式资产负债表和账户式资产负债表。报告式资产负债表是上下结构，上半部列示资产，下半部列示负债和所有者权益。账户式资产负债表是左右结构，左边列示资产，右边列示负债和所有者权益。不管采用什么样的格式，资产各项目的合计等于负债和所有者各项目的合计这一等式不变。在我国，资产负债表采用账户式，资产负债表左右双方平衡，即资产总计等于负债和所有者权益总计。

财政部于 2019 年 5 月发布了《关于修订印发 2019 年一般企业财务报表格式的通知》，对于一般企业财务报表格式进行了修订。本次修订包括两套财务报表格式，分别适用于未执行新金融准则、新收入准则和新租赁准则的非金融企业和已执行新金融准则、新收入准则和新租赁准则的非金融企业。

（一）未执行新金融准则、新收入准则和新租赁准则的非金融企业

资产负债表的基本格式和内容如表 10－1 所示。

表 10－1　　资产负债表　　会企 01 表

编制单位：　　____年____月____日　　单位：元

资产	上年年末余额	期末余额	负债和所有者权益（或股东权益）	上年年末余额	期末余额
流动资产：			流动负债：		
货币资金			短期借款		

续表

资产	上年年末余额	期末余额	负债和所有者权益（或股东权益）	上年年末余额	期末余额
以公允价值计量且变动计入当期损益的金融资产			以公允价值计量且变动计入当期损益的金融负债		
衍生金融资产			衍生金融负债		
应收票据			应付票据		
应收账款			应付账款		
预付款项			预收款项		
其他应收款			应付职工薪酬		
存货			应交税费		
持有待售资产			其他应付款		
一年内到期的非流动资产			持有待售负债		
其他流动资产			一年内到期的非流动负债		
流动资产合计			其他流动负债		
非流动资产：			流动负债合计		
可供出售金融资产			非流动负债：		
持有至到期投资			长期借款		
长期应收款			应付债券		
长期股权投资			其中：优先股		
投资性房地产			永续债		
固定资产			长期应付款		
在建工程			预计负债		
生产性生物资产			递延收益		
油气资产			递延所得税负债		
无形资产			其他非流动负债		
开发支出			非流动负债合计		
商誉			负债合计		

续表

资产	上年年末余额	期末余额	负债和所有者权益（或股东权益）	上年年末余额	期末余额
长期待摊费用			所有者权益（或股东权益）：		
递延所得税资产			实收资本（或股本）		
其他非流动资产			其他权益工具		
非流动资产合计			其中：优先股		
			永续债		
			资本公积		
			减：库存股		
			其他综合收益		
			专项储备		
			盈余公积		
			未分配利润		
			所有者权益（或股东权益）合计		
资产总计			负债和所有者权益（或股东权益）总计		

（二）已执行新金融准则、新收入准则和新租赁准则的非金融企业

资产负债表的基本格式和内容如表 10－2 所示。

表 10－2 **资产负债表** 会企 01 表

编制单位： ____年____月____日 单位：元

资产	上年年末余额	期末余额	负债和所有者权益（或股东权益）	上年年末余额	期末余额
流动资产：			流动负债：		
货币资金			短期借款		

续表

资产	上年年末余额	期末余额	负债和所有者权益（或股东权益）	上年年末余额	期末余额
交易性金融资产			交易性金融负债		
衍生金融资产			衍生金融负债		
应收票据			应付票据		
应收账款			应付账款		
应收款项融资			预收款项		
预付款项			合同负债		
其他应收款			应付职工薪酬		
存货			应交税费		
合同资产			其他应付款		
持有待售资产			持有待售负债		
一年内到期的非流动资产			一年内到期的非流动负债		
其他流动资产			其他流动负债		
流动资产合计			流动负债合计		
非流动资产：			非流动负债：		
债权投资			长期借款		
其他债权投资			应付债券		
长期应收款			其中：优先股		
长期股权投资			永续债		
其他权益工具投资					
其他非流动金融资产			租赁负债		
投资性房地产			长期应付款		
固定资产			预计负债		
在建工程			递延收益		
生产性生物资产			递延所得税负债		
油气资产			其他非流动负债		
使用权资产			非流动负债合计		

续表

资产	上年年末余额	期末余额	负债和所有者权益（或股东权益）	上年年末余额	期末余额
无形资产			负债合计		
开发支出			所有者权益（或股东权益）：		
商誉			实收资本（或股本）		
长期待摊费用			其他权益工具		
递延所得税资产			其中：优先股		
其他非流动资产			永续债		
非流动资产合计			资本公积		
			减：库存股		
			其他综合收益		
			专项储备		
			盈余公积		
			未分配利润		
			所有者权益（或股东权益）合计		
资产总计			负债和所有者权益（或股东权益）总计		

四、资产负债表的编制方法

资产负债表中的各项目，都列有“上年年末余额”和“期末余额”两栏。

（一）资产负债表各项目“上年年末余额”的填列

“上年年末余额”栏各项目的数字，应根据上年末资产负债表“期末余额”栏内所列数字填列，如果本年度资产负债表规定的各个项目的名称和内容同上年度不相一致，应对上年年末资产负债表各项目的名称和数字按照本年度的规定进行调整，填入本表“上年年末余额”栏内。

（二）资产负债表各项目“期末余额”的填列

“期末余额”栏各项目的数字，应根据会计账簿记录填列。其中大部分项目是根据总分类账簿中的有关账户的期末余额直接填列；有些项目直接根据明细分类账户余额填列；有些项目要根据几个总分类账户期末余额计算填列；有些项目要根据总分类账户所属明细分类账户余额通过分析、计算后填列；还有些项目要根据资产负债表有关项目数额计算填列等。各项目的具体填列方法如下：

1. 根据总账期末余额直接填列

例如，“短期借款”“应收股利”等项目。

2. 根据同类总账期末余额合并计算填列

例如，“货币资金”项目，应当根据“库存现金”“银行存款”“其他货币资金”等账户期末余额合计填列。

3. 根据总账账户余额减去其备抵账户余额后的净额填列

如“无形资产”项目是用“无形资产”账户余额减去“累计摊销”和“无形资产减值准备”账户余额后的净额填列。

4. 根据总账和明细账的余额分析计算填列

例如，“长期借款”项目，应当根据“长期借款”总账余额，减去所属相关明细账中将于一年内到期且企业不能自主地将清偿义务展期的长期借款部分，分析计算填列。

5. 根据有关明细账户的余额计算填列

例如“应付账款”项目，应当根据“应付账款”“预付账款”等账户所属明细账户期末贷方余额合计填列。

五、资产负债表编制举例

【例 10－1】曙光公司 2013 年 12 月 31 日有关科目的余额如表 10－3 所示。

表 10－3　　科目余额表

12 月 31 日　　单位：元

科目名称	借方余额	贷方余额
库存现金	2 705.00	
银行存款	4 110 979.34	
应收账款	42 120.00	

续表

科目名称	借方余额	贷方余额
原材料	5 997. 00	
库存商品	5 188. 36	
固定资产	822 500. 00	
累计折旧		2 360. 00
无形资产	300 000. 00	
累计摊销		2 500. 00
短期借款		50 000. 00
应付票据		19 386. 00
应付账款		7 353. 00
预收账款	60 933. 00	
应交税费		44 002. 28
应付利息		875. 00
长期借款		200 000. 00
实收资本		5 000 000. 00
本年利润		51 773. 92
生产成本	27 827. 50	
合计	5 378 250. 20	5 378 250. 20

根据上述资料，该公司 2013 年 12 月 31 日的资产负债表（期末栏数）如表 10 -4 所示。

表 10 -4　　资产负债表（简表）

编制单位：曙光公司　　2003 年 12 月 31 日　　单位：元

资产	年初数	期末数	负债和所有者权益（或股东权益）	年初数	期末数
流动资产：			流动负债：		
货币资金		4 113 684. 34	短期借款		50 000. 00
以公允价值计量且变动计入当期损益的金融资产			以公允价值计量且变动计入当期损益的金融负债		

续表

资产	年初数	期末数	负债和所有者权益（或股东权益）	年初数	期末数
衍生金融资产			衍生金融负债		
应收票据			应付票据		19 386. 00
应收账款		103 053. 00	应付账款		7 353. 00
预付款项			预收账款		
其他应收款			应付职工薪酬		
存货		39 012. 86	应交税费		44 002. 28
持有待售资产			其他应付款		875. 00
一年内到期的非流动资产			持有待售负债		
其他流动资产			一年内到期的非流动负债		
流动资产合计		4 255 750. 20	其他流动负债		
非流动资产：			流动负债合计		121 616. 28
可供出售金融资产			非流动负债：		
持有至到期投资			长期借款		200 000. 00
长期应收款			应付债券		
长期股权投资			其中：优先股		
投资性房地产			永续债		
固定资产		820 140. 00	长期应付款		
在建工程			预计负债		
生产性生物资产			递延收益		
油气资产			递延所得税负债		
无形资产		297 500. 00	其他非流动负债		
开发支出			非流动负债合计		200 000. 00
商誉			负债合计		321 616. 28
长期待摊费用			所有者权益（或股东权益）：		
递延所得税资产			实收资本（或股本）		5 000 000. 00
其他非流动资产			其他权益工具		
非流动资产合计		1 117 640. 00	其中：优先股		

续表

资产	年初数	期末数	负债和所有者权益（或股东权益）	年初数	期末数
			永续债		
			资本公积		
			减：库存股		
			其他综合收益		
			专项储备		
			盈余公积		
			未分配利润		51 773.92
			所有者权益（或股东权益）合计		5 051 773.92
资产总计		5 373 390.20	负债和所有者权益（或股东权益）总计		5 373 390.20

第三节 利润表

一、利润表的定义

利润表又称损益表，是反映企业在一定期间内（月份、年度）生产经营成果的会计报表。它是以“收入 - 费用 = 利润”会计方程式为理论依据，按照一定的分类标准和次序，把企业某一期间内的所有收入、费用（包括成本、期间费用、税金及附加等支出）进行对比，从而计算出该期的净利润。利润表是一种动态报表。

通过利润表反映的收入、成本、费用和支出情况，能够反映生产经营的收益情况和各种耗费情况，表明企业生产经营成果；同时，通过利润表提供的不同时期的比较数字（本月数、本年累计数、上年数），可以分析企业今后利润的发展趋势、获利能力，了解投资者投入资本的完整性。

二、利润表的列报要求

利润表编制的原理是“收入 - 费用 = 利润”的会计平衡公式和

收入与费用的配比原则。

在生产经营中企业不断地发生各种费用支出，同时取得各种收入，收入减去费用，剩余的部分就是企业的盈利。取得的收入和发生的相关费用的对比情况就是企业的经营成果。如果企业经营不当，发生的生产经营费用超过取得的收入，企业就发生了亏损；反之企业就能取得一定的利润。

三、利润表的格式及编制方法

利润表按利润形成进行排列，其格式有多步式和单步式两种。目前我国使用的只有多步式利润表。

多步式利润表是通过多步计算求出当期利润。对利润的形成分以下四个层次展开，具体如下：

第一步，确定营业收入。

第二步，从营业收入出发，计算出营业利润。

营业利润 = 营业收入 − 营业成本 − 税金及附加 − 销售费用 − 管理费用 − 研发费用 − 财务费用 + 其他收益 + 投资收益 (− 投资损失) − 资产减值损失 + 公允价值变动收益 (− 公允价值变动损失) + 资产处置收益

第三步，在营业利润的基础上，计算出利润总额即税前利润：

利润总额 = 营业利润 + 营业外收入 − 营业外支出

第四步，在利润总额的基础上，计算出当期净利润：

净利润 = 利润总额 − 所得税费用

（1）未执行新金融准则、新收入准则和新租赁准则的非金融企业的利润表如表10－5所示。

表10－5 **利润表** 会企02表

编制单位： ____年____月 单位：元

项目	本期金额	上期金额
一、营业收入		
减：营业成本		
税金及附加		
销售费用		
管理费用		
研发费用		

续表

项目	本期金额	上期金额
财务费用		
其中：利息费用		
利息收入		
加：其他收益		
投资收益（损失以“－”号填列）		
其中：对联营企业和合营企业的投资收益		
公允价值变动收益（损失以“－”号填列）		
资产减值损失（损失以“－”号填列）		
资产处置收益（损失以“－”号填列）		
二、营业利润（亏损以“－”号填列）		
加：营业外收入		
减：营业外支出		
三、利润总额（亏损总额以“－”号填列）		
减：所得税费用		
四、净利润（净亏损以“－”号填列）		
（一）持续经营利润（净亏损以“－”号填列）		
（二）终止经营利润（净亏损以“－”号填列）		
五、其他综合收益的税后净利		
六、综合收益总额		
七、每股收益		
（一）基本每股收益		
（二）稀释每股收益		

（2）已执行新金融准则、新收入准则和新租赁准则的非金融企业的利润表如表 10－6 所示。

表 10－6　　**利润表**　　会企 02 表

编制单位：　　____年____月　　单位：元

项目	本期金额	上期金额
一、营业收入		
减：营业成本		
税金及附加		
销售费用		
管理费用		
研发费用		
财务费用		
其中：利息费用		
利息收入		
加：其他收益		
投资收益（损失以“－”号填列）		
其中：对联营企业和合营企业的投资收益		
以摊余成本计量的金融资产终止确认收益（损失以“－”号填列）		
净敞口套期收益（损失以“－”号填列）		
公允价值变动收益（损失以“－”号填列）		
信用减值损失（损失以“－”号填列）		
资产减值损失（损失以“－”号填列）		
资产处置收益（损失以“－”号填列）		
二、营业利润（亏损以“－”号填列）		
加：营业外收入		
减：营业外支出		
三、利润总额（亏损总额以“－”号填列）		
减：所得税费用		
四、净利润（净亏损以“－”号填列）		
（一）持续经营利润（净亏损以“－”号填列）		
（二）终止经营利润（净亏损以“－”号填列）		
五、其他综合收益的税后净利		
六、综合收益总额		
七、每股收益		
（一）基本每股收益		
（二）稀释每股收益		

四、利润表编制举例

利润表总的来说是根据损益类账户的本期发生额编制的。

利润表中各项目均列有“本期金额”和“上期金额”两栏。“本期金额”栏反映各项目的本期实际发生数。在编报中期财务会计报告时，填列上年同期实际发生数；在编报年度财务会计报告时，填列上年全年累计实际发生数。如果上年度利润表与本年度利润表的项目名称和内容不相一致，应对上年度利润表项目的名称和数字按本年度的规定进行调整，填入本表“上期金额”栏。

表中各项目的内容及其填列方法如下（见表 10－7）：

（1）“营业收入”项目，反映企业经营主要业务和其他业务所取得的收入总额。本项目应根据“主营业务收入”和“其他业务收入”账户的发生额分析填列。

（2）“营业成本”项目，反映企业经营主要业务和其他业务发生的实际成本。本项目应根据“主营业务成本”和“其他业务支出”科目的发生额分析填列。

（3）以营业收入为基础，减去营业成本、税金及附加、销售费用、管理费用、研发费用、财务费用、资产减值损失，加上其他收益、公允价值变动收益（减公允价值变动损失）、投资收益（减投资损失）和资产处置收益，计算出营业利润。

（4）以营业利润为基础，加上营业外收入，减去营业外支出，计算出利润总额。

（5）以利润总额为基础，减去所得税费用，计算出净利润。

【例 10－2】曙光公司利润采用表结法核算，已知年末结账前各损益类账户期末余额如下，要求计算当年营业利润、利润总额和净利润。

主营业务收入	660 万元（贷方）
主营业务成本	412 万元（借方）
税金及附加	66 万元（借方）
其他业务收入	230 万元（贷方）
其他业务支出	20 万元（借方）
销售费用	68 万元（借方）
管理费用	75 万元（借方）
财务费用	20 万元（借方）
营业外收入	1.4 万元（贷方）
投资收益	5 万元（贷方）

表 10－7 利润表

编制单位：曙光公司 ____年____月 单位：元

项目	本月数	本年累计数
一、营业收入		8 900 000
减：营业成本		4 320 000
税金及附加		660 000
销售费用		680 000
管理费用		750 000
研发费用		
财务费用		200 000
资产减值损失		
加：其他收益		
公允价值变动收益（损失以“－”号填列）		
投资收益（损失以“－”号填列）		50 000
其中：对联营企业和合营企业的投资收益		
资产减值损失（损失以“－”号填列）		
资产处置收益（损失以“－”号填列）		
二、营业利润（亏损以“－”号填列）		540 000
加：营业外收入		14 000
减：营业外支出		0
三、利润总额（亏损总额以“－”号填列）		554 000
减：所得税费用		138 500
四、净利润（净亏损以“－”号填列）		415 500
五、每股收益		
（一）基本每股收益		
（二）稀释每股收益		

第四节 现金流量表

一、现金流量表概述

现金流量表是反映企业一定会计期间内有关现金和现金等价物的

流入和流出信息的会计报表，是一张动态报表。它在资产负债表和利润表已经反映企业财务状况和经营成果信息的基础上进一步提供财务状况变动信息，凭此信息有助于企业的投资者、债权人和其他的会计报表使用者了解企业如何获得现金和现金等价物，评价企业支付能力、偿债能力和周转能力，有利于准确预测企业未来的现金流量，分析企业收益质量及影响现金净流量的因素。

二、现金流量表的编制基础

现金流量表以收付实现制原则为基础编制，将权责发生制下的盈利信息调整为收付实现制下的现金流量信息，划分为经营活动、投资活动和筹资活动。

（一）现金

现金，是指企业库存现金以及“银行存款”账户核算的存入金融企业、可以随时用于支付的存款，也包括“其他货币资金”账户核算的外埠存款、银行汇票存款、银行本票存款、信用证保证金存款、信用卡存款和存出投资款等其他货币资金。不能随时用于支付的存款不属于现金。

（二）现金等价物

现金等价物，是指企业持有的期限短、流动性强、易于转换为已知金额现金、价值变动风险很小的投资。其中，“期限短”一般是指从购买日起 3 个月内到期。例如可在证券市场上流通的 3 个月内到期的短期债券等。

现金等价物的定义本身，包含了判断一项投资是否属于现金等价物的四个条件，即期限短、流动性强、易于转换为已知金额的现金、价值变动风险很小。其中，期限短、流动性强，强调了变现能力，而易于转换为已知金额的现金、价值变动风险很小，则强调了支付能力的大小。

三、现金流量的分类

一是经营活动所产生的现金流量，主要包括销售商品、提供劳务、购买商品、支付工资、交纳税款等。

二是投资活动产生的现金流量，主要包括取得和收回投资，购建和处置固定资产、无形资产和其他长期资产等。

三是筹资活动产生的现金流量，主要包括吸收投资、发行股票、分配利润和借入款项等。

四、现金流量表的编制方法

现金流量表的编制方法有直接法和间接法两种。直接法是通过现金收入和支出的主要类别，反映来自企业经营活动的现金流量；间接法是根据利润表中的净收益，调整为现金流量，即从净收益中加上未支付现金的支出，如折旧、摊销等，再减去未收到现金的销货应收款等项目，求出实际的现金流量。《企业会计准则》要求企业采用直接法报告经营活动的现金流量，同时要求在补充资料中用间接法来计算现金流量。

现将其主要项目填表方法简述如下：

（一）经营活动产生的现金流量

（1）“销售商品、提供劳务收到的现金”，一般应包括当期销售商品或提供劳务所收到的现金收入（包括增值税销项税额）；当期收到前期销售商品、提供劳务的应收账款或应收票据；当期的预收账款；当期因销货退回而支付的现金或收回前期核销的坏账损失。当前收到的货款和应收、应付账款，原规定不包括应收增值税销项税款，现为简化手续，将收到的增值税销项税款并入“销售商品、提供劳务收到的现金”及“应收”“应付”项目中，并对报表有关项目作相应修改。

例如，甲公司本期收到商品销售收入现金 120 万元；支付客户退货价款 5 万元；应收账款期初余额为 10 万元，期末余额为 8 万元；应收票据期初余额为 15 万元，期末余额为 6 万元（均包括增值税款）。该公司销售商品提供劳务收到的现金应为 126 万元，计算公式为：

120 万元 +（10 万元 − 8 万元）+（15 万元 − 6 万元）− 5 万元 = 126（万元）

（2）“收到的税费返回”，包括收到的增值税、消费税、所得税、关税和教育费附加的返还等。

例如，甲公司本期收到出口产品增值税退还 5 万元，收到消费税退还 2 万元。

（3）“收到的其他与经营活动有关的现金”反映企业除了上述各项以外收到的其他与经营活动有关的现金流入。

（4）“购买商品、接受劳务支付的现金”，一般包括当期购买商品、接受劳务支付的现金；当期支付前期的购货应付账款或应付票据（均包括增值税款进项税额）；当期预付的账款，以及购货退回所收到的现金。

例如，甲公司当期购买原材料支付现金 30 万元；当期支付前期进货应付账款 20 万元；当期预付购货款 3 万元（均包括增值税）。甲公司当期“购买商品、接受劳务所支付的现金”为 53 万元（30 万元 +20 万元 +3 万元）。

（5）“支付给职工以及为职工支付的现金”，包括本期实际支付给职工的工资、奖金、各种津贴和补贴等，以及经营人员的养老金、保险金和其他各项支出。

例如，甲公司支付给经营人员的工资、奖金等支出 5 万元，应列入“经营活动所支付给职工以及为职工支付的现金”项目。

（6）“支付的各种税费”，反映企业按规定支付的各项税费，包括本期发生并支付的税费，以及本期支付以前各期发生的税费和预交的税金。

例如，甲公司当期向税务机关交纳各项税款 42 万元。支付的其他与经营活动有关的现金 10 万元。

（7）“支付的其他与经营活动有关的现金”，反映企业除了上述各项以外的其他与经营活动有关的现金流出。

根据以上有关项目的例题计算，甲公司经营活动所产生的现金流入为 133 万元（126 万元 +7 万元），现金支出 110 万元（53 万元 +5 万元 +42 万元 +10 万元）；经营活动所产生的现金流量净额为 23 万元（133 万元 -110 万元）。

（二）投资活动产生的现金流量

（1）“收回投资所收到的现金”。反映企业出售转让或到期收回除现金等价物以外的短期投资、长期股权投资而收到的现金，以及收回长期债权投资本金而收到的现金，按实际收回的投资额填列。

例如，甲公司出售权益性投资本金为 20 万元，收回的投资金额为 25 万元，本项目应按 25 万元填列。

（2）“取得投资收益所收到的现金”。反映企业因股权性投资和债权性投资而取得的现金股利、利息，以及从子公司、联营企业或合营企业分回利润而收到的现金。到期收回的本金应在“收回投资所收到的现金”项目中反映。

例如，甲公司收回到期债券本金 20 万元；债券利息 6 万元。收入的现金应列入“收回投资所收到的现金”20 万元；“取得投资收益所收到的现金”6 万元。

（3）“处置固定资产、无形资产和其他长期资产而收到的现金净额”。反映企业为处置这些资产所取得的现金，扣除为处置这些资产而支付的有关费用后的净额。

例如，甲公司出售设备一台，收到价款 5 万元，支付设备拆卸费用等0.5万元。收到处置固定资产的现金净额为4.5万元（5万元－0.5万元）。

（4）“收到的其他与投资活动有关的现金”。反映企业除了上述各项以外收到的其他与投资活动有关的现金流入。

（5）“购建固定资产、无形资产和其他长期资产所支付的现金”。包括企业购买、建造固定资产，取得无形资产和其他长期资产所支付的现金，不包括为购建固定资产而发生的借款利息资本化的部分以及融资租赁租入固定资产所支付的租金和利息。

例如，甲公司购入机器一台，付价款30万元（含增值税），“购建固定资产、无形资产和其他长期资产所支付的现金”为30万元。

（6）“投资所支付的现金”。反映企业进行权益性投资和债权性投资支付的现金。包括短期股票、短期债券投资、长期股权、债权投资所支付的现金及佣金、手续费等附加费用。

（7）“支付的其他与投资活动有关的现金”。反映企业除上述各项以外，支付的其他与投资活动有关的现金流出。

根据以上有关项目的例题计算，甲公司投资活动所产生的现金流入为55.5万元（25万元＋20万元＋6万元＋4.5万元），现金流出为30万元，现金流量净额为25.5万元（55.5万元－30万元）。

（三）筹资活动产生的现金流量

筹资活动是指导致企业资本及债务规模和构成发生变化的活动。

（1）“吸收投资所收到的现金”，反映企业收到的投资者投入的资金。包括发行股票、债券所实际收到的款项净额（发行收入减去支付的佣金等发行费用后的净额）。

（2）“借款收到的现金”，是指企业举借各种短期、长期借款所收到的现金，根据收入时的实际借款金额计算。企业因借款而发生的利息列入“分配股利、利润或偿付利息所支付的现金”。

例如，甲公司向银行借到长期借款所收到的现金20万元。应列入“借款所收到的现金”。

（3）“收到的其他与筹资活动有关的现金”，是指企业除上述各项目外，收到的其他与筹资活动有关的现金流入，如接受现金捐赠等。

（4）“偿还债务所支付的现金”包括归还金融企业借款；偿付企业到期的债券等，按当期实际支付的偿债金额填列。

例如，甲公司归还部分金融企业借款10万元，偿付利息3.5万元。甲公司应列入“偿还债务所支付的现金”10万元，列入“分配股利、利润或偿还债券所支付的现金”3.5万元。

（5）“分配股利、利润或偿付利息所支付的现金”，是指企业实际支付的现金股利和付给其他投资单位的利润以及支付的债券利息、借款利息等。

（6）“支付其他与筹资活动有关的现金”，是指企业除上述各项外，支付的其他与筹资活动有关的现金流出。如捐赠现金支出及融资租入固定资产所支付的租赁费等。

根据以上有关项目举例数字计算，甲公司筹资活动所产生的现金流入为20万元，现金流出为13.5万元（10万元+3.5万元），现金流量净额为6.5万元（20万元-13.5万元）。

（四）汇率变动对现金的影响

是指企业的外币现金流量以及境外子公司的现金流量折算为人民币时，所采用的按现金流量发生日的汇率或平均汇率折算的人民币金额与“现金及现金等价物净增加额”中外币现金净增加额按期末汇率折算的人民币金额之间的差额。

（五）现金及现金等价物净增加额

是指经营活动产生的现金流量净额、投资活动产生的现金流量净额、筹资活动产生的现金流量净额三项之和。

关于现金流量表的补充资料填制方法从略。

五、现金流量表的基本格式

我国现金流量表基本格式如表10-8所示。

表10-8　　现金流量表

会企03表

编制单位：　　______年度　　单位：元

项目	行次	金额
一、经营活动产生的现金流量		
销售商品、提供劳务收到的现金		
收到的税费返还		
收到的其他与经营活动有关的现金		
经营活动现金流入小计		
购买商品、接受劳务支付的现金		
支付给职工以及为职工支付的现金		
支付的各项税费		
支付的其他与经营活动有关的现金		
经营活动现金流出小计		
经营活动产生的现金流量净额		

续表

项目	行次	金额
二、投资活动产生的现金流量		
收回投资所收到的现金		
取得投资收益所收到的现金		
处置固定资产、无形资产和其他长期资产所收回的现金净额		
处置子公司及其他营业单位收到的现金净额		
收到的其他与投资活动有关的现金		
投资活动现金流入小计		
购建固定资产、无形资产和其他长期资产所支付的现金净额		
投资所支付的现金		
取得子公司及其他营业单位支付的现金净额		
支付的其他与投资活动有关的现金		
投资活动现金流出小计		
投资活动产生的现金流量净额		
三、筹资活动产生的现金流量		
吸收投资所收到的现金		
借款所收到的现金		
收到的其他与筹资活动有关的现金		
筹资活动现金流入小计		
偿还债务所支付的现金		
分配股利、利润或偿付利息所支付的现金		
支付的其他与筹资活动有关的现金		
筹资活动现金流出小计		
筹资活动产生的现金流量净额		
四、汇率变动对现金及现金等价物的影响		
五、现金及现金等价物净增加额		
加：期初现金及现金等价物余额		
六、期末现金及现金等价物余额		

第五节 所有者权益变动表

一、所有者权益变动表概述

所有者权益变动表是反映公司本期（年度或中期）内所有者权益变动情况的报表。

二、所有者权益变动表的列报格式

所有者权益变动表各项目均需填列“本年金额”和“上年金额”两栏。

所有者权益表变动表“上年金额”栏内各项数字，应根据上年度所有者权益变动表“本年金额”内所列数字填列。上年度所有者权益变动表规定的各个项目的名称和内容同本年度不一致的，应对上年度所有者权益变动表各项目的名称和数字按照本年度的规定进行调整，填入所有者权益变动表的“上年金额”栏内。

所有者权益变动表“本年金额”栏内各项数字一般应根据“实收资本（或股本）”“资本公积”“盈余公积”“利润分配”“库存股”“以前年度损益调整”科目的发生额分析填列。

所有者权益变动表基本格式如表 10－9 所示。

表 10－9　　所有者权益变动表

编制单位：　　年度　　会企 04 表

单位：元

项目	本年金额						上年金额					
	实收资本（或股本）	资本公积	减：库存股	盈余公积	未分配利润	所有者权益合计	实收资本（或股本）	资本公积	减：库存股	盈余公积	未分配利润	所有者权益合计
一、上年年末余额												
加：会计政策变更												
前期差错更正												
二、本年年初余额												
三、本年增减变动金额（减少以“—”号填列）												
（一）综合收益总额												
（二）所有者投入和减少资本												
1. 所有者投入资本												
2. 股份支付计入所有者权益的金额												
3. 其他												
（三）利润分配												
1. 提取盈余公积												
2. 对所有者（或股东）的分配												
3. 其他												
（四）所有者权益内部结转												

续表

项目	本年金额						上年金额					
	实收资本（或股本）	资本公积	减：库存股	盈余公积	未分配利润	所有者权益合计	实收资本（或股本）	资本公积	减：库存股	盈余公积	未分配利润	所有者权益合计
1. 资本公积转增资本（或股本）												
2. 盈余公积转增资本（或股本）												
3. 盈余公积弥补亏损												
4. 其他												
四、本年年末余额												

第六节 附注

一、附注概述

会计报表附注是会计报表的重要组成部分，是对会计报表本身无法或难以充分表达的内容和项目所作的补充说明和详细解释。

二、附注披露的内容

会计报表附注是为了便于会计报表使用者理解会计报表的内容而对会计报表的编制基础、编制依据、编制原则和方法及主要项目等所做的解释。

一般来说，会计报表附注至少应当包括下列内容：

（1）不符合会计假设的说明；

（2）重要会计政策和会计估计及其变更情况、变更原因及其对财务状况和经营成果的影响；

（3）或有事项和资产负债表日后事项的说明；

（4）关联方关系及其交易的说明；

（5）重要资产转让及其出售说明；

（6）企业合并、分立的说明；

（7）重大投资、融资活动；

（8）会计报表中重要项目的明细资料；

（9）有助于理解和分析会计报表需要说明的其他事项。

本章小结

本章主要介绍了财务报告的含义、种类、编制要求，以及资产负债表、利润表、现金流量表的格式、内容和编制方法。财务报告是企业对外提供的反映企业某一特定日期财务状况和某一会计期间经营成果、现金流量及所有者权益等会计信息的总结性书面文件。企业在编制财务报告时应当做到内容完整、数字真实、说明清楚、口径统一、编报及时。资产负债表是反映企业在某一特定日期财务状况的报表，属于静态报表。资产负债表根据“资产 = 负债 + 所有者权益”这一基本公式，按照一定的编制要求编制而成。利润表是反映企业在一定期间生产经营成果的会计报表，它是以“收入 - 费用 = 利润”会计等式为理论依据编制的。现金流量表是反映企业一定会计期间内有关现金和现金等价物的流入和流出信息的会计报表。

【本章重要术语】

财务状况　经营成果　现金流量　资产负债表　利润表　现金流量表　所有者权益变动表　附表　会计报表附注　财务情况说明书

【延伸阅读】

1. 周丽：《论财务会计报告如何顺应新金融形势下的财务环境》，载于《青年时代》2015 年第 23 期。

财务会计报告是反映企业某一特定日期财务情况和某一会计期间运营成果、现金流量的文件。为了可以集中地提醒和反映该会计期间企业的财务情况、运营成果和现金流量等经济信息，需求将分散在账簿中的信息停止整理、分类。

2. 李梅：《借助账簿、凭证、资产负债表手工编制现金流量表》，载于《商业会计》2015 年第 18 期。

企业每月月末都要编制财务报表，现金流量表是财务报表中较难编制的报表之一。为了解决实际工作中的这一难题，本文介绍了一种编制现金流量表的简易方法——会计账簿、会计凭证和资产负债表三者结合的方法，其通俗易懂，便于使用者快速掌握。

3. 殷敏：《现行财务报表的不足与改进》，载于《智富时代》2015 年第 1 期。

企业的财务信息可以分成很多部分，包括记账凭证、账簿、财务报表等。其中企业财务报告的最重要组成部分是会计报表，它是会计凭证填制和会计账簿登记最主要的目的。

4. 谢艳、熊艳、张同健：《知识经济时代财务会计报表变革理论分析》，载于《财会通讯》2015 年第 3 期。

知识经济时代财务会计报表变革主要体现于会计目标的明晰化、会计假设的调整、会计理念的更新、差异化信息披露、会计报表附注的改进、会计制度的更新、兼顾不同报表者的需求，以及构建模糊会计报表。

【复习与思考】

1. 简述财务报告的作用。
2. 资产负债表可以提供哪些会计信息?
3. 简述资产负债表中“期末余额”的具体填列方法。
4. 利润表中各项利润怎样计算?
5. 简述利润表中“本期金额”栏数字的具体填列方法。

第十一章
会计核算形式

【学习目标和要求】 了解会计核算形式的定义与设计原则；掌握记账凭证、汇总记账凭证、日记总账和科目汇总表核算形式的基本内容与基本步骤；理解不同会计核算形式的优缺点和适用范围。

第一节　会计核算形式的意义

一、会计核算形式的定义

会计核算形式，也称会计处理程序，是指账簿组织、记账程序和记账方法相互结合的方式。其中，账簿组织是指账簿的种类、格式以及各种账簿之间的关系，又称账簿体系；记账程序是指会计凭证的整理、填制、传递、账簿的登记以及据以编制会计报表的顺序；记账方法是指账务的处理是手工操作，还是计算机运行。

各单位在会计核算中，都应当根据自身的情况，正确地选用会计核算形式。科学合理的会计核算形式具有以下作用：

1. 促使会计核算组织工作的规范化

有了科学合理的会计核算形式，会计人员在进行会计核算时就能够做到有章可循，使会计核算工作能够有条不紊地进行。

2. 提高会计核算工作的效率

科学合理的会计核算形式可以减少不必要的核算环节，避免低效的重复，将会大大提高会计核算工作的效率。

3. 确保会计核算工作的质量

在会计核算的过程中，保证会计核算工作的质量是对会计工作的基本要求。建立科学合理的会计核算形式，形成加工和整理会计信息的规范机制，将有利于确保会计信息的客观性、完整性。

4. 节约会计核算工作的成本

组织会计核算的过程要耗费人力、物力和财力，因此，会计核算本身也要讲求经济效益。科学合理的会计核算形式选用的会计凭证、会计账簿和会计报表种类适当，数量适中，在一定程度上也能节约会计核算工作的成本。

二、会计核算形式的设计原则

1. 符合会计主体的实际情况

设计会计核算形式时，应充分考虑本会计主体经营管理的特点、规模的大小、经济业务的繁简以及会计机构和会计人员的设置等因素，使会计核算形式与本单位的经济业务的需要相适应。

2. 保证会计核算的质量

确定适用的会计核算形式，要确保能够准确、及时和完整地提供相关和可靠的会计信息资料，以满足会计信息使用者了解会计信息，并据以做出经济决策的需要。

3. 力求降低会计核算的成本

在满足会计核算工作需要，确保会计核算工作质量，提高会计核算工作效率的前提下，力求简化核算手续，节省核算时间，降低核算成本。

4. 有利于建立会计工作岗位责任制

确定会计核算形式，要有利于会计人员的分工与合作，有利于明确各会计人员工作岗位的职责。

第二节　记账凭证核算形式

一、记账凭证核算形式的特点

记账凭证会计核算形式是直接根据经济业务发生后所填制的各种记账凭证逐笔登记总分类账，并定期编制会计报表的一种会计核算形式。记账凭证会计核算形式是最基本的会计核算形式，包括了各种核算程序的基本要素，其他各种会计核算形式都是在此基础上，根据经济管理的需要逐步发展和形成的。

二、记账凭证核算形式下凭证、账簿的组织

在记账凭证核算形式下，记账凭证可采用一种通用的格式，也可以将记账凭证分为收款凭证、付款凭证和转账凭证，作为登记总分类账的依据。

在记账凭证会计核算形式下，需设置现金日记账、银行存款日记账、总分类账和明细分类账。现金日记账和银行存款日记账一般采用收、付、余三栏式；总分类账应按总账科目开设账页，一般采用借、贷、余三栏式；明细分类账则根据经营管理的需要来设置，可采用三栏式、数量金额式或者多栏式。

三、记账凭证核算形式的账务处理程序

（1）经济业务发生后，根据相关的原始凭证编制记账凭证（收款凭证、付款凭证和转账凭证）。

（2）根据收款凭证、付款凭证逐笔登记现金日记账和银行存款日记账。

（3）根据原始凭证和记账凭证，逐笔登记各种明细账。

（4）根据记账凭证逐笔登记总分类账。

（5）期末，将现金日记账、银行存款日记账的余额，以及各种明细分类账户的余额合计数，分别与总分类账户中相应账户的余额进行核对。

（6）期末，根据总分类账和明细分类账的记录，编制会计报表。

记账凭证核算形式的账务处理程序如图 11－1 所示。

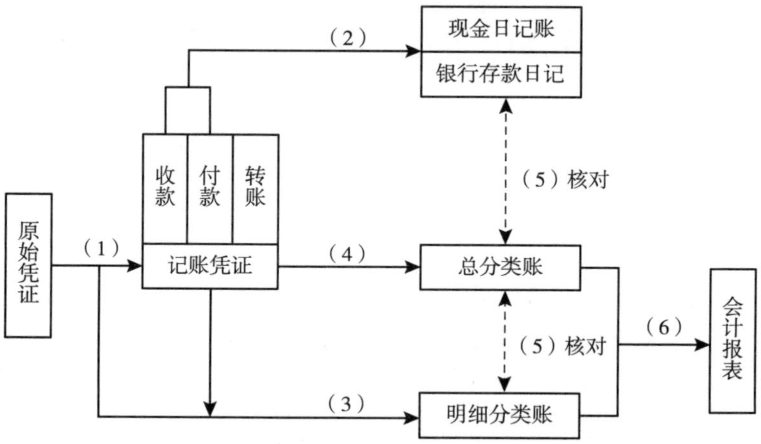

图 11－1　记账凭证核算形式的账务处理程序

四、记账凭证核算形式举例

【**例 11－1**】曙光公司采用记账凭证核算形式进行会计核算，2019 年 9 月 1 日的总分类账账户有关余额如表 11－1 所示。

表 11－1　　　　　　　　总分类账账户期初余额

会计科目	期初余额	
	借方	贷方
库存现金	940	
银行存款	297 600	
应收账款	260 000	
原材料	35 000	
库存商品	22 450	
固定资产	330 500	
累计折旧		150 790
应付账款		160 900
应交税费		7 200
实收资本		500 000
盈余公积		92 600
本年利润		35 000
合计	946 490	946 490

曙光公司 9 月份发生了下列经济业务：

（1）9 月 3 日，从益康公司赊购甲材料 600 公斤，每公斤 500 元，价款 300 000 元，增值税 39 000 元，甲材料验收入库，价款未付。

（2）9 月 4 日，公司用现金 100 元购买办公用品。

（3）9 月 5 日，向燕山公司出售 A 产品 80 件，每件售价 4 000 元，增值税税率为 13%，价款已收到，存入银行。

（4）9 月 7 日，从长江公司购入乙材料 800 公斤，每公斤 300 元，价款 240 000 元，增值税税率为 13%，开出支票支付价款。当日验收入库。

（5）9 月 10 日，公司仓库发出原材料，用途如下：生产 A 产品耗用甲材料 200 公斤，价值 100 000 元；耗用乙材料 150 公斤，价值 45 000 元。生产 B 产品耗用甲材料 150 公斤，价值 75 000 元；耗用乙材料 200 公斤，价值 60 000 元；车间一般性耗用乙材料 12 600 元。

（6）9 月 14 日，以银行存款支付本月水电费 15 000 元。其中：

生产 A 产品耗用　　5 000 元

生产 B 产品耗用　　7 000 元

生产车间照明耗用　　1 800 元

行政管理部门耗用　　1 200 元

（7）9 月 16 日，收到东方公司通过银行转来的所欠货款 234 000 元。

（8）9 月 18 日，购入不需要安装的机器一台（与生产经营无关，增值税进项税额不允许抵扣），价值 500 000 元，随即交付使用，并开出转账支票一张，支付价款。

（9）9 月 20 日，从银行取得半年期贷款 300 000 元。

（10）9 月 25 日，用银行存款支付广告费 3 500 元。

（11）9 月 28 日，用现金 600 元支付生产车间零星修理费。

（12）9 月 30 日，按规定的折旧率，计提本月固定资产折旧费 12 000 元，其中生产车间使用固定资产计提折旧 8 500 元，行政管理部门使用固定资产计提折旧 3 500 元。

（13）9 月 30 日，公司分配本月职工工资，其中生产 A 产品工人的工资 35 000 元，生产 B 产品工人的工资 25 000 元，车间管理人员的工资 5 500 元，行政管理人员的工资 7 000 元。

（14）9 月 30 日，公司根据受益对象分配本期职工福利费。其中，生产 A 产品的职工福利费 4 900 元，生产 B 产品的职工福利费 3 500 元，车间管理人员福利费 770 元，行政管理人员福利费 980 元。

（15）9 月 30 日，按生产工人工资比例分配结转本月发生的制造费用 29 770 元。

（16）9 月 30 日，本月生产的 A 产品完工 100 件，结转其成本 207 266 元。

（17）9 月 30 日，结转本月已销 A 产品成本 165 813 元。

（18）9 月 30 日，公司按规定计算应缴城建税 500 元。

（19）9 月 30 日，公司将本月实现的各项“收入”转入“本年利润”账户。

（20）9 月 30 日，公司将本月发生的各项“支出”转入“本年利润”账户。

（21）9 月 30 日，公司计算本月应缴所得税 34 352 元，并予以结转。

曙光公司采用记账凭证会计核算形式，其账务处理步骤如下：

（1）根据有关的原始凭证或汇总原始凭证填制各种专用记账凭证，如表11－2所示。

表11－2　　　　编制记账凭证

2019年		记账凭证		摘要	借方		贷方	
月	日	字	号		账户名称	金额	账户名称	金额
9	3	转	01	购入甲材料600公斤	原材料——甲材料	300 000		
					应交税费——应交增值税（进项税）	39 000	应付账款	339 000
	4	现付	01	购买办公用品	管理费用	100	库存现金	100
	5	银收	01	出售A产品80件	银行存款	361 600	主营业务收入	320 000
							应交税费—应交增值税（销项税额）	41 600
	7	银付	01	购入乙材料800公斤	原材料——乙材料	240 000		
					应交税费——应交增值税（进项税额）	31 200	银行存款	271 200
	10	转	02	仓库发出原材料	生产成本——A产品	145 000	原材料—甲材料	175 000
					——B产品	135 000	—乙材料	117 600
					制造费用	12 600		
	14	银付	02	支付本月水电费	生产成本——A产品	5 000		
					——B产品	7 000		
					制造费用	1 800		
					管理费用	1 200	银行存款	15 000
	16	银收	02	收回东方欠货款	银行存款	234 000	应收账款	234 000
	18	银付	03	购入机器一台	固定资产	500 000	银行存款	500 000
	20	银收	03	从银行取得半年期贷款	银行存款	300 000	短期借款	300 000

续表

2019年		记账凭证		摘要	借方		贷方	
月	日	字	号		账户名称	金额	账户名称	金额
9	25	银付	04	支付广告费	销售费用	3 500	银行存款	3 500
	28	现付	02	支付生产车间零星修理费	制造费用	600	库存现金	600
	30	转	03	计提折旧费	制造费用	8 500		
					管理费用	3 500	累计折旧	12 000
	30	转	04	分配本月工资	生产成本 ——A 产品	35 000		
					——B 产品	25 000		
					制造费用	5 500		
					管理费用	7 000	应付职工薪酬—工资	72 500
	30	转	05	分配职工福利费	生产成本 ——A 产品	4 900		
					——B 产品	3 500		
					制造费用	770		
					管理费用	980	应付职工薪酬—职工福利	10 150
	30	转	06	分配结转本月制造费用	生产成本 ——A 产品	17 366		
					——B 产品	12 404	制造费用	29 770
	30	转	07	A 产品完工 100 件，结转其成本	库存商品——A	207 266	生产成本	207 266
	30	转	08	结转本月已销 A 产品成本	主营业务成本	165 813	库存商品—A	165 813
	30	转	09	计算应缴城市维护建设税	营业税金及附加	500	应交税费 —应交城建税	500
	30	转	10	结转本月收入	主营业务收入	320 000	本年利润	320 000
	30	转	11	结转本月成本费用支出	本年利润	182 593	营业税金及附加	500
							主营业务成本	165 813
							销售费用	3 500

续表

2019年		记账凭证		摘要	借方		贷方	
月	日	字	号		账户名称	金额	账户名称	金额
9	30	转	11	结转本月成本费用支出			管理费用	12 780
	30	转	12	计算本月应缴所得税	所得税费用	34 352	应交税费——应交所得税	34 352
	30	转	13	结转本月所得税	本年利润	34 352	所得税费用	34 352

（2）根据收款凭证、付款凭证逐笔登记现金日记账和银行存款日记账，如表11－3、表11－4所示。

表11－3　　现金日记账

2019年		凭证字号	摘要	对方科目	收入	支出	余额
月	日						
9	1		月初余额				940
	4	现付01	购买办公用品	管理费用		100	840
	28	现付02	支付生产车间修理费	制造费用		600	240
	30		本月合计			700	240

表11－4　　银行存款日记账

2019年		凭证字号	摘要	银行结算凭证	对方科目	收入	支出	余额
月	日							
9	1		月初余额	略				297 600
	5	银收01	出售A产品		主营业务收入等	361 600		659 200
	7	银付01	购入乙材料		原材料等		271 200	388 000
	14	银付02	支付水电费		生产成本等		15 000	373 000
	16	银收02	收回东方欠款		应收账款	234 000		607 000
	18	银付03	购入机器一台		固定资产		500 000	107 000
	20	银收03	取得半年贷款		短期借款	300 000		407 000
	25	银付04	支付广告费		销售费用		3 500	403 500
	30		本月合计			895 600	789 700	403 500

（3）根据原始凭证或汇总原始凭证和记账凭证，逐笔登记各种

明细账，如表 11 -5 ~ 表 11 -8 所示。

表 11 -5　　　　　　原材料明细账

材料名称：甲材料　　　　　　　　　　　　　　　计量单位：公斤

2019 年		凭证字号	摘要	单价	收入		发出		结存	
月	日				数量	金额	数量	金额	数量	金额
9	1		月初余额	500					46	23 000
	3	转 01	购入材料入库	500	600	300 000			646	323 000
	10	转 02	生产领用材料	500			350	175 000	296	148 000
	30		本月合计		600	300 000	350	175 000	296	148 000

表 11 -6　　　　　　原材料明细账

材料名称：乙材料　　　　　　　　　　　　　　　计量单位：公斤

2019 年		凭证字号	摘要	单价	收入		发出		结存	
月	日				数量	金额	数量	金额	数量	金额
9	1		月初余额	300					40	12 000
	7	银付 01	购入材料入库	300	800	240 000			840	252 000
	10	转 02	生产领用材料	300			350	105 000	490	147 000
	10	转 02	车间生产领用	300			42	12 600	448	134 400
	30		本月合计		800	240 000	392	117 600	448	134 400

表 11 -7　　　　　　生产成本明细账

产品品种：A 产品

2019 年		凭证字号	摘要	借方				借或贷	余额
月	日			直接材料	直接人工	制造费用	合计		
9	1		月初余额						
	10	转 02	生产耗料	145 000			145 000	借	145 000
	14	银付 02	本月水电费			5 000	5 000	借	5 000
	30	转 04	分配职工工资		35 000		35 000	借	35 000
	30	转 05	分配福利费		4 900		4 900	借	4 900
	30	转 06	分配制造费用			17 366	17 366	借	17 366
	30	转 07	结转完工成本	145 000	39 900	22 366	207 266	平	0
	30		本月合计	0	0	0	0	平	0

表 11－8 **生产成本明细账**

产品品种：B 产品

2019 年		凭证字号	摘要	借方				借或贷	余额
月	日			直接材料	直接人工	制造费用	合计		
9	1		月初余额						
	10	转 02	生产耗料	135 000			135 000	借	135 000
	14	银付 02	本月水电费			7 000	7 000	借	7 000
	30	转 04	分配职工工资		25 000		25 000	借	25 000
	30	转 05	分配福利费		3 500		3 500	借	3 500
	30	转 06	分配制造费用			12 404	12 404	借	12 404
	30		本月合计	135 000	28 500	19 404	182 904	借	182 904

（4）根据记账凭证逐笔登记总分类账，如表 11－9 ~ 表 11－29 所示。

表 11－9 **总分类账**

会计科目：库存现金

2019 年		凭证字号	摘要	借方	贷方	借或贷	余额
月	日						
9	1		月初余额’			借	940
	4	现付 01	购买办公用品		100	借	840
	28	现付 02	支付生产车间修理费		600	借	240
	30		本月合计		700	借	240

表 11－10 **总分类账**

会计科目：银行存款

2019 年		凭证字号	摘要	借方	贷方	借或贷	余额
月	日						
9	1		月初余额’			借	297 600
	5	银收 01	出售 A 产品	361 600		借	659 200
	7	银付 01	购入乙材料		271 200	借	388 000
	14	银付 02	支付水电费		15 000	借	373 000
	16	银收 02	收回东方欠款	234 000		借	607 000
	18	银付 03	购入机器一台		500 000	借	107 000
	20	银收 03	取得半年贷款	300 000		借	407 000
	25	银付 04	支付广告费		3 500	借	403 500
	30		本月合计	895 600	789 700	借	403 500

表 11－11 **总分类账**

会计科目：应收账款

2019 年		凭证字号	摘要	借方	贷方	借或贷	余额
月	日						
9	1		月初余额			借	260 000
	16	银收 02	收回东方欠货款		234 000	借	26 000
	30		本月合计		234 000	借	26 000

表 11－12 **总分类账**

会计科目：原材料

2019 年		凭证字号	摘要	借方	贷方	借或贷	余额
月	日						
9	1		月初余额			借	35 000
	3	转 01	购入甲材料 600 公斤	300 000		借	335 000
	7	银付 01	购入乙材料 800 公斤	240 000		借	575 000
	10	转 02	生产领用甲材料		175 000	借	400 000
	10	转 02	生产领用乙材料		105 000	借	295 000
	10	转 02	车间生产领用		12 600	借	282 400
	30		本月合计	540 000	292 600	借	282 400

表 11－13 **总分类账**

会计科目：生产成本

2019 年		凭证字号	摘要	借方	贷方	借或贷	余额
月	日						
9	1		月初余额				
	10	转 02	耗用甲材料	175 000		借	175 000
	10	转 02	耗用乙材料	105 000		借	280 000
	14	银付 02	本月水电费	12 000		借	292 000
	30	转 04	分配本月工资	60 000		借	352 000
	30	转 05	分配职工福利费	8 400		借	360 400
	30	转 06	分配结转本月制造费用	29 770		借	390 170
	30	转 07	结转完工成本		207 266	借	182 904
	30		本月合计	390 170	207 266	借	182 904

表 11－14　　　　　　　　　总分类账

会计科目：制造费用

2019 年		凭证字号	摘要	借方	贷方	借或贷	余额
月	日						
9	10	转 02	车间生产领用	12 600		借	12 600
	14	银付 02	本月水电费	1 800		借	14 400
	28	现付 02	生产车间零星修理费	600		借	15 000
	30	转 03	计提折旧费	8 500		借	23 500
	30	转 04	分配本月工资	5 500		借	29 000
	30	转 05	分配职工福利费	770		借	29 770
	30	转 06	分配结转本月制造费用		29 770	平	0
	30		本月合计	29 770	29 770	平	0

表 11－15　　　　　　　　　总分类账

会计科目：库存商品

2019 年		凭证字号	摘要	借方	贷方	借或贷	余额
月	日						
9	1		月初余额			借	22 450
	30	转 07	结转完工成本	207 266		借	229 716
	30	转 08	结转本月已销产品成本		165 813	借	63 903
	30		本月合计	207 266	165 813	借	63 903

表 11－16　　　　　　　　　总分类账

会计科目：固定资产

2019 年		凭证字号	摘要	借方	贷方	借或贷	余额
月	日						
9	1		月初余额			借	330 500
	18	银付 03	购入机器一台	500 000		借	830 500
	30		本月合计	500 000		借	830 500

表 11－17 **总分类账**

会计科目：累计折旧

2019 年		凭证字号	摘要	借方	贷方	借或贷	余额
月	日						
9	1		月初余额			贷	150 790
	30	转 03	计提折旧费		12 000	贷	162 790
	30		本月合计		12 000	贷	162 790

表 11－18 **总分类账**

会计科目：短期借款

2019 年		凭证字号	摘要	借方	贷方	借或贷	余额
月	日						
9	1		月初余额				
	20	银收 03	取得半年贷款		300 000	贷	300 000
	30		本月合计		300 000	贷	300 000

表 11－19 **总分类账**

会计科目：应付账款

2019 年		凭证字号	摘要	借方	贷方	借或贷	余额
月	日						
9	1		月初余额			贷	160 900
	3	转 01	购入甲材料 600 公斤		339 000	贷	499 900
	30		本月合计		339 000	贷	499 900

表 11－20 **总分类账**

会计科目：应付职工薪酬

2019 年		凭证字号	摘要	借方	贷方	借或贷	余额
月	日						
9	30	转 04	分配本月工资		72 500	贷	72 500
	30	转 05	分配职工福利费		10 150	贷	82 650
	30		本月合计		82 650	贷	82 650

表 11－21 **总分类账**

会计科目：应交税费

2019 年		凭证字号	摘要	借方	贷方	借或贷	余额
月	日						
9	1		月初余额			贷	7 200
	3	转 01	进项增值税	39 000		借	31 800
	5	银收 01	销项增值税		41 600	贷	9 800
	7	银付 01	进项增值税	31 200		借	21 400
	30	转 09	城市维护建设税		500	借	20 900
	30	转 12	所得税		34 352	贷	13 452
	30		本月合计	70 200	76 452	贷	13 452

表 11－22 **总分类账**

会计科目：实收资本

2019 年		凭证字号	摘要	借方	贷方	借或贷	余额
月	日						
9	1		月初余额			贷	500 000
	30		本月合计			贷	500 000

表 11－23 **总分类账**

会计科目：盈余公积

2019 年		凭证字号	摘要	借方	贷方	借或贷	余额
月	日						
9	1		月初余额			贷	92 600
	30		本月合计			贷	92 600

表 11－24 **总分类账**

会计科目：主营业务收入

2019 年		凭证字号	摘要	借方	贷方	借或贷	余额
月	日						
9	5	银收 01	出售 A 产品 80 件		320 000	贷	320 000
	30	转 10	结转本月收入	320 000		平	0
	30		本月合计	320 000	320 000	平	0

表 11－25 **总分类账**

会计科目：主营业务成本

2019 年		凭证字号	摘要	借方	贷方	借或贷	余额
月	日						
9	30	转 08	结转本月已销产品成本	165 813			
	30	转 11	结转本月成本		165 813	平	0
	30		本月合计	165 813	165 813	平	0

表 11－26 **总分类账**

会计科目：营业税金及附加

2019 年		凭证字号	摘要	借方	贷方	借或贷	余额
月	日						
9	30	转 09	应缴城市维护建设税	500			
	30	转 11	结转营业税金及附加		500	平	0
	30		本月合计	500	500	平	0

表 11－27 **总分类账**

会计科目：管理费用

2019 年		凭证字号	摘要	借方	贷方	借或贷	余额
月	日						
9	4	现付 01	购买办公用品	100		借	100
	14	银付 02	支付本月水电费	1 200		借	1 300
	30	转 03	计提折旧费	3 500		借	4 800
	30	转 04	分配管理人员工资	7 000		借	30 200
	30	转 05	分配职工福利费	980		借	12 780
	30	转 11	结转本月成本费用支出		12 780	平	0
	30		本月合计	12 780	12 780	平	0

表 11－28 **总分类账**

会计科目：所得税费用

2019 年		凭证字号	摘要	借方	贷方	借或贷	余额
月	日						
9	30	转 12	计算本月应缴所得税	34 352			34 352
	30	转 13	结转本月所得税		34 352	平	0
	30		本月合计			平	0

表 11－29 **总分类账**

会计科目：本年利润

2019 年		凭证字号	摘要	借方	贷方	借或贷	余额
月	日						
9	1		月初余额			贷	35 000
	30	转 10	结转本月收入		320 000	贷	355 000
	30	转 11	结转本月已销产品成本	165 813		贷	
	30	转 11	营业税金及附加	500		贷	
	30	转 11	销售费用	3 500		贷	
	30	转 11	管理费用	12 780		贷	
	30	转 13	结转本月所得税	34 352		贷	
	30		本月合计	216 945	320 000	贷	138 055

（5）期末，将现金日记账、银行存款日记账的余额，以及各种明细分类账户的余额合计数，分别与总分类账户中相应账户的余额进行核对（略）。

（6）期末，根据总分类账和明细分类账的记录，编制会计报表（略）。

记账凭证核算形式比较简单明了，容易理解，在记账凭证上能够清晰地反映账户之间的对应关系，总分类账比较详细地记录和反映了经济业务的发生情况，来龙去脉比较容易掌握，便于了解经济业务和查对账目。记账凭证核算形式的缺点在于总分类账是直接根据记账凭证逐笔登记的，如果一个企业规模大，记账凭证多，登记总分类账的工作量也会很大，所以，这种会计核算形式一般适用于规模小且经济业务较少的会计主体。

第三节 汇总记账凭证核算形式

一、汇总记账凭证核算形式的特点

汇总记账凭证核算形式是定期地将全部记账凭证按收、付款凭证和转账凭证分别归类编制成汇总记账凭证，然后根据汇总记账凭证登记总分类账，并定期编制会计报表的一种会计核算形式。

二、汇总记账凭证核算形式下凭证、账簿的组织

在汇总记账凭证核算形式下，除了设置收款凭证、付款凭证和转账凭证外，还应设置汇总收款凭证、汇总付款凭证和汇总转账凭证，作为登记总分类账的依据。账簿设置与记账凭证会计核算形式和科目汇总表会计核算形式相同，即仍需设置现金日记账、银行存款日记账以及总分类账和各种明细分类账，其中日记账和总账采用三栏式账页，明细账根据所记录业务的内容，可采用三栏式账页、数量金额式账页或多栏式账页。

三、汇总记账凭证核算形式的账务处理程序

（1）经济业务发生后，根据原始凭证编制记账凭证（包括收款凭证、付款凭证和转账凭证）。

（2）根据收款凭证、付款凭证逐笔登记现金日记账和银行存款日记账。

（3）根据原始凭证和记账凭证，登记各种明细账。

（4）根据收款凭证、付款凭证和转账凭证，定期编制汇总收款凭证、汇总付款凭证和汇总转账凭证。

（5）根据定期编制的各种汇总记账凭证登记总分类账。

（6）期末，将现金日记账、银行存款日记账的余额，以及各种明细分类账户余额合计数，分别与总分类账户中有关科目的余额核对相符。

（7）期末，根据核对无误的总分类账和各种明细分类账的记录，编制会计报表。

汇总记账凭证会计核算形式的账务处理程序如图 11－2 所示。

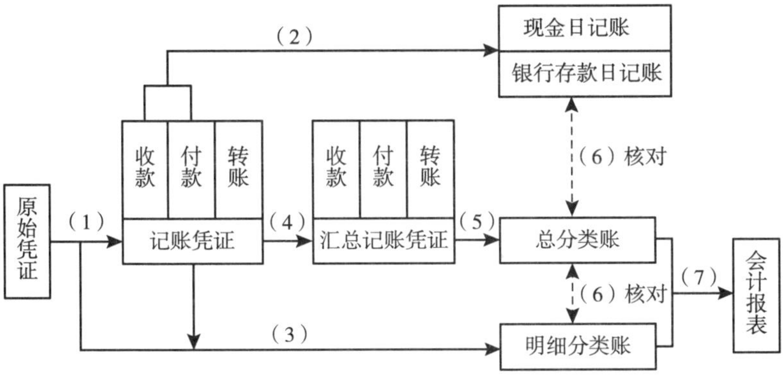

图 11－2　汇总记账凭证核算形式的账务处理程序

四、汇总记账凭证核算形式举例

根据本章第二节中曙光公司的相关资料，采用汇总记账凭证会计核算形式，其账务处理步骤如下：

（1）根据原始凭证编制记账凭证，如表 11－2 所示。

（2）根据收款凭证、付款凭证逐笔登记现金日记账和银行存款日记账，如表 11－3 和表 11－4 所示。

（3）根据原始凭证和记账凭证，登记各种明细账，如表 11－5～表 11－8 所示。

（4）根据收款凭证、付款凭证和转账凭证，定期编制汇总收款凭证、汇总付款凭证和汇总转账凭证。

汇总记账凭证是在日常会计核算过程中所填制的各种专用记账凭证基础上，按照凭证的种类采用一定的方法进行汇总编制而成的。不同种类的汇总记账凭证，其编制方法也有所不同。

①汇总收款凭证的编制方法。汇总收款凭证是按照借方科目设置一定时期的全部收款凭证，按贷方科目定期（5 天或 10 天等）进行汇总编制的凭证。每月编制一张现金汇总收款凭证和一张银行存款汇总收款凭证，就可囊括全部收款凭证。由于收款凭证反映的是现金或银行存款的收款业务，因而，在编制汇总收款凭证时要求按“借方科目设置”，实际上就是按照“现金”或“银行存款”来设置，按其对应的贷方科目进行汇总。在这种核算形式下，平时编制的收款凭证应是一借一贷或一借多贷，不允许编制多借多贷或者多借一贷的凭证。根据第二节中曙光公司的相关资料，编制银行存款汇总收款凭证，如表 11－30 所示。

表 11－30　　汇总收款凭证

借方科目：银行存款　　2019 年 9 月　　汇收字 1 号

贷方科目	金额				总账页数	
	1～10 日 收款凭证共 1 张	11～20 日 收款凭证共 2 张	21～30 日 收款凭证共　张	合计	借方	贷方
主营业务收入	320 000			320 000		
应交税费	41 600			41 600		
应收账款		234 000		234 000		
短期借款		300 000		300 000		
合计	361 600	534 000		895 600		

②汇总付款凭证的编制方法。汇总付款凭证是按照贷方科目设置一定时期的全部付款凭证，按借方科目定期（5 天或 10 天等）进行汇总编制的凭证。每月编制一张现金汇总付款凭证和一张银行存款汇总付款凭证，就可囊括全部付款凭证。由于付款凭证反映的是现金或银行存款的付款业务，因而，在编制汇总付款凭证时要求按“贷方科目设置”，实际上就是按照“现金”或“银行存款”来设置，按其对应的借方科目进行汇总。在这种核算形式下，平时编制的付款凭证应是一借一贷或一贷多借，不允许编制多借多贷或一借多贷的凭证。根据第二节中曙光公司的相关资料，编制现金汇总付款凭证和银行存款汇总付款凭证，如表 11－31、表 11－32 所示。

表 11－31　　汇总付款凭证

贷方科目：库存现金　　2019 年 9 月　　汇付字 1 号

借方科目	金额				总账页数	
	1～10 日 收款凭证共 1 张	11～20 日 收款凭证共　张	21～30 日 收款凭证共 1 张	合计	借方	贷方
管理费用	100			100		
制造费用			600	600		
合计	100		600	700		

表 11－32　　　　**汇总付款凭证**

贷方科目：银行存款　　　　2019 年 9 月　　　　汇付字 2 号

借方科目	金额				总账页数	
	1～10 日 收款凭证共 1 张	11～20 日 收款凭证共 2 张	21～30 日 收款凭证共 1 张	合计	借方	贷方
原材料	240 000			240 000		
应交税费	31 200			31 200		
生产成本		12 000		12 000		
制造费用		1 800		1 800		
管理费用		1 200		1 200		
固定资产		500 000		500 000		
销售费用			3 500	3 500		
合计	271 200	515 000	3 500	789 700		

③汇总转账凭证的编制方法。汇总转账凭证是按照贷方科目设置一定时期的全部转账凭证，按借方科目定期（5 天或 10 天等）进行汇总编制的凭证。由于转账凭证的借、贷方科目均无规律性，为避免混乱，规定汇总转账凭证一律按转账凭证的贷方科目分别设置，按与设置科目相对应的借方科目加以归类，定期汇总，每月编制一张。月末时，结算出各汇总转账凭证中各借方科目的合计数，作为登记总账的依据。如果某一贷方科目的转账凭证数量不多，也可以不编制汇总转账凭证，直接根据转账凭证登记总分类账。另外需要说明的是，由于汇总转账凭证上的对应关系是一个贷方科目与一个或几个借方科目相对应，因此，为了便于编制汇总转账凭证，平时填制转账凭证时，应按一贷一借或一贷多借的形式填制，不能填制一借多贷或多借多贷的会计分录。根据第二节中曙光公司的相关资料，编制相关汇总转账凭证，如表 11－33 所示。

表 11－33　　　　**汇总转账凭证**

贷方科目：原材料　　　　2019 年 9 月　　　　汇转字 1 号

借方科目	金额				总账页数	
	1～10 日 收款凭证共 1 张	11～20 日 收款凭证共　张	21～30 日 收款凭证共　张	合计	借方	贷方
生产成本	280 000			280 000		
制造费用	12 600			12 600		
合计	292 600			292 600		

（5）根据定期编制的各种汇总记账凭证登记总分类账，如表11－34、表11－35所示。

表11－34　　　　　　　　　　总分类账

会计科目：库存现金

2019年		凭证字号	摘要	对方科目	收入	支出	借或贷	余额
月	日							
9	1		月初余额				借	940
	30	汇付字1号		管理费用		100	借	840
				制造费用		600	借	240
	30		本月合计			700	借	240

表11－35　　　　　　　　　　总分类账

会计科目：银行存款

2019年		凭证字号	摘要	对方科目	收入	支出	借或贷	余额
月	日							
9	1		月初余额				借	297 600
	30	汇收字1号		主营业务收入	320 000		借	
				应交税费	41 600		借	
				应收账款	234 000		借	
				短期借款	300 000		借	
	30	汇付字2号		原材料		240 000		
				应交税费		31 200	借	
				生产成本		12 000	借	
				制造费用		1 800	借	
				管理费用		1 200	借	
				固定资产		500 000	借	
				销售费用		3 500	借	
	30		本月合计		895 600	789 700	借	403 500

（6）期末，将现金日记账、银行存款日记账的余额，以及各种明细分类账户余额合计数，分别与总分类账户中有关科目的余额核对相符（略）。

（7）期末，根据核对无误的总分类账和各种明细分类账的记录，编制会计报表（略）。

汇总记账凭证会计核算形式与记账凭证会计核算形式和科目汇总表会计核算形式相比，其优点是：由于汇总记账凭证是根据一定时期内全部记账凭证，按照科目对应关系进行归类、汇总编制的，便于通过有关科目之间的对应关系了解经济业务的来龙去脉。在汇总记账凭证会计核算形式下，总分类账根据汇总记账凭证，于月终时一次登记入账，减少了登记总分类账的工作量，这就克服了记账凭证会计核算形式的缺点。

汇总记账凭证会计核算形式的不足之处在于，汇总转账凭证是按每一贷方科目归类汇总，而没有考虑经济业务的性质，不利于会计核算工作的分工。此外，当转账凭证数量较多时，编制汇总转账凭证的工作量也较大，有时，对于汇总过程中出现的错误很难发现。这种会计核算形式适用于规模较大、业务量较多，专用记账凭证也比较多的会计主体。

第四节　日记总账核算形式

一、日记总账核算形式的特点

日记总账核算形式是根据各种记账凭证逐笔登记日记总账，并定期编制会计报表的一种账务处理程序。日记总账会计核算形式的主要特点是预先设置日记总账，然后直接根据记账凭证逐笔登记日记总账。

二、日记总账核算形式下凭证、账簿的组织

在日记总账核算形式下，设置的记账凭证主要是收款凭证、付款凭证和转账凭证，也可以采用通用记账凭证。账簿除了与前面几种核算形式一样要设置现金日记账、银行存款日记账和各种明细分类账之外，还要专门设置日记总账。日记总账是将序时账和分类账结合在一起的联合账簿。日记总账一般为多栏式，即将经济业务发生后可能涉及的账户分设专栏列示在同一张账页上，每一个账户下又设借、贷两栏。日记总账的登记是按经济业务发生的时间顺序登记到相关的总分类账户的借方或贷方栏中。

三、日记总账核算形式的账务处理程序

（1）经济业务发生以后，根据有关的原始凭证填制各种专用记账凭证（收款凭证、付款凭证和转账凭证）。

（2）根据收款凭证和付款凭证逐笔登记现金日记账和银行存款日记账。

（3）根据记账凭证、原始凭证逐笔登记明细分类账。

（4）根据各种记账凭证登记日记总账。

（5）期末，将现金日记账、银行存款日记账、各明细分类账的余额与日记总账中相应账户的余额进行核对。

（6）期末，根据日记总账和明细分类账编制会计报表。

日记总账核算形式的账务处理程序如图 11－3 所示。

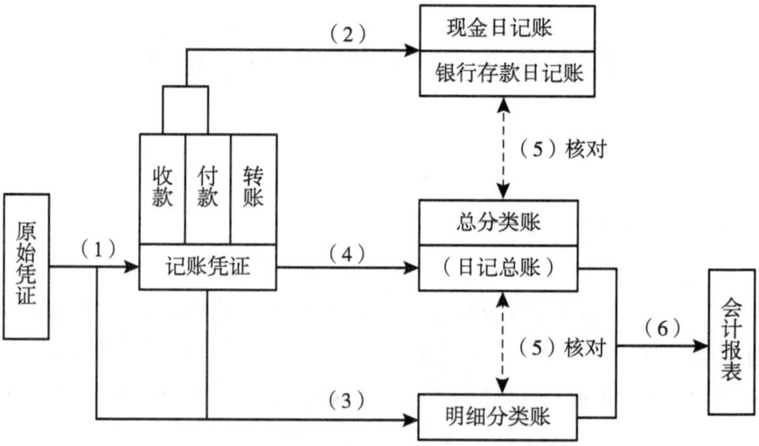

图 11－3　日记总账核算形式的账务处理程序

四、日记总账核算形式举例

根据本章第二节中曙光公司的相关资料，采用日记总账核算形式，其账务处理步骤如下：

（1）根据原始凭证编制记账凭证，如表 11－2 所示。

（2）根据收款凭证、付款凭证逐笔登记现金日记账和银行存款日记账，如表 11－3 和表 11－4 所示。

（3）根据记账凭证、原始凭证逐笔登记明细分类账，如表 11－5～表 11－8 所示。

（4）根据各种记账凭证登记日记总账，如表 11－36 所示。

表 11-36 日记总账

2019 年		记账凭证	摘要	发生额	现金		银行存款		原材料		略
月	日				借方	贷方	借方	贷方	借方	贷方	
9	1		月初余额		940		297 600				
	3	转 01	购入材料	339 000					300 000		
			（略）								
	30		本月合计								

（5）期末，将现金日记账、银行存款日记账、各明细分类账的余额与日记总账中相应账户的余额进行核对（略）。

（6）期末，根据日记总账和明细分类账编制会计报表（略）。

日记总账核算形式是将日记账和总分类账结合在一起，大大简化了登记总分类账的手续，核算程序简便易行。在日记总账核算形式下，直接根据记账凭证登记总分类账，并且将所有会计科目列示在一张账页上面，而不是分设在各个账簿中，可以清楚地反映账户之间的对应关系，清楚反映经济业务的来龙去脉，有利于进行会计检查和分析。

但是，在日记总账核算形式下，依然要对发生的每一笔经济业务根据发生的时间顺序来逐笔登记，实际上造成了日记账与明细分类账的重复登记。此外，对于使用会计科目较多的会计主体，日记总账的账页势必设计得很庞大，栏次众多，容易导致登记串行等错误，也不便于会计人员的业务分工。因此，日记总账核算形式一般适用于规模小、业务少、使用会计科目不多的会计主体。

第五节 科目汇总表核算形式

一、科目汇总表核算形式的特点

科目汇总表核算形式是定期地将所有记账凭证汇总编制成科目汇总表，然后根据科目汇总表登记总分类账，并定期编制会计报表的一种会计核算形式。

二、科目汇总表核算形式下凭证、账簿的组织

在科目汇总表会计核算形式下，除了设置收款凭证、付款凭证和转账凭证外，还要设置“科目汇总表”。为了便于按科目归类汇总编制科目汇总表，要求所有记账凭证的科目对应关系为一个借方科目与一个贷方科目相对应，或者所有记账凭证采用单式记账凭证。账簿设置与记账凭证采用单式记账凭证。账簿设置与记账凭证会计核算形式相同，即仍需设置现金日记账、银行存款日记账以及总分类账和各种明细分类账，其中，日记账和总账采用三栏式账页，明细账根据所记录业务的内容，可采用三栏式账页、数量金额式账页或多栏式账页。

三、科目汇总表核算形式的账务处理程序

（1）经济业务发生后，根据原始凭证编制记账凭证（包括收款凭证、付款凭证和转账凭证）。

（2）根据收款凭证、付款凭证逐笔登记现金日记账和银行存款日记账。

（3）根据原始凭证、记账凭证，登记各种明细账。

（4）定期根据各种记账凭证编制科目汇总表。

（5）根据定期编制的科目汇总表登记总分类账。

（6）期末，将现金日记账、银行存款日记账的余额，以及各种明细分类账户余额合计数，分别与总分类账户中有关科目的余额核对相符。

（7）期末，根据核对无误的总分类账和各种明细分类账的记录，编制会计报表。

科目汇总表核算形式的账务处理程序如图 11－4 所示。

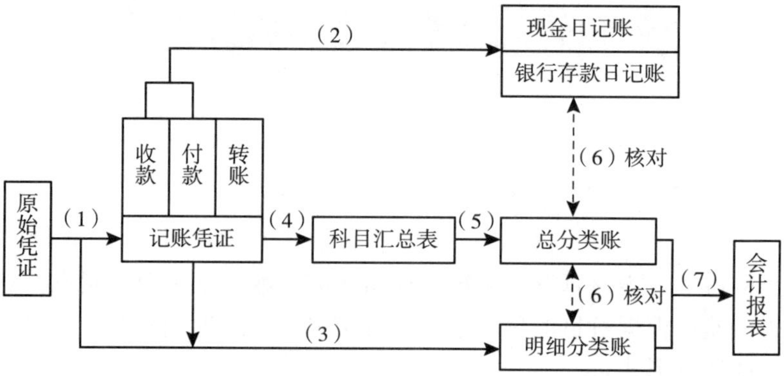

图 11－4　科目汇总表核算形式的账务处理程序

四、科目汇总表核算形式举例

根据本章第二节中曙光公司的相关资料，采用科目汇总表核算形式，其账务处理步骤如下：

（1）根据原始凭证编制记账凭证。如表 11 －2 所示。

（2）根据收款凭证、付款凭证逐笔登记现金日记账和银行存款日记账。如表 11 －3 和表 11 －4 所示。

（3）根据原始凭证和记账凭证，登记各种明细账。如表 11 －5 ~表 11 －8 所示。

（4）定期根据各种记账凭证编制科目汇总表。

科目汇总表根据一定时期内的全部记账凭证，按科目进行归类编制。在科目汇总表中，分别计算出每一个总账科目的借方发生额合计数和贷方发生额合计数。由于借贷记账法的记账规则是“有借必有贷，借贷必相等”，所以，在编制的科目汇总表内，全部总账科目的借方发生额合计数，应与贷方发生额合计数相等，如表 11 －37 所示。

表 11 －37　　科目汇总表

2019 年 9 月 30 日　　科汇字 1 号

会计科目	1 ~10 日发生额		11 ~20 日发生额		21 ~30 日发生额		合计	
	借方	贷方	借方	贷方	借方	贷方	借方	贷方
库存现金		100				600		700
银行存款	361 600	271 200	534 000	515 000		3 500	895 600	789 700
应收账款				234 000				234 000
原材料	540 000	292 600					540 000	292 600
生产成本	280 000		12 000		98 170	207 266	390 170	207 266
制造费用	12 600		1 800		15 370	29 770	29 770	29 770
库存商品					207 266	165 813	207 266	165 813
固定资产			500 000				500 000	
累计折旧						12 000		12 000
短期借款				300 000				300 000
应付账款		339 000						339 000
应付职工薪酬						82 650		82 650

续表

会计科目	1～10 日发生额		11～20 日发生额		21～30 日发生额		合计	
	借方	贷方	借方	贷方	借方	贷方	借方	贷方
应交税费	70 200	41 600				34 852	70 200	76 452
主营业务收入		320 000			320 000		320 000	320 000
主营业务成本					165 813	165 813	165 813	165 813
营业税金及附加					500	500	500	500
管理费用	100		1 200		11 480	12 780	12 780	12 780
销售费用					3 500	3 500	3 500	3 500
所得税费用					34 352	34 352	34 352	34 352
本年利润					216 945	320 000	216 945	320 000
合计	1 264 500	1 264 500	1 049 000	1 049 000	1 073 396	1 073 396	3 386 896	3 386 896

（5）根据定期编制的科目汇总表登记总分类账。

科目汇总表会计核算形式下的总账一般采用三栏式，其登记工作可以在每旬汇总后登记一次，也可以按全月合计数于月末一次登记总分类账。表 11－38 是曙光公司根据科目汇总表登记的“银行存款”总账，其他总分类账的登记方法从略。

表 11－38　　　　总分类账

会计科目：银行存款

2019 年		凭证字号	摘要	借方	贷方	借或贷	余额
月	日						
9	1		月初余额			借	297 600
	30	科汇 1	本月发生额	908 400	799 300	借	406 700
	30		本月合计	895 600	789 700	借	403 500

（6）期末，将现金日记账、银行存款日记账的余额，以及各种明细分类账户余额合计数，分别与总分类账户中有关科目的余额核对

相符（略）。

（7）期末，根据核对无误的总分类账和各种明细分类账的记录，编制会计报表（略）。

科目汇总表核算形式一个显著优点就是大大减少了登记总分类账的次数，每月只登记一次或几次，而账面所反映的本期借方、贷方发生额以及期末余额完全相同。因此，科目汇总表核算形式下，在登记总账之前就能进行试算平衡，验证记录的正确性。

但是，按照相同科目归类编制的科目汇总表只反映各账户的借方本期发生额和贷方本期发生额，不反映各个账户的对应关系和经济业务的来龙去脉，不便于分析、检查经济活动情况。这种核算形式一般适用于业务量较大、记账凭证较多的会计主体。

第六节　计算机账务处理形式

自第一台计算机诞生以来，信息技术在诸多领域里得到了广泛运用。会计是较早应用计算机的领域之一。1954 年美国通用电气公司开始将计算机运用到工资的计算上，随后西方一些公司开始广泛将其运用到工资、材料等方面的会计核算。20 世纪 70 年代以后，计算机技术的发展进一步加速了计算机在会计领域的普及。

一、会计电算化与会计信息化

（一）会计电算化

会计电算化是应用计算机处理会计业务的简称，是基于会计凭证、会计账簿、会计报表等核算工作，将原来的手工方式转变为计算机核算，在早期，它的主要特点是降低手工操作难度和工作量，提高会计核算的工作效率和准确性。后来，它逐渐将计算机领域和其他领域新的理论和技术综合应用于会计核算和财务管理工作中，以提高工作效率，实现会计工作的现代化。

会计电算化以计算机替代人工记账，减轻了会计人员的劳动强度，提高了会计核算的速度和准确度，与此同时，它还改变了会计数据的处理程序与方法、存储和输出形式，扩大了会计数据领域，提高了会计信息质量，影响并改变了会计内部控制与审计的方法和技术。

（二）会计信息化

会计电算化主要指在会计工作中使用计算机技术，其处理的对象是会计数据，处理范围基本上局限于会计部门自身。然而一个企业的财务信息往往涉及多个部门，如采购、销售、生产、运输等。这些部门构成了企业财务信息的产生、传递和变化的主体。会计部门只是财务信息的最后接收者和处理者。并且许多企业实施会计电算化后，由于缺乏整体的规划，导致企业内部其他信息化系统与会计电算化系统之间缺乏交流与沟通，使会计电算化不得不采用手工辅助的办法与外界交流，其信息化的作用也大大降低。因此，随着信息技术和其他技术的不断发展，传统的会计电算化已无法适应信息化社会的要求。

会计信息化是将现代信息技术，包括硬件、软件、数据库、网络等多种技术在内综合应用于会计领域，集物流、资金流、信息流与业务流为一体的系统工程，是一种从形式到内容的根本性变革，是在会计电算化的基础上发展的新阶段。

二、手工会计账务处理的不足

在信息社会的经济背景下，传统的手工账务处理方式存在以下不足：

首先，信息来源的不足。传统的手工会计不能提供实时的会计信息；且以货币为计量单位，许多重要资源无法用货币计量，难以将整个企业的资源进行整合。而当信息使用者关注企业未来发展，强调数据的相关性和灵活性时，更希望能够多层次、多角度地分析企业的财务状况和经营成果，传统手工会计账务处理经常无能为力。

其次，信息处理的不足。传统的手工会计账务处理只能处理经过"筛选"的会计数据，通过对原始凭证、记账凭证、明细账及总账进行加工。这个过程有严格的处理原则，按照一定的程序进行，仅可以在一定程度反映经济活动的全貌。但该过程只是对经济活动的结果进行反映，从中看不到每项经济活动发生、执行与完成的全过程，并且随着活动量增加，工作量也会增加，处理速度大大降低，传统手工会计账务处理明显力不从心。

再次，信息存储的不足。手工会计处理模式下，会计信息主要存放于纸质材料为主的账簿、凭证等会计档案中。占用空间大、消耗人力物力多、检索和查找困难，物理可存放时间短，且存放的外部条件要求较高。而现在的信息存储技术发展飞速，企业数十年的经营数据的存放可能只需要几张光盘，检索速度可能只有几秒钟，并且可以重复备份，传统手工会计账务处理不免望洋兴叹。

最后，信息输出的不足。手工会计处理模式下，由于前述不足，只能采用单一化的信息披露模式，将全部输出的信息存放于资产负债表、损益表、现金流量表这三张报表上，提供给特定的使用者。然而在新的经济环境下，信息使用者的范围越来越广，他们所需要的会计信息也越来越多，单一的信息披露模式已不能满足他们进行相关决策的需要。信息技术多样化的处理手段能够按照使用者要求轻松实现信息定制，并能够将会计信息多层次、多角度、全方位地展现给使用者，传统手工会计账务处理终究相形见绌。

三、计算机账务处理形式

在计算机应用于会计账务处理的早期，是由计算机操作者完全模仿手工业务操作流程，主要是把计算机作为一种降低会计人员劳动强度、提高劳动效率的工具。随着会计电算化不断得到发展，以及会计信息化观念和模式的不断确立，许多比较完善的会计信息系统也逐步发展起来。虽然目前市场上大多数会计软件仍是基于传统的会计循环，但是以信息为基础的会计信息处理，决定了它与手工会计必然存在明显的区别。仅仅作为具体的操作人员和会计信息的使用者，并没有必要了解会计信息系统内部究竟如何处理会计信息，他们只需要知道会计信息从一端输入，从另一端输出就可以了，如图 11 -5 所示。

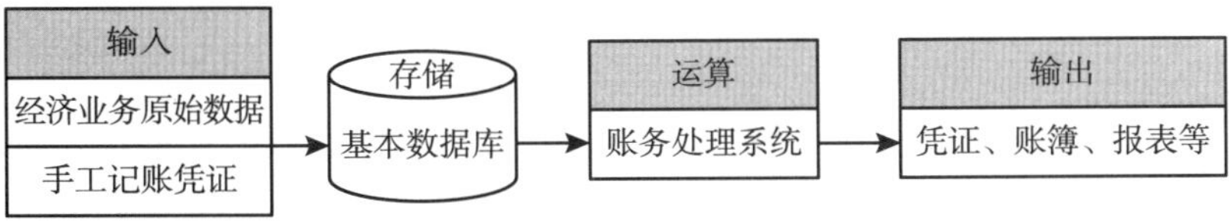

图 11 -5　计算机账务处理形式

目前市场上的会计电算化系统大多并未突破手工会计核算方式的框架，仅仅是手工会计业务流程的一种仿真。即由会计人员手工收集数据，然后进行分类和编制记账凭证，再将记账凭证输入计算机，然后由计算机自动登记账簿生成会计报表。虽然会计人员的工作压力有所减轻，准确度有所提高，但这种业务流程只是去除了会计业务流程中许多中间过渡文件和程序，会计人员仍是在计算机辅助下按照旧模式来进行操作，而具体的计算机账务处理程序只是会计信息系统的设计和开发人员按照会计准则的规定、使用者的具体要求以及数据的来源、组织形式、存储方式等来进行设定的。但作为系统的操作人员也应当了解，与传统的手工模式相比较，一些传统的概念可能会发生变化。由于目前市面软件系统较多，下面的举例可能只符合其中一两种的具体情况。比如：

第一，记账的含义发生变化。计算机账务处理的形式下，记账一般只能固定采用一种账簿处理程序，而且其含义也不同于手工的账务处理流程。手工处理模式下的记账从本质上看是一个信息分类的过程，而计算机账务处理的信息分类往往不在记账阶段，一般是推迟到信息的输出时才临时对信息进行分类。

第二，对账的含义发生变化。在手工会计中，对账主要包括账证、账账、账实核对三个方面。计算机账务处理条件下，记账程序发生了很大的变化，账证、账账核对失去了原来的意义，只要录入正确，计算机自动记账后的各种账簿都应该是正确的、平衡的，甚至在一个统一的信息系统中，账实也会保持一致的。同时，为了保证由于某些操作失误、病毒或者其他不明原因造成的数据破坏而引起账账不符的情况，可以使用自动对账功能由系统完成账证、账账、账实核对。

第三，结账的含义发生变化。在计算机账务处理中，结账的功能主要用于结转各个会计科目的本期发生额和期末余额，同时结束本期的账务处理工作。此时，结账是一个批处理过程，它将本期所有的期末余额数据结转到下一期的期初余额，并清除本期的所有借贷方发生额数据，最后对本期业务执行封账。相比于传统的手工账务处理模式，处理程序更加简便易行。

四、手工核算形式的未来

在计算机账务核算方式下，本章前面几节所介绍的各种核算形式将基本统一为记账凭证核算形式。这是因为计算机强大的数据处理能力使得不必再考虑简化登记总账的工作量问题，而只是抓住从原始经济业务到最终报表这一核心主线，汇总记账凭证核算形式、日记总账核算形式及科目汇总表核算形式在登记总账方面的优势消失殆尽，甚至伴随着一个统一的管理信息系统的出现，记账凭证核算形式也会逐渐变得不再重要。但是，短期内，手工账务处理仍然不会完全消亡，仍有其存在价值和学习意义，其流程和思路也有可能在计算机账务处理程序开发中得到应用和借鉴。

本章小结

本章主要介绍了会计核算形式的意义和种类，详细说明了记账凭证核算形式、汇总记账凭证核算形式、日记总账核算形式、科目汇总表核算形式的特点、账簿的组织和账务处理步骤等内容。最后，对计算机账务处理形式做了简单介绍。

【本章重要术语】

会计核算形式　记账凭证核算形式　汇总记账凭证核算形式　日记总账核算形式　科目汇总表核算形式

【延伸阅读】

1. 财政部:《会计基础工作规范》(2019 年修订)。

2. 胡玲敏:《财务会计实用教程》,浙江大学出版社 2011 年版。

【思考题】

1. 记账凭证核算形式的账务处理程序、优缺点以及适用的会计主体是什么?

2. 汇总记账凭证核算形式的账务处理程序、优缺点以及适用的会计主体是什么?

3. 日记总账核算形式的账务处理程序、优缺点以及适用的会计主体是什么?

4. 科目汇总表核算形式的账务处理程序、优缺点以及适用的会计主体是什么?

5. 李梅在一家规模较小的企业从事会计工作,负责登记相关账簿。该企业一直采用记账凭证核算形式。随着经济业务的发展,企业的规模随之扩大,财务部门的工作量较之以前也大幅提高。李梅感到继续按照记账凭证核算形式登记相关账簿的工作量非常大,于是向主管领导提出采用科目汇总表核算形式,以简化登记账簿尤其是登记总账的工作量。如果你是李梅的主管领导,是否会同意她提出的建议?

第十二章 会计规范

【学习目的和要求】通过本章学习，了解会计规范的含义、特征和会计规范体系的构成；掌握我国会计工作的法律规范；理解会计职业道德的具体内容和指导会计工作的重要作用。

第一节　会计规范的意义

一、会计规范的含义

“会计规范”是指人们在从事与会计有关的活动时，所应遵循的约束性或指导性的行为准则，是会计行为的标准。会计规范是一个广义的术语，它包括所有对会计的确认、计量、记录和报告具有制约、限制和引导作用的法律、法规、原则、准则、制度等。

会计作为一个经济信息系统和一项管理活动，具有核算、监督和参与决策等职能，要实现其向企业的利益关系者提供反映受托责任和向投资者提供决策有用的会计信息的目标，保证会计信息的真实性、完整性，就要建立健全会计规范体系。首先，会计规范体系是会计人员从事会计工作、提供会计信息的基本依据。会计要连续、系统、全面地反映特定经济实体的经济活动。会计信息的产生，不能是随意的和无规则的，否则，会计信息对于使用者就毫无意义，甚至会由于其误导作用而对社会造成危害。因此，会计规范体系为组织会计工作及会计人员对外提供会计信息提供了基本依据。其次，会计规范体系为评价会计工作和会计信息质量确定了客观标准。会计信息使用者需要使用会计信息进行决策，必然关注会计工作和会计信息的质量，这就要求在全社会范围内用一个基本一致的标准，对会计工作和会计信息质量进行客观评价。最后，会计规范体系是维护社会经济秩序的重要保证。全社会统一的会计规范体系是市场经济运行规则的重要组成部分，是社会各方从事与企业有关的经济活动和进行相应经济决策的重要基础，对于国家维护和保证财政利益、进行宏观经济调控、管理国有资产都具有十分重要的作用。

二、会计规范的基本特征

（一）权威性

会计规范作为评价会计行为合理、合法的有效标准，必然具有充分的影响力和威望，能够让会计人员信服，而不管这种承认是自发的还是强制的，也不管这种规范是成文的还是惯例性的。通过这种标准，让人们明白哪些行为是符合规范的，哪些行为是不符合规范的。权威性可以来自会计规范的制定机关，如国家立法机关和行政机关，也可以来自社会的广泛支持。

（二）统一性

会计规范体系在一定范围内是统一的，如《会计法》适用的对象不是针对具体和特定的某一单位、某一企业，而是广泛适用于全国范围内的；不是针对某一具体和特定的业务，而是适用于任何会计行为。当然，会计规范的适用也有一定的范围限制，如地方性会计法规只能适用于本地区；企业内部的会计管理制度只在本企业具有较强的约束力。

（三）科学性

会计是一门科学，会计规范体系更是需要有科学合理的特征。科学性是指会计规范体系能够体现会计工作的内在规律和内在要求。毋庸置疑，会计规律与会计所处的客观环境、条件要实现有机结合，体现高度科学性。

（四）相对稳定性

会计规范体系在一定时期、一定客观环境下是相对稳定的，但并不是一成不变的，随着社会政治经济条件的发展变化，一些会计规范可能不再适宜，或变得过时而需要进行修正甚至放弃，而一些新的会计规范逐渐被建立、被接受。因此，会计规范体系的建立和发展是一个动态的演进过程。

三、会计规范体系的总体构成

随着市场经济体制的不断完善，我国不断完善会计法律法规体系，已经形成了以《会计法》《注册会计师法》两部法律为核心，以国务院《总会计师条例》《企业财务会计报告条例》两部法规为指导，以《企业会计准则》《企业会计制度》《会计基础工作规范》《会计档案管理办法》等部门规章为支撑，以若干配套会计管理规范性文件为补充的较为系统完善的会计法律法规体系。其主要由以下几个方面构成：

（一）会计法律规范

会计法律规范包括与会计有关的法律和行政法规，是会计规范体系中最具有约束力的组成部分，它是调整经济活动中会计关系的法律规范的总称，是社会法律制度在会计方面的具体体现，是调节和控制会计行为的外在制约因素。我国目前与会计有关的法律主要是《会计法》《注册会计师法》及其他有关法律；与会计有关的行政法规主要是国务院颁布的各种条例，如《企业财务会计报告条例》《总会计师条例》等。

（二）会计准则与制度规范

会计准则与制度规范是从技术角度对会计实务处理提出的要求、准则、方法和程序的总称。从广义来看，会计制度是指国家制定的会计方面所有规范的总称，包括会计核算制度、会计人员管理制度和会计工作管理制度等。但狭义的会计制度仅指会计核算制度。会计准则与制度规范主要是由财政部根据会计法律和行政规范制定并发布的各种会计准则、会计制度，如现行的《企业会计准则》《企业会计制度》等。

（三）会计职业道德规范

会计职业道德规范是从事会计工作的人员所应该遵守的具有本职业特征的道德准则和行为规范的总称，是对会计人员的一种主观心理素质的要求，控制和掌握着会计管理行为的方向和合理化程度。会计职业道德规范是一类比较特殊的会计规范，采用道德的形式对会计人员进行理性规范，促使会计人员确立正确的人生观、会计观，使其行为符合社会习俗和惯例，如规范单位会计人员的《会计基础工作规范》、规范注册会计师的《中国注册会计师职业道德基本准则》等。

（四）会计理论规范

理论是实践的总结，它来源于实践，同时又指导实践、促进实践的发展。会计理论现已形成了比较完备的概念框架和结构。从一般意义上看，整个成熟的会计理论都是会计规范体系的组成部分，包括会计目标、会计假设、会计要素、会计原则、会计处理程序和方法。它所揭示和规定的是会计系统内在的特性问题，确定会计管理行为所要遵循的内在要求，是引导会计管理行为科学化、有效化的重要标准。尽管会计理论规范是会计规范体系中重要的内容，但作为指导实践的规范而言，目前我国并没有单独制定会计理论方面的规范，只是将其融入其他实务处理的规范中，如我国的《企业财务会计报告条例》和《企业会计准则》等都包含会计理论规范的内容。

第二节 会计法律规范

一、会计法律

（一）会计法律概述

会计法律是指由全国人民代表大会及其常务委员会经过一定立法程序制定的有关会计工作的法律，属于会计法律制度中层次最高的法律制度。

会计法律有广义和狭义之分。广义的是指由国家权力机关和行政机关制定的调整各种会计关系的规范性文件的总称，包括会计法律、会计行政法规、会计行政规章等。狭义的是指由全国人民代表大会及其常务委员会经过一定的法律程序制定的有关会计工作的法律。它是会计法律制度的最高层次，是我国会计工作的根本性法律，是制定其他会计法规的依据，是指导会计工作的最高准则，是会计机构、会计人员开展会计工作，进行会计核算，实施会计监督的基本依据，也是各级有关部门进行会计管理和监督的基本依据。目前我国的两部会计法律，分别是《中华人民共和国会计法》和《中华人民共和国注册会计师法》。

（二）《会计法》

《中华人民共和国会计法》（简称《会计法》）是我国会计工作

的根本大法，是会计行为的最高法律规范。最早的《会计法》起草于1980年8月，1985年1月21日经第六届全国人民代表大会常务委员会第九次会议审议通过，并于1985年5月1日实施，这是新中国第一部《会计法》。《会计法》的制定和实施，使我国会计工作开始步入法制化的轨道，对规范会计行为，维护财经纪律，改善经营管理和提高经济效益，发挥了积极作用。

此后，为适应改革开放和市场经济发展的需要，进一步规范和约束会计行为，我国先后两次对《会计法》进行了重大的修改和修订，使《会计法》得以不断完善。1993年12月29日第八届全国人民代表大会常务委员会第五次会议第一次对《会计法》进行了修正。这次对《会计法》的部分条款做了修改，主要是将《会计法》的适用范围由原来规定只适用于国营企业事业单位，扩大到适用于包括集体、私营和外商投资企业在内的所有企业事业单位，把各类市场主体都纳入了《会计法》的适用范围，并对会计核算、会计监督以及会计机构和会计人员的规定，也做了相应的修改。随着社会的发展和经济环境的变化，1999年10月31日召开的第九届全国人民代表大会常务委员会第十二次会议对《会计法》进行了第二次修订，并于2000年7月1日起施行。2017年11月4日第十二届全国人民代表大会常务委员会第三十次会议对《会计法》进行了修正，并于2017年11月5日起施行。

《会计法》自1985年发布实施以来，特别是经过1999年修订和1993年、2017年两次修正，在规范会计行为、提高会计信息质量、维护市场经济秩序、推进法治社会建设方面发挥了重要作用。修正后的《会计法》共七章五十二条：第一章，总则；第二章，会计核算；第三章，公司、企业会计核算的特别规定；第四章，会计监督；第五章，会计机构和会计人员；第六章，法律责任；第七章，附则。

（三）《注册会计师法》

为了发挥注册会计师在社会活动中的鉴证和服务作用，加强对注册会计师的管理，维护社会公共利益和投资者的合法权益，促进社会主义市场经济健康发展，1993年10月31日第八届全国人民代表大会常务委员会第四次会议通过了《注册会计师法》，并于1994年1月1日施行。2014年8月31日，第十二届全国人大常委会第十次会议进行修正，为注册会计师行业发展提供了有力的法律保障。修正后的《注册会计师法》共七章四十六条：第一章，总则；第二章，考试和注册；第三章，业务范围和规则；第四章，会计师事务所；第五章，注册会计师协会；第六章，法律责任；第七章，附则。

二、会计行政法规

会计行政法规是中华人民共和国国务院制定颁布的会计行为规范。会计行政法规作为会计法律制度的一种形式是由国务院制定并发布，或者是由国务院有关部门拟定并经国务院批准发布，调整经济生活中某些方面会计关系的法律规范，是对会计法律的具体化或对某些方面的补充，一般称为条例，如《企业财务会计报告条例》《总会计师条例》。会计行政法规在性质上同会计法律保持一致，在内容上多属于对会计法律的阐述和具体化，因而会计行政法规具有较强的操作性。会计行政法规在会计法律规范体系中占有重要的地位，它介于会计法律和会计规章制度之间，起到了承上启下的作用。

（一）《企业财务会计报告条例》

为了规范企业财务会计报告，保证财务会计报告的真实、完整，根据《中华人民共和国会计法》制定了《企业财务会计报告条例》。《企业财务会计报告条例》由国务院于 2000 年 6 月 21 日发布，自 2001 年 1 月 1 日起实施，共分六章四十六条：第一章，总则；第二章，财务会计报告的构成；第三章，财务会计报告的编制；第四章，财务会计报告的对外提供；第五章，法律责任；第六章，附则。

（二）《总会计师条例》

《总会计师条例》由国务院于 1990 年 12 月 31 日发布，并自发布之日起施行。《总会计师条例》的制定目的是确定总会计师的职权和地位，发挥总会计师在加强经济管理，提高经济效益中的作用。2011 年 1 月 8 日根据《国务院关于废止和修改部分行政法规的决定》对总会计师条例进行了修正。《总会计师条例》（修正版）规定了总会计师在单位中的地位和任务、总会计师的职责、总会计师的权限、总会计师的任免与奖惩等，共分五章二十三条：第一章，总则；第二章，总会计师的职责；第三章，总会计师的权限；第四章，任免与奖惩；第五章，附则。

三、会计规章制度

会计规章制度是指国家主管会计工作的行政部门——财政部以及其他部委制定的会计方面的规范，制定会计部门规章必须依据会计法律和会计行政法规的规定。目前我国的会计规章制度主要有《企业会计准则》《企业会计制度》《会计基础工作规范》《会计档案管理办法》等。其中，我国会计准则是以法律、法规和部门规章的形式确定下来的，由政府部门发布并且必须执行的会计标准，具有强制性特点，如果相关企业不执行，就属于违规行为。因此，通过建立与实施完备的会计准则体系，企业及其他组织的会计行为得到规范，会计信息质量得到基本保证，从而为我国市场经济的有效运行和资源配置效率的提高奠定了基础。目前，我国会计准则包括《企业会计准则》《小企业会计准则》和《非企业会计准则》。

（一）《企业会计准则》

我国企业会计准则由基本准则、具体准则、应用指南和解释组成。基本准则是指那些适用面广对会计工作有着普遍指导意义的准则，在整个企业会计准则体系中扮演着概念框架的角色，起着统御的作用。1993 年实施的《企业会计准则》，即为基本准则。它规定了会计核算的基本前提、一般原则、会计要素及会计报表编报的一般要求。具体准则是在基本准则的基础上对具体交易或者事项进行会计处理的具体规定。自 1993 年以来，财政部先后颁布了若干具体会计准则。会计准则全球趋同是资本市场国际化达到一定程度的产物。随着我国经济的发展和对外开放的深入，我国会计准则已逐渐与国际会计准则趋同。2006 年 2 月财政部召开会计准则体系发布会，正式发布新的会计准则体系，规定新准则体系执行时间为 2007 年 1 月 1 日，并要求新准则体系自 2007 年 1 月 1 日在上市公司范围内施行，鼓励其他企业执行。此后，财政部分别于 2014 年、2016 年、2017 年、2018 年修订和增补了《企业会计准则》。截至 2018 年 6 月 30 日，我国已发布 1 项基本准则和 42 项具体准则，其基本结构如图 12 - 1 所示。

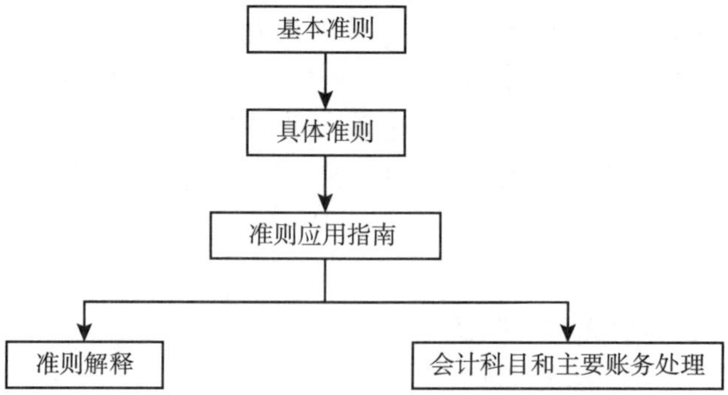

图 12 - 1　我国企业会计准则体系构成

1. 会计基本准则

基本准则在会计准则体系中具有重要的地位，主要表现在两个方面。

（1）统御具体准则的制定。随着我国经济迅速发展，会计实务问题层出不穷，会计准则需要规范的内容日益增多，体系日趋庞杂。在此背景下，为了确保各项准则的制定建立在统一的理念基础之上，基本准则就需要在其中发挥核心作用。我国基本准则规范了会计确认、计量和报告等一般要求，是准则的准则，它对各具体准则的制定起着统驭作用，可以确保各具体准则的内在一致性。我国《会计准则——基本准则》第三条明确规定："企业会计准则包括基本准则和具体准则，具体准则的制定应当遵循本准则（即基本准则）。"在企业会计准则体系的建设中，各项具体准则也都严格按照基本准则的要求加以制定和完善，并且在各具体准则的第一条中做了明确规定。

（2）为会计实务中出现的、具体准则尚未规范的新问题提供会计处理依据。在会计实务中，由于经济交易事项的不断发展、创新，具体准则的制定有时会出现滞后的情况，一些新的交易或者事项在具体准则中尚未规范但又急需处理。这时，企业不仅应当对这些新的交易或者事项及时进行会计处理，而且在处理时应当严格遵循基本准则的要求，尤其是基本准则关于会计要素的定义及其确认与计量等方面的规定。因此，基本准则不仅扮演着具体准则制定依据的角色，也为会计实务中出现的、具体准则尚未做出规范的新问题提供了会计处理的依据，从而确保了企业会计准则体系对所有会计实务问题的规范作用。

《企业会计准则——基本准则》共十一章五十条，其内容包括总则、会计信息质量要求、资产、负债、所有者权益、收入、费用、利润、会计计量、财务会计报告和附则。基本准则的制定吸收了当代财务会计理论研究的最新成果，反映了当前会计实务发展的内在需要，体现了国际上财务会计概念框架的发展动态，构建起了完整、统一的财务会计的基本目标、假设、会计基础和会计信息质量要求、会计要素及其确认、计量原则，以及财务报告的基本规范等。

2. 会计具体准则

具体准则是根据基本准则的要求，对经济业务的会计处理做出具体规定的准则。它的特点是操作性强，可以根据其直接组织该项业务的核算。从具体准则所规范的经济业务的内容来看，大体上可以分为3类。第一类是共性和通用的准则，是用于规范各行各业所共有的经济业务的会计处理方法，如存货、固定资产、长期股权投资、无形资产、资产减值、借款费用、收入等准则；第二类是特殊行业的准则，是用于规范一般行业的特殊业务和特殊行业的经济业务的会计处理方法，前者如租赁、所得税、外币折算、企业合并等，后者如银行、保险、农业等行业的具体会计准则；第三类是报告准则，是用于规范普遍适用于各类企业通用的报告类的准则，如财务报告的列报、现金流量表、合并财务报表、中期财务报告、资产负债表日后事项、分部报告、关联方披露等准则。

3. 企业会计准则应用指南

《企业会计准则》是一个严格的体系，包括基本准则、具体准则、应用指南和准则解释。应用指南是对具体准则的一些重点、难点问题做出的操作性规范；准则解释是随着企业会计准则的贯彻实施，就实务中遇到的实施问题而对准则做出的具体解释。截至 2018 年 6 月最新修订的《企业会计准则》包括 1 项基本准则、42 项具体准则。2019 年 1 月，企业会计准则编审委员会编著的《企业会计准则及应用指南实务详解》对最新的 42 项具体准则从具体规定、解释与应用指南等方面进行了系统诠释，为会计人员进行确认、计量、报告提供了基本依据。

（二）《企业会计制度》

会计制度是在会计准则的基础上制定的具体会计方法和程序的总称。我国的会计制度是国家财政部门通过一定的行政程序制定、具有一定强制性的会计规范的总称。根据《会计法》的规定，国家实行统一的会计制度，国家统一的会计制度由国务院财政部门制定并公布。会计制度与会计准则作为两种规范形式，是各有侧重的。会计准则以特定的经济业务（交易与事项）或特别的报表项目为对象，分析该业务和项目的特点，规定必须引用的定义，然后以确认和计量为中心并兼顾披露，对相关会计处理做出规范。而会计制度以企业等会计主体为对象，着重对会计科目的设置、使用、会计报表的格式及其编制加以详细规定。

《企业会计制度》是关于企业会计核算的制度规范，由会计核算一般规定、会计科目和财务报表、附录三部分构成。会计核算一般规定部分，主要对企业会计核算的总体原则以及会计要素和重要经济业务事项的确认、计量、报告等，以条款的形式做出原则性的规定。会计科目和财务报表部分，包括会计科目的使用说明、财务报表和财务报表附注两个方面。其中会计科目使用说明规定了经济业务事项应设置的会计科目的名称及其具体的会计核算方法；财务报表和财务报表附注则规定了应对外提供的财务报表种类、格式、内容及编制方法。附录部分是主要会计事项分录举例，列举了主要会计事项的具体账务处理方法，以便于企业会计人员的实际操作。

需要注意的是，新《企业会计准则》体系自 2007 年 1 月 1 日起在上市公司范围内实施，同时鼓励其他企业执行。执行新《企业会计准则》体系的企业，不再执行原有的准则以及《企业会计制度》和《金融企业会计制度》。

（三）《会计基础工作规范》

《会计基础工作规范》是财政部于 1984 年 4 月在原《会计人员工作规则》基础上修订发布的，并于 1996 年 6 月 17 日重新发布的一项重要会计规章，对会计基础工作方面的有关内容做出了较为系统的规定。财政部根据 2019 年 3 月 14 日《财政部关于修改〈代理记账管理办法〉等 2 部部门规章的决定》对《会计基础工作规范》进行了修改，修订后的《会计基础工作规范》由“总则”“会计机构和会计人员”“会计核算”“会计监督”“内部会计管理制度”“附则”6 章构成，共计 100 条。其制定目的是加强会计基础工作，建立规范的会计工作秩序，提高会计工作水平；制定依据是《中华人民共和国会计法》；适用范围是国家机关、社会团体、企事业单位、个体工商户和其他组织。

（四）《会计档案管理办法》

会计档案是记录和反映经济业务的重要史料和证据。为了加强会计档案管理，有效保护和利用会计档案，根据《中华人民共和国会计法》和《中华人民共和国档案法》等有关法律和行政法规对会计档案管理做出了原则性规定。《会计档案管理办法》最早由财政部、国家档案局于 1984 年 6 月 1 日发布，后于 1998 年 8 月 21 日修订，2015 年 12 月 11 日又联合修订了新的《会计档案管理办法》，自 2016 年 1 月 1 日起施行，同时废止 1998 年 8 月 21 日财政部、国家档案局发布的《会计档案管理办法》。现行《会计档案管理办法》由 31 条及两个附表构成，对国家机关、社会团体、企事业单位和其他经济组织建立和完善会计档案的收集、整理、保管、利用和鉴定销毁等做了具体的规定。要求采取可靠的安全防护技术和措施，保证会计档案的真实、完整、可用、安全。

第三节　会计职业道德规范

一、会计职业道德的含义和作用

（一）会计职业道德的含义

会计职业道德是指在会计职业活动中应当遵循的、体现会计职业特征的、调整会计职业关系的职业行为准则和规范。会计职业作为社会经济活动中的一种特殊职业，其职业道德与其他职业道德相比具有自身的特征：一是具有一定的强制性。如为了强化会计职业道德的调整功能，我国会计职业道德中的许多内容都被直接纳入了会计法律制度之中。二是较多关注公众利益。会计职业的社会公众利益性，要求会计人员客观公正。在会计职业活动中，发生道德冲突时要坚持准则，把社会公众利益放在第一位。

（二）会计职业道德的作用

我国《会计法》明确规定，会计人员应当遵守职业道德，提高业务素质。会计职业道德是社会道德的重要组成部分，是调整会计职业活动利益关系的重要手段。具体而言，会计职业道德的作用主要表现在以下几个方面：

（1）会计职业道德是会计法律制度的重要补充。会计法律是会计职业道德的最低要求，而会计职业道德的作用是法律制度所不能替代的，是会计法律制度正常运行的社会和思想基础。会计职业道德可以对法律不能或不宜规定的事项做出要求，如爱岗敬业、提高技能等，这对于提高会计信息真实性、发挥会计的职能作用有着非常重要的意义。

（2）会计职业道德是规范会计行为的基础。会计行为是由内心的动机和信念支配的，会计职业道德对会计的行为动机提出了相应的要求，可以引导会计人员树立正确的职业动机和是非观念，从而自觉遵守会计法律法规，形成良好的会计行为。

（3）会计职业道德是实现会计目标的重要保证。从会计职业角度讲，会计的目标就是为各个具有利益关系的服务对象提供有用的会计信息。在会计职业道德的约束下，会计人员才能够严格遵循准则，正确运用职业判断，提供相关和可靠的会计信息，实现会计目标。

（4）会计职业道德是提高会计人员职业素质的内在要求。随着社会的进步和发展，人们对会计从业者的素质要求越来越高。加强会计职业道德教育可以促进会计职业人员不断强化学习，提高专业胜任能力，具备更高水准的职业素质，以提供高质量的会计服务。

二、会计职业道德规范的主要内容

会计职业道德规范是指在一定的社会经济条件下，对会计职业行为及职业活动的系统要求或明文规定，它是社会道德体系的一个重要组成部分，是职业道德在会计职业行为和会计职业活动中的具体体现。财政部颁发的《会计基础工作规范》较为系统地提出了会计职业道德的具体要求，内容包括：

1. 爱岗敬业

会计人员应当热爱会计工作，敬重会计职业，安心本职岗位，努力钻研业务，使自己的知识和技能适应所从事工作的要求，严肃认真，一丝不苟，忠于职守，尽职尽责。

2. 诚实守信

会计人员应当在执业中始终保持应有的谨慎态度，维护职业信誉及客户和社会公众的合法权益。做老实人，说老实话，办老实事，执业谨慎，信誉至上，不为利益所诱惑，不弄虚作假，不私自泄露单位秘密，严格实行会计监督，依法办事。

3. 廉洁自律

会计人员应当树立正确的人生观和价值观，严格划分公私界限，做到公私分明，不贪不占，不贪污挪用，不监守自盗，遵纪守法，清正廉洁，自觉抵制行业不正之风，重视会计职业声望。

4. 客观公正

会计人员开展会计工作时，应当端正态度，依法办事，实事求是，公平公正，不偏不倚，以客观事实为依据，如实记录和反映实际经济业务事项，不掺杂个人的主观意愿，也不为他人意见所左右，保持从业的独立性，维护会计主体和社会公众的利益。

5. 坚持准则

会计人员应当熟悉国家法律法规和国家统一的会计制度，始终坚持按照法律法规和国家统一的会计制度的要求进行会计核算，实施会计监督。会计工作不只是单纯地记账、算账和报账，会计工作时时、事事、处处涉及执法守纪方面的问题，要求会计人员不仅自己熟悉财经法律法规和国家统一的会计制度，还要能结合会计工作进行广泛宣传，做到在处理各项经济业务时知法依法、知章循章，依法把关守口。

6. 提高技能

会计人员应当适应时代发展的步伐，增强提高专业技能的自觉性和紧迫感，通过学习、培训和实践等途径，不断提升会计理论水平和专业技能，不断提升会计实务能力、职业判断能力和自动更新知识的能力，运用所掌握的会计信息和会计方法，开展会计工作，履行会计职责，以适应会计改革和会计国际化的需要。

7. 参与管理

会计人员应当在做好本职工作的同时，树立参与管理的意识，努力钻研相关业务，全面熟悉本单位经营活动和业务流程，根据单位经营管理活动中的情况和存在的问题，主动提出合理化建议，使参与管理的决策更具针对性和有效性，为领导者的经营管理和决策活动，当好助手和参谋。

8. 强化服务

会计人员应当具有强烈的服务意识、文明的服务态度和优良的服务质量。做到讲文明、讲礼貌、讲诚信、讲质量，坚持准则，严格执法，服务周到，努力维护和提升会计职业的良好社会形象。

三、会计职业道德与会计法律制度的关系

（一）会计职业道德与会计法律制度的联系

会计职业道德是会计法律制度正常运行的社会和思想基础，会计法律制度是促进会计职业道德规范形成和遵循的制度保障。两者有着共同的目标、相同的调整对象，承担着同样的职责。在作用上相互补充；在内容上相互渗透、相互重叠；在地位上相互转化、相互吸收；在实施上相互作用，相互促进。

（二）会计职业道德与会计法律制度的区别

1. 性质不同

会计法律制度从业务工作角度对会计人员的会计行为做出规范，通过国家机关强制执行，具有很强的他律性；会计职业道德作为行为规范是从品行角度对会计人员的会计行为做出规范，主要依靠社会舆论和会计从业人员的自觉性，具有很强的自律性。

2. 作用范围不同

会计法律制度侧重于调整会计人员的外在行为和结果，具有较强的客观性；会计职业道德不仅要求调整会计人员的外在行为，还要求调整会计人员内在的精神世界，要求会计人员的动机高尚和纯洁，具有较强的主观性。

3. 实现形式不同

会计法律制度是通过一定的程序由国家立法机关或行政管理机关制定的，其实现形式是具体的、明确的、正式形成文字的成文规定；会计职业道德出自会计人员的职业生活和职业实践，其表现形式既有明确的成文规定，也有不成文的规范，存在于人们的意识和信念之中。

4. 实施保障机制不同

会计法律制度为了达到有法必依、执法必严、违法必究的目的，需要由国家强制力保障实施；而会计职业道德既要满足国家法律的相应要求，又需要会计人员的自觉遵守。

四、会计职业道德教育和监督检查

（一）会计职业道德教育的含义

会计职业道德教育是指根据会计工作的特点，有目的、有组织、有计划地对会计人员施加系统的会计职业道德影响，促使会计人员形成会计职业道德品质，履行会计职业道德义务的活动。

会计职业道德教育是会计职业道德活动的一项重要内容，不仅高等院校等会计人才的培养单位、会计工作的管理部门、会计职业的自律组织、单位负责人都有教导和督促会计人员加强学习会计职业道德规范的责任，而且会计人员自身也有不断提高会计职业道德修养的义务。通过会计职业道德教育，促使外在的会计职业道德规范转化为会计人员内在的品质与行为。

（二）会计职业道德教育的内容

1. 会计职业道德观念教育

会计职业道德观念教育是指在社会上广泛宣传会计职业道德的基本常识，增强会计人员的职业义务感和职业荣誉感，培养良好的职业节操，形成“遵守会计职业道德光荣，违背会计职业道德可耻”的风尚。

2. 会计职业道德规范教育

会计职业道德规范教育是指对会计人员开展以会计职业道德规范为内容的教育。会计职业道德规范的主要内容是爱岗敬业、诚实守信、廉洁自律、客观公正、坚持准则、提高技能、参与管理和强化服务等。这是会计职业道德教育的核心内容，涵盖的内容非常广泛，应贯穿于会计职业道德教育的始终。

3. 会计职业道德警示教育

会计职业道德警示教育是指通过开展对违反会计职业道德行为和违法会计行为典型案例的讨论和剖析，给会计人员以启发和警示，从而提高会计人员的法律意识和会计职业道德观念，提高会计人员辨别是非的能力。

（三）会计职业道德教育的检查

会计职业道德教育的实施途径，应当实行自我遵守与外部监督相结合、宣传教育与检查惩戒相结合、以德自律和依法监管相结合。职业道德更多地依靠社会舆论、内心信念、行业自律、传统习俗等维系，因而，通过引导、教育、评价等方式形成深刻的道德意识和职业信仰，进而转化为自觉的职业行为，在职业道德建设中显得尤为重要。

在对会计人员进行教育和引导的基础上，还要强化对会计人员职业道德遵循情况的监督和检查，并根据结果进行相应的表彰和奖励，建立起会计职业道德的奖惩机制。政府部门行政监管和行业组织自律管理是职业道德监督检查的主要方式。《会计基础工作规范》规定："财政部门、业务主管部门和各单位应当定期检查会计人员遵守职业道德的情况，并作为会计人员晋升、晋级、聘任专业职务、表彰奖励的重要考核依据。"近年来，我国的会计行业组织强化自律管理和行业惩戒也取得了一定的进展，如中国注册会计师协会作为注册会计师行业自律组织，大力加强行业道德建设，发布了有关的职业道德规范，为提高我国注册会计师的职业道德水平做出了积极的贡献。

本章小结

本章主要介绍了会计规范所涉及的相关问题。会计规范是一个含义十分广泛的概念，它涉及所有对会计的确认、计量、记录和报告具有制约、限制和引导作用的法律、法规、原则、准则、制度等多方面的内容。本章主要针对会计法规相关内容进行论述，着重介绍了会计工作中主要应用的会计法律、会计行政法规、会计规章制度和会计职业道德的基本内容。

【本章重要术语】

会计规范　会计法律　会计行政法规　企业会计准则　会计职业道德

【延伸阅读】

1. 中国商业会计学会：《财税法规与职业道德》，经济科学出版社2019年版。

该书是根据中国商业学会会计职业能力测评委员会对财会人员会计职业岗位能力认证测评大纲的要求，为培养能够胜任企业出纳岗位和会计岗位的会计人员所编写的。教材涉及会计法律制度、会计职业道德、结算法律制度和税收法律制度等内容，紧扣会计职业岗位能力认证测评大纲的要求，依据最新财税法规规范编写，围绕会计岗位职责，突出其实践性，重点突出，知识面广。

2. 刘爱香：《基础会计》（第4版），北京大学出版社2019年版。

该书为了适应企业会计准则和国家税收政策的变化以及应用型人才培养的要求，在第三版教材的框架及主要内容的基础上，结合最新的企业会计准则及增值税、所得税等相关政策变化，对全书内容进行了全面梳理，修改、完善了部分内容，更新了部分内容，全面反映了企业会计准则中增值税及所得税的最新变化，能够更好地满足会计人员对基础会计课程学习的需要。

3. 尹梦:《新〈会计法〉对会计理论的影响》，载于《经济研究导刊》2019 年第 30 期。

4. 谢获宝、向同:《二十年会计监督改革与发展的成就、问题和展望》，载于《财政监督》2019 年第 1 期。

5. 财政部:《会计基础工作规范》(2019 年修订版)，财政部会计司网站。

【复习与思考】

1. 什么是会计法规?
2. 会计法规有哪些基本特征?
3. 会计法规体系包括哪些内容?
4. 简述企业会计准则体系的构成。
5. 会计职业道德规范包括哪些具体内容?
6. 会计职业道德与会计法律制度的关系。

参考文献

1. 财政部：《企业会计准则（2006）》，经济科学出版社 2006 年版。

2. 财政部会计司：《企业会计准则讲解（2008）》，人民出版社 2008 年版。

3. 财政部：《企业会计准则（2018）》，立信会计出版社 2018 年版。

4. 财政部：《企业会计准则应用指南》，立信会计出版社 2018 年版。

5. 陈国辉、迟旭升：《基础会计》（第 6 版），东北财经大学出版社 2018 年版。

6. 牟小容、王玉蓉：《会计学原理》（第 4 版），经济科学出版社 2018 年版。

7. 刘爱香：《基础会计》（第 4 版），北京大学出版社 2019 年版。

8. 中国商业会计学会：《财税法规与职业道德》，经济科学出版社 2019 年版。

9. 尹梦：《新〈会计法〉对会计理论的影响》，载于《经济研究导刊》2019 年第 30 期。

10. 谢获宝、向同：《二十年会计监督改革与发展的成就、问题和展望》，载于《财政监督》2019 年第 1 期。

11. 财政部：《会计基础工作规范》（2019 年修订版），财政部会计司网站。